大人の遠足BOOK

日本百名山
クルマで行く
ベストプラン

Let's go by car!

Best 100 select of mountain

The best plan

日本百名山クルマで行く
ベストプラン

Contents

本書の使い方

How to use

本書のご利用にあたって

本書は、深田久弥著『日本百名山』に掲載された山への、筆者の経験を元にした、クルマでのアクセスプランを紹介しています。

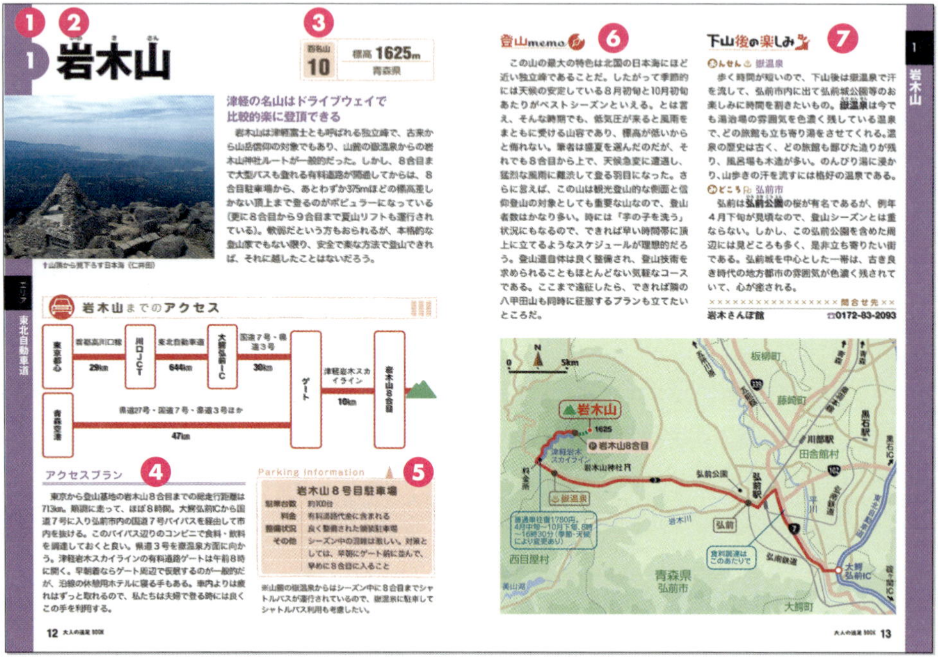

❶ コースナンバー

本書の掲載順の番号です。

❷ 山名

『日本百名山』の記述に従って表記しています。

❸ 百名山番号

『日本百名山』の掲載順にならべた場合の番号です。

❹ アクセスプラン

東京都心を出発地の前提とし、登山口または登山口までの交通機関への乗りかえ場所までのアクセスを掲載しています。最寄りの空港からのアクセスを掲載している場合もあります。また、登山口の選択も、クルマを利用することと、東京都心からのアクセスを前提として設定しています。距離や時間はおおよそのものです。道路整備等により、状況が変わる場合もありますので、最新情報を得てお出かけください。

❺ Parking Information

駐車場の名称、状況などを掲載しています。状況が変わる場合もありますので、事前にお問い合せください。

❻ 登山メモ

筆者の経験から、山の状況や登山ルートについて書いています。

❼ 下山後の楽しみ

温泉情報を中心に、クルマ利用だからこそできる下山後の楽しみを紹介しています。

おんせん	下山後に寄りたい温泉や入浴施設
とまる	前後泊したい宿泊施設
たべる	下山後に食べたい名物
たちより	下山後に立ち寄りたいところ
みどころ	下山後に見ておきたいところ
その他	上記以外のもの

※本書のデータは2010年5月現在のものです。
市町村の合併などにより問い合わせ先が変更になる場合もありますので、あらかじめご了承ください。
※本書で紹介されている登山やアクセスのルートは、自然災害などによってコースが付け替えられたり、閉鎖されたりすることがあります。また、整備等により、最適なルートでなくなる場合もあります。
事前に最新情報を確認されることをおすすめします。

はじめに

2003年9月21日、私は白馬岳山頂に立ち、『日本百名山』の全山踏破を達成した。少年時代から山に親しんできたが、ビジネス生活の長いブランクの後で、本格的に登山を再開したのは、50歳を過ぎてからの1990年であった。

それから15年。65歳の誕生日直前の念願達成であった。再開してからの登山の際には、必ず（勿論、登山口までだが）クルマで登った。愛車で行けない遠隔地の山には飛行機に乗り、その先はレンタカーに乗って登山口まで往復した。

ところが、登行計画の段階で、いつも「モノの本」を読み漁って痛感したのだが、どのガイドブックにも、登山口までの交通機関は鉄道とバスの簡単な記載がほとんどで、いわんやマイカーに関する記述はほとんど無く、すべて手探りの状態であった。最近でこそ道路案内付きガイドブックも出始めてきたが、全国に高速道路網が張り巡らされ、地方の道路も奥地までどんどん整備が進み、各家庭での複数台のクルマ所有があたりまえの車社会になっている中、ガイドブック編集者には、登山基地までのマイカーによるアプローチについての思考はそれほど無いように思える。

私は体験的に、ギリギリの地点までクルマで登る手段の利便性・快適性を十二分に知り尽くしてきた。また今日、どんな奥地の登山口にも、全国各地の登録ナンバーをつけたクルマがたくさん駐車している事も分かっている。なのに、登山計画の都度、現地の村役場や観光協会等に電話を入れて、登山口までの道順や駐車場の状態を聞いたり、最近はホームページから情報を探したりする事から始めなくてはならない。現地までの道路状況や駐車場の正確な情報を体系的に得る手段は皆無と言っても良い。これは、なぜだろうといつも疑問に感じてきた。

よし、それでは自分できちんと整理しておこう。加えて、これからクルマで『日本百名山』を目指すクルマ愛好家へのガイダンスに、少しでも役立つのではないか。そんな動機で本書の執筆はスタートした。言うまでもないが、私は世に言う岳人どころか、典型的な中級登山愛好家である。本書では登山ルート等のガイドは当然の事ながら専門家のガイドブックに譲る事として、もっぱら登山基地までのアプローチガイドを中心に取り組んでみた。本書は『日本百名山』登頂の私的体験記録でありながら、半ば、クルマ愛好登山者へのガイドブックとしての役割も果たしたい所以である。

登山愛好家の皆さんから多くのご批判を賜りたい。

國澤 潤三

ドライブ登山の楽しみ方

Part 1　なぜクルマで登るか。～ドライブ登山のすすめ～

あなたはクルマが好きですか？

もし、クルマの運転があまり好きでないのであれば、この先を読み進める必要はないでしょう。山に登る、それだけでも大変なエネルギーが消費されてしまう難業です。ましてや、その前後のクルマの運転は、危険を伴う初めての山道を運転することを含め、とても神経を使う難儀な作業です。だから、クルマの運転が好きでない人は、登山基地までは鉄道やバスやタクシーを乗り継いで行く事をおすすめします。

しかし、クルマの運転が好きなのであれば、多少の問題は乗り越えて、あえてクルマで登る事をおすすめします。それほどにクルマで山に登るのは便利で、快適な手段なのです。

クルマの利便性❶

まず第1にその利便性を挙げてみましょう。山へは装備や食料・行き帰りの着替え等、持ち物が結構膨らみます。クルマは、それらすべてを自宅から登山口まで運んでくれます。そして、自宅から駅まで、駅からバスへ等、その都度重い荷物を担いで行く煩わしさから解放されるのです。さらに最近では駅から登山口までの交通機関が、どんどん不便になってきています。路線廃止も多く見られ、そのために多くの時間を浪費しなければなりません。時にはタクシーに高い料金を払わざるを得ないのです。通常のクルマには4人乗車が可能です。この経済的な効果も絶大でしょう。ガソリン代・高速道路通行料金は、頭割りで行けば割安です。

クルマの利便性❷

登山の行程編成上も、格別に利便性が高いのです。駅で自分たちに都合の良い時間を定めて仲間をピックアップする事も実に容易です。あとは、一路高速道に乗って山を目指せる訳です。つまり登山の行程が自分たちの都合に簡単に合わせられるのです。特に時間に縛られる「勤め人」にとっては、便利この上も無しです。経験的には、クルマで登る方が、電車等を乗り継いで行くより遙かに時間の節約ができますし、夜中でも早朝でも思いのままに、確実に登山口まで到達できます。何らかのアクシデントで下山が遅れても、ほぼ確実にその日には帰路に着くことができます。

クルマの利便性❸

クルマはどこへでも行ってくれます。寄り道もOKです。途中のトイレ休憩は、高速道のサービスエリア（以下「SA」に省略）で快適に過ごせます。SAでのみやげ物調達や食料・飲料の調達もできますが、最近びっくりするのはコンビニ網の発達です。かなりの確率で高速道をおりてから登山口までの沿道で、深夜でもコンビニを見つけることが容易です。おむすびやパン、冷えた飲料の調達、トイレの拝借には本当に便利になりました。これも大きなクルマの利便性です。

さらに下山後に近くの立ち寄り湯に行って、山の汗を流すのも良いでしょうし、足を伸ばして泊まりたい温泉に立ち寄るのも便利です。私はもっぱら下山後には温泉入浴を楽しんでいます。可能な限り温泉に1泊して十分疲れを癒してから、ゆっくり帰宅するようにしています。百名山からの下山後、立ち寄りの温泉に恵まれないケースは数少ないのです。今日、これまで温泉の出なかった地方でも「村おこし」の一環で温泉らしきものを掘り当て、立派な施設を造っている例が多くあります。また下山後、荷の軽くなったトランクに、途中の「道の駅」等に寄り道して、安くて新鮮な「産直野菜」をたんまり仕込んで帰宅するのも楽しみの一つです。

時には観光もOKです。岐阜県側の北アルプスの帰途、高山の古い町並みを観光したり、岩木山の帰りの弘前城、岩手山の下山後の小岩井牧場等、お手の物です。つまり、クルマで行くと、山に登るだけのための単純往復の縛りから解放され、自由な行動が可能になるのです。

クルマの快適性❶

最近のクルマの居住性は見事です。座席・温度調節・BGM・騒音対策・カーナビ等の進歩で、かなり快適になりました。他人の目を憚らず、自分たちだけの自由な会話も楽しめます。運転手は運転に専念して、同乗者は適宜、自由に過ごせます。快適な車内でゆったり睡眠もとれます。仲間と途中で運転交代をして、疲労の軽減も図れます。加えて高速道路網の発達に伴い、北海道・九州等の一部の山を除き、全国の百名山の90%は高速道路を使ってのアプローチが可能となりました。運転手にとっても高速道運転は快適そのものですし、第1スピードが出せるので、時間計算が確実になります。とは言え、どの高速道でも時々スピード違反のチェックがあります。規定速度は必ず守ってください。

クルマの快適性❷

登山口に深夜や早朝に到着した場合、仮眠が必要になります。私たちは寝袋を常時クルマに積んで行きます。登山口の駐車場で場所取りが終わったら、クルマの中で仮眠するのも実に快適です。ましてや山小屋でのぎゅうぎゅう詰めの部屋に押し込められての睡眠不足を考えれば、クルマの方が熟睡できます。蚊やブヨに襲われる心配もありません。我が愛車はフルフラットとまではいきませんが、それなりに背もたれも倒せます。最近では、後部座席を外して、簡易マットを敷いて寝泊まりしている登山愛好家を時折見かけます。この傾向はさらに増えて来る事でしょう。時には本格的な「ホームカー」を見かけるようになりました。まさしく「動く寝台車」と言ったところです。

Part 2　クルマで行く登山計画を立てる前に

首都圏からの場合の
クルマで直接行く山の範囲

首都圏からどこまで愛車で走れるかは、各人の趣向・運転力量・同行者・道路事情等によって一概には決められません。本書では筆者の実体験から、東北地方の全山から南・北・中央アルプスまでの全山を首都圏から直接愛車を運転して登ることができる山の範疇に収めました。

フライ＆ドライブで行く山の範囲

上記の分類から除外される北海道の山や白山以西の本州・四国・九州の山はすべて羽田から目指す山へのアプローチに便利な空港まで航空便を使い、その先はレンタカーを利用する、いわゆる「フライ＆ドライブ」に整理してあります。勿論、飛行機に乗るのが嫌いな人は新幹線が発達して来ましたので、最寄りの駅まで新幹線で行って、そこからレンタカーを使う手もあります。

どの高速道を選択するか

山によっては、多方面から登山道が整備されており、複数の高速道が各登山口へ通じていることも多くなりました。典型的な例は富士山です。表富士なら東名道で、河口湖口なら中央道で行きます。今回は筆者の実体験からの整理なので、必ずしもポピュラーでは無いルートを選択している場合があるかも知れません。筆者なりの選択基準でベストと思われるルートを選び、実践してみました。

クルマで登ると縦走はできないか

これが一番の悩みです。登山口と下山口を同一にする事が原則です。したがって、縦走は難しいケースが多くなります。筆者は、天城トンネルから天城山を縦走して天城高原ゴルフ場に下山して、天城トンネルまでタクシーで戻った事があります。これは面倒で出費も嵩むので、以後は駐車した基地に必ず下山するルートを選択してきました。しかし、美濃戸からの八ヶ岳縦走、南アルプスでは赤石岳から悪沢岳へ縦走して同じ椹島の登山基地に戻るルート、聖岳から光岳へ縦走後、同じベースの易老渡に下山できる例もあります。北アルプスでも七倉から烏帽子岳経由黒岳と鷲羽岳を縦走後、別ルートの湯股尾根を下山し、高瀬ダム湖沿いに七倉に戻る等、工夫次第でかなり変化のあるルートを楽しむ事は可能です。

一度にいくつの山を踏破するか

ビジネスマンとしては週末利用の登山が主になるので、基本は1回の山行で1山踏破のケースが多くなります。しかし、北・南アルプスを中心に、一度入山したらなるべく一度に複数の山を征服しておく方が助かる難山も多いのです。中級登山者レベルの筆者も、北岳と間ノ岳、甲斐駒ヶ岳と仙丈ヶ岳、聖岳と光岳、赤石岳と悪沢岳、木曽駒ヶ岳と空木岳、黒岳と鷲羽岳等は一度の山行で済ませています。そんなに峻険な山でない場合でも一度に複数踏破可能な山もあります。燧ヶ岳と至仏山が典型的な例でしょう。また遠距離遠征の航空機利用で多額の経費を掛けて行くなら、一度にいくつか登って節約したいと思うでしょう。大雪山と十勝岳、剣山と石鎚山、阿蘇山と祖母山・九重山等、一挙に踏破しておきたい山が数多くあります。また、登山の間に山間の鄙びた温泉にゆっくり浸かる楽しみもあります。今回は「下山後の楽しみ」として、可能な限り、麓の温泉を紹介しました。長年の温泉ファンでもある筆者が足で探した、鄙びた温泉を中心に紹介しています。

直接クルマで乗り入れる案と航空機利用の併用案

一般的には、岩木山・八甲田山は青森空港を、鳥海山・月山は庄内空港を、薬師岳・黒部五郎岳は富山空港を利用する方が楽に思われます。しかし、高速道路の延伸と地方空港のダイヤや経費の差等を考慮すると、あえて直接クルマで乗り入れる案を選択してきました。とは言え、東京からでは片道700km以上のロングドライブとなる岩木山・八甲田山や、先ほど触れた鳥海山・月山、薬師岳・黒部五郎岳等は、航空機利用が一般的な選択肢とも言えます。このように航空機利用か、愛車で直接登るか、どちらとも甲乙付けがたい山もたくさんあります。じっくり比較してみて、それぞれに合った手段を取れば良いでしょう。

更に楽して登れないか

基本は登山口までクルマで上り詰め、そこから登山開始となります。ところが百名山の中には、登山基地から更に高い所に運んでくれる手段を備えている山も多いのです。典型的なのはロープウェイの利用です。大雪山、木曽駒ヶ岳や谷川岳が有名です。更には冬季のスキー用のゴンドラやリフトを、登山用に利用できる山も増えてきました。安達太良山、吾妻山、磐梯山、奥白根山がこの例です。また、最近増えて来たのは、ピークシーズンに一般車の乗り入れを禁止して、シャトルバスを利用できるケース。尾瀬(燧ヶ岳と至仏山)、上高地(穂高岳)、乗鞍岳が知られています。こんな例が増えて来ているので、チェックして利用しましょう。

Part 3　ドライブプラン作りの楽しみ方

アプローチルート選び
―どの登山口がクルマに便利か―

どの山にも大抵複数の登山口があります。自己の力量に応じて、どのルートを選ぶかは慎重に判断しなければなりません。加えてクルマで登る場合には、どの登山口がクルマのアプローチに便利かと言う選択肢も大事になってきます。まず①高速道路のインターチェンジ（以下「IC」に省略）に一番近く、②ICからアプローチ道路の状態が良く、③登山口で駐車スペースが確保できる、そして④実際の登山ルートが自分の力量に合っている、以上が私の登山計画段階で考慮する条件です。一つの例を挙げます。東京から甲斐駒ヶ岳へは①青木鉱泉口②広河原口③戸台口の3方向からのアプローチが考えられますが、私の力量からは急登連続の青木鉱泉口は避けます。二番目の甲府から夜叉神峠経由で広河原に下るルートは、夜叉神峠から先が長い不通の後、04年のシーズンから一般車の乗り入れが規制されました。夜叉神峠の下の南アルプス市芦安温泉でシャトルバスに乗り換えます。したがって、私は遠廻りでも中央道の伊那ICまで行き、ここから戸台口の登山基地まで行くルートを選択します。理由は①ICからの道路状況が大変良い②基地までの運転は非常に快適に走れる③基地である戸台口には広大な良く整備された駐車場・トイレがあり、④この戸台口から北沢峠まで村営バスが積み残し無しで運んでくれる⑤下山後、戸台駐車場に隣接して伊那市営の立派な入浴施設があり、汗を流せる。以上の選択肢から戸台口ルートが最適と判断しました。

往きと帰りのルート選択

登山口・下山口は一緒でも、行きのルート

と帰りのルートを複数の中から選択できる場合もあります。行きは一直線に最短ルートを走るが、帰りは寄り道して温泉に1泊して帰る場合とか、帰路の高速道渋滞情報の結果等に多いケースです。例として東京から白馬岳・五竜岳へのアプローチを挙げます。行きは最短のコースを選択して、中央道・長野道で豊科ICから白馬まで延びるオリンピック道路を走行し、帰りは長野に出て上信越道で帰京する選択ということです。この場合は中央道の休日の上り線が小仏トンネルを先頭に大渋滞が恒常的に発生しますので、カーラジオ等で渋滞情報を確かめながら、上信越道・関越道で帰京する選択肢も常に考えておく必要がある訳です。

早く走れる高速道路の特性
―急がばまわれ―

ルート選択に当たって考慮しておくべき事は、かなり遠くに迂回しているルートでも高速道を利用する事により、時間短縮が確実に図れる事です。従って道路地図上は大回りしている場合でも、まずは高速道利用の計画を立てる事が大事です。例としては、都心から関越道に入るには早稲田から新目白通りを利用して谷原交差点経由練馬ICまでの一般道路が最短路ですが、首都高5号線をどんどん北上して埼玉県戸田市美女木ジャンクション（以下「JCT」に省略）まで行き、ここから外環道経由大泉JCTに出る方が、一般道を使わないので遙かに時間短縮ができます。すごい迂回路ですが、今や都心から関越道に抜けるルートとして定着しています。

道路情報の確認

①災害情報は事前に必ずチェック

ルートを選択するにあたって重要なのは、最新の道路情報を確認する事です。特に奥地まで入る場合が多いのですから、この作業は確実に実行する事が大事です。山岳道路の特性として、常に自然災害が付きまといます。特に台風の通過後とか長雨の後等は、道路の通行禁止が発生しやすい事も考慮しておくべきでしょう。南アルプス・北アルプスや東北・北海道の一部の山は登山口までの道路が細く急峻な砂利道の場合が多い事にも留意してください。このような道路（多くは林道）では、土砂崩れが一度起きると再開通までには多くの日数を要します。この様な道路では迂回路の無いケースが多くありますので、より注意が必要です。

②最新の現地道路情報を取ろう

高速道路のICを出てから、登山口に至る一般道路の選択には苦労する事が多くあります。地方の3桁ナンバーの国道でも道路地図を見ただけでは、良く整備されているのか、未整備の「くねくね道路」なのかの判別はなかなかつきません。最近は地方の国道もかなりの整備が進んできましたが、奥地を走る国道には未整備の路幅1車線の峠越え道路が少なくありません。ましてや、県道以下の地図上の細い道路は、整備状況の判断が付きかねます。やはり現地の道路事情は現地に聴くことが一番の早道です。現地は観光協会やバス会社よりも、市役所や役場に聴くのが一番でしょう。最近は大規模林道とか広域農道とか地図上やカーナビにははっきりと表示していない立派な道路も多くあります。これらの道路を上手く利用するためにも、現地の情報をしつこいくらいに取りましょう。特に夜間の山間道路の通行には確実な通過地点の目印の把握が欠かせません。

東北・山形・磐越自動車道利用の山

東北自動車道

東北地方を縦断して青森市へと至る680kmの長大な高速道路が東北自動車道である。川口JCTから宇都宮ICまでは、3車線で走りやすい平坦な道だが、週末や夏のシーズンにはかなりの渋滞は覚悟しなければならない。宇都宮以遠も全線片側2車線で、長距離走行のわりには疲れも少ない路線である。強いて言えば❶宇都宮〜矢板❷白河〜須賀川❸村田JCT〜仙台〜古川の3区間はカーブや傾斜が厳しく、交通量も多いので、要注意区間である。

山形自動車道

仙台の手前の村田JCTから延びる山形自動車道は、途中の月山周辺で途切れてはいるが、その間も立派な国道（月山道路）が完成して走りやすいので、実質的には酒田市北郊外の酒田みなとICまで利用できるようになっている。それでも山形県内の高速道路は片側1車線の暫定使用がほとんどの状況だ。

磐越自動車道

新潟市から福島県郡山市を経ていわき市に至る、延長204kmの高速道路。日本百名山に関係するのは、東北道と接続する郡山JCTから会津若松を経て新潟市に至る区間である。会津若松の先は片側1車線の暫定開通区間あり。交通量も少なく比較的走行しやすい高速道路である。

アドバイス

組合せ登頂プランとしては、北東北の岩木山と八甲田山、八幡平と岩手山と早池峰が考えられる。時間的に余裕があれば、これらの山を一気に征服するのも無理ではない。南東北では、蔵王山と安達太良山は比較的容易に登れるので、2峰を同一行程で登頂すれば、百名山踏破の数が稼げる。さらには、吾妻山・磐梯山・那須岳との組合せも難しくない。

1

岩木山（いわきさん）

百名山 10

標高 1625m

青森県

↑山頂から見下ろす日本海（仁井田）

津軽の名山はドライブウェイで比較的楽に登頂できる

岩木山は津軽富士とも呼ばれる独立峰で、古来から山岳信仰の対象でもあり、山麓の嶽温泉からの岩木山神社ルートが一般的だった。しかし、８合目まで大型バスも登れる有料道路が開通してからは、８合目駐車場から、あとわずか375mほどの標高差しかない頂上まで登るのがポピュラーになっている(更に８合目から９合目まで夏山リフトも運行されている)。軟弱だという方もおられるが、本格的な登山家でもない限り、安全で楽な方法で登山できれば、それに越したことはないだろう。

エリア 東北自動車道

岩木山までのアクセス

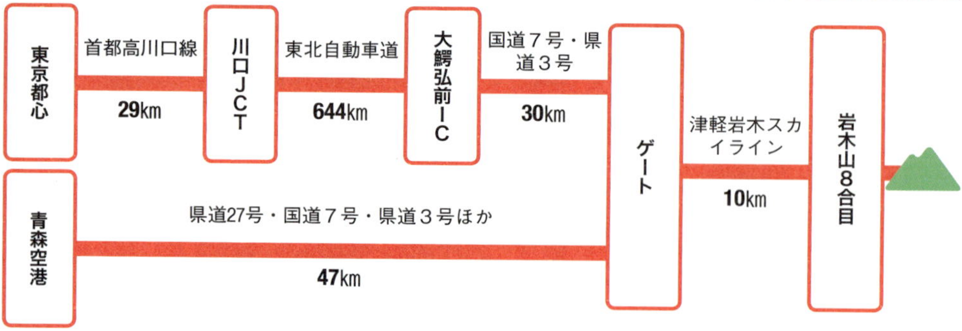

アクセスプラン

東京から登山基地の岩木山８合目までの総走行距離は713km。順調に走って、ほぼ８時間。大鰐弘前ICから国道７号に入り弘前市内の国道７号バイパスを経由して市内を抜ける。このバイパス辺りのコンビニで食料・飲料を調達しておくと良い。県道３号を嶽温泉方面に向かう。津軽岩木スカイラインの有料道路ゲートは午前８時に開く。早朝着ならゲート周辺で仮眠するのが一般的だが、沿線の休憩用ホテルに寝る手もある。車内よりは疲れはずっと取れるので、私たちは夫婦で登る時には良くこの手を利用する。

Parking Information

岩木山８号目駐車場

駐車台数	約100台
料金	有料道路代金に含まれる
整備状況	良く整備された舗装駐車場
その他	シーズン中の混雑は激しい。対策としては、早朝にゲート前に並んで、早めに８合目に入ること

※山麓の嶽温泉からはシーズン中に８合目までシャトルバスが運行されているので、嶽温泉に駐車してシャトルバス利用も考慮したい。

登山memo

　この山の最大の特色は北国の日本海にほど近い独立峰であることだ。したがって季節的には天候の安定している８月初旬と10月初旬あたりがベストシーズンといえる。とは言え、そんな時期でも、低気圧が来ると風雨をまともに受ける山容であり、標高が低いからと侮れない。筆者は盛夏を選んだのだが、それでも８合目から上で、天候急変に遭遇し、猛烈な風雨に難渋して登る羽目になった。さらに言えば、この山は観光登山的な側面と信仰登山の対象としても重要な山なので、登山者数はかなり多い。時には「芋の子を洗う」状況にもなるので、できれば早い時間帯に頂上に立てるようなスケジュールが理想的だろう。登山道自体は良く整備され、登山技術を求められることもほとんどない気軽なコースである。ここまで遠征したら、できれば隣の八甲田山も同時に征服するプランも立てたいところだ。

下山後の楽しみ

おんせん　嶽温泉

　歩く時間が短いので、下山後は嶽温泉で汗を流して、弘前市内に出て弘前城公園等のお楽しみに時間を割きたいもの。**嶽温泉**（だけおんせん）は今でも湯治場の雰囲気を色濃く残している温泉で、どの旅館も立ち寄り湯をさせてくれる。温泉の歴史は古く、どの旅館も鄙びた造りが残り、風呂場も木造が多い。のんびり湯に浸かり、山歩きの汗を流すには格好の温泉である。

みどころ　弘前市

　弘前は**弘前公園**（ひろさきこうえん）の桜が有名であるが、例年４月下旬が見頃なので、登山シーズンとは重ならない。しかし、この弘前公園を含めた周辺には見どころも多く、是非立ち寄りたい街である。弘前城を中心とした一帯は、古き良き時代の地方都市の雰囲気が色濃く残されていて、心が癒される。

問合せ先

岩木さんぽ館　☎0172-83-2093

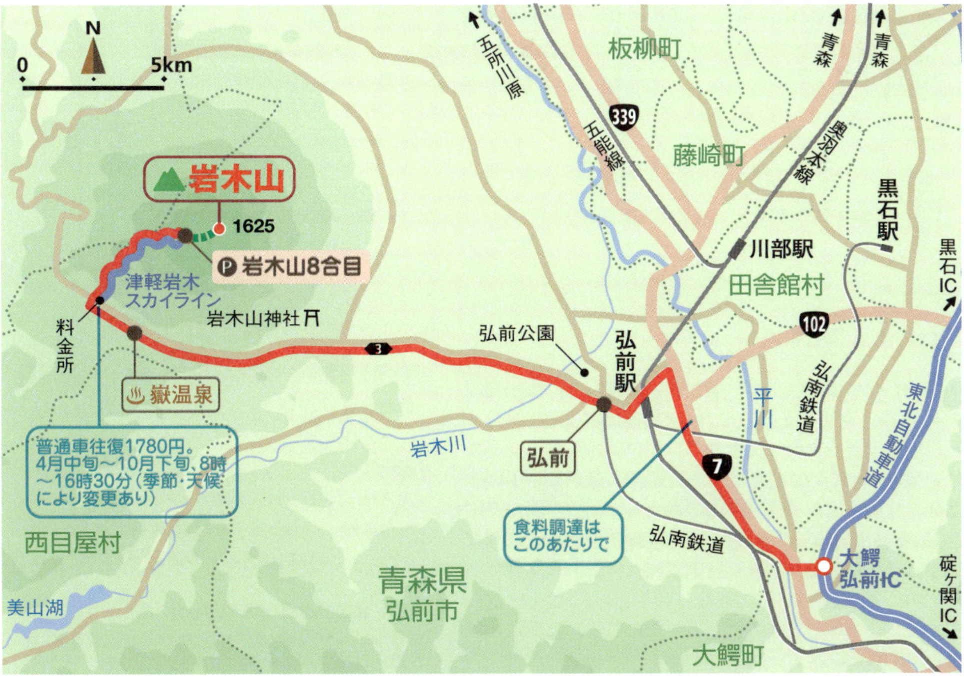

2 八甲田山（はっこうださん）

百名山 11　標高 1584m　青森県

↑上毛無岱（かみけなしたい）の湿原から見る大岳

花々の美しい湿原と火口丘の山頂部をもつ大きな山群

八甲田山はその名の通り８峰から成る中央火口丘群であり、主峰は標高1584mの大岳である。酸ヶ湯（標高約900m）から直接登るルートが一般的だが、この山群の変化に富んだ姿を堪能するには、なるべく多くの峰を巡るルートの方が楽しい。最も楽で人気があるのは八甲田ロープウェイで標高約1300mの山頂公園駅まで登り、ここから幾つかの峰を歩くコース。大岳と山頂公園駅の標高差は284mしかない。天候さえ良ければ、あまり苦労せず歩くことができ、お花畑の観賞も楽しみである。

八甲田山までのアクセス

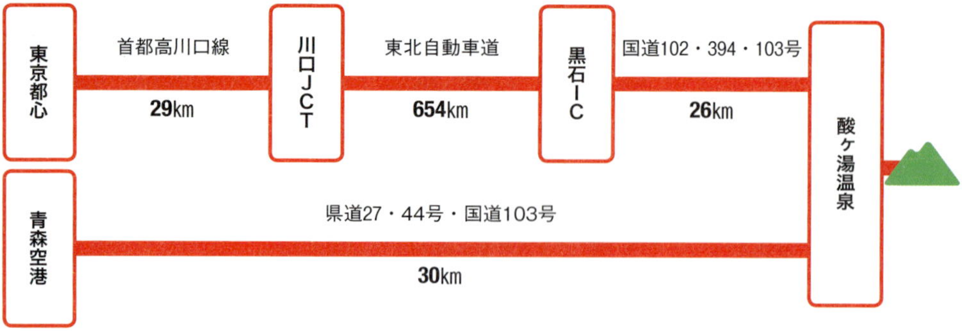

アクセスプラン

黒石ICからは市街地を一切通過する事もなく酸ヶ湯温泉に至る。東北道を降りてから6km地点の国道394号へ分岐する交差点左側（信号あり）にローカルのコンビニがある。8〜22時の営業だが、品揃えは豊富で利用価値が高い。岩木山から連続登山の場合も、弘前市内から国道102号経由で黒石ICを目指す。黒石ICからはほぼ全線山岳道路ではあるが、良く整備され、標識も充実しているので、迷うことはまず無い。八甲田ロープウェイは、酸ヶ湯から４kmほど青森側へ下ったところが山麓駅となる。

Parking Information

酸ヶ湯温泉駐車場（A）　八甲田ロープウェイ駅前（B）

駐車台数	乗用車　A：150台、B：200台
料金	どちらも無料
整備状況	A：良く整備された舗装駐車場 B：良く整備された舗装駐車場
その他	Aはシーズン中の混雑が激しい。Bは比較的空いている

※酸ヶ湯温泉旅館の国道の向かい側に大きな駐車場がある。八甲田ロープウェイ利用で酸ヶ湯に下山した場合は定期バスかタクシー利用となる。

登山memo

この山も岩木山同様、その特色は北国の日本海に近い独立山群であることだ。したがって日本でも有数の豪雪地帯にあり、登山シーズンは短い。一般的に天候の安定している8月初旬から10月初旬あたりがベストシーズンといえる。そんな時期でも、低気圧が来ると風雨をまともに受ける山容であり、霧が深い日も多いので注意が必要だ。筆者は、岩木山の帰路の盛夏のシーズンを選んだのだが、霧が出て眺望にはあまり恵まれなかった。次回は紅葉の時期を選んでもう一度挑戦してみたい山である。全体におだやかで女性的な山容なので、威圧的な雰囲気が無く、女性にも好まれる山である。さらに言えばこの山の特色は、八甲田ロープウェイが開通して、頂上近くまで簡単に登れるようになったことである。登山路も良く整備されており、気軽に観光登山を楽しむことができるので、軽装のハイカーも多い。

下山後の楽しみ

おんせん♨ 八甲田温泉郷

八甲田山の周辺は温泉の宝庫。鄙びた1軒宿の温泉が多いので、山歩きの前後の宿泊には絶好の山麓である。登山基地の**酸ヶ湯**(すかゆ)は大規模な宿で、昔ながらの混浴大浴場が残っている珍しい湯治場である。混浴大浴場への入浴は女性にはかなり勇気がいる。湯治場的雰囲気では**谷地温泉**(やちおんせん)も良い。ここは小さな1軒宿で、高田大岳の登山基地にもなっている。**蔦温泉**(つたおんせん)は開明的な雰囲気で、大正時代の歌人大町桂月が愛した温泉。ここの風呂は雰囲気がとても良く、泉質も柔らかなので、ご婦人にも人気が高い。1軒宿では**猿倉温泉**(さるくらおんせん)も湯治場だが、この宿にはメゾネットスタイルのモダンな洋室もあって、若者や女性に人気がある。ただし、ここの泉質は肌にピリピリと厳しい。

問合せ先

青森市観光課 ☎017-734-1111

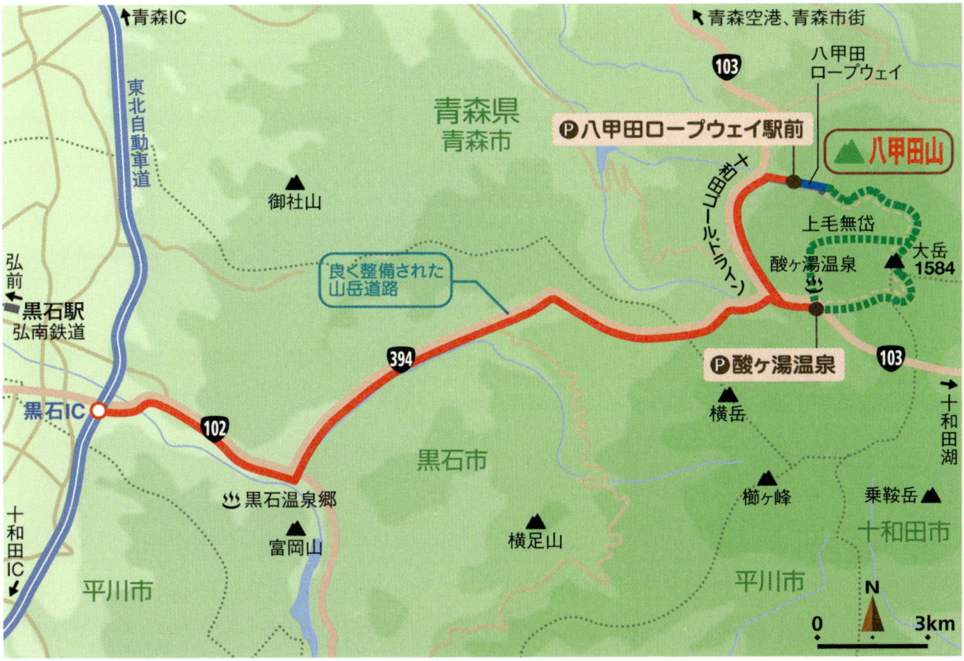

3 八幡平（はちまんたい）

百名山 12
標高 1613m
秋田県・岩手県

↑ワタスゲ揺れる八幡沼の湿原

のびやかで花々の美しい八幡平へは山岳道路でアプローチ

八幡平は高原状の山で、なだらかな丘のごとき山容である。岩手から秋田へと抜ける八幡平アスピーテラインは、八幡平最高点の直下を通過し、頂上駐車場から山頂の八幡平だけを往復するのなら、小1時間もあれば十分で、これでは「登山」にならない程あっけない近さだ。しかもほとんど平坦で観光客も楽に頂上まで行くことができる全国でも稀有な「百名山」と言える。山頂周辺には、八幡沼をはじめとした沼が点在し、湿原も多く、花の名山としても名高い山である。特に東北の名花ヒナザクラの咲く頃が美しい。

八幡平までのアクセス

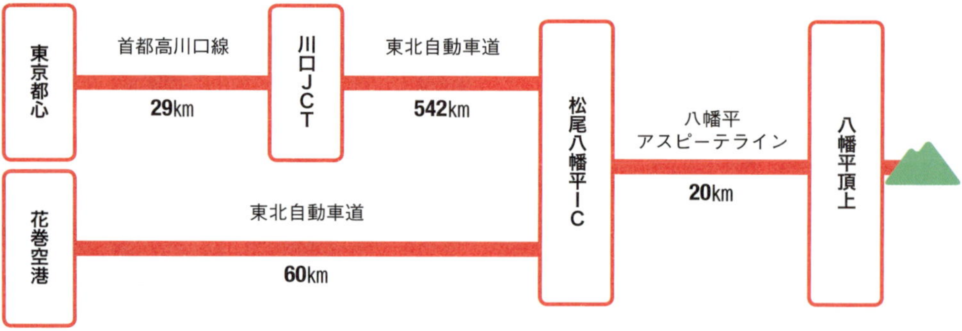

アクセスプラン

東京から登山基地の八幡平頂上駐車場までの総走行距離は591km。順調に走って、ほぼ6時間30分。松尾八幡平ICからは八幡平アスピーテライン（無料）を、八幡平頂上駐車場目指してひたすら走行する。高速を降りてからはコンビニも無いので、途中のSA（下りの最後は岩手山SA）までに食料等を調達する必要がある。松尾八幡平ICから頂上駐車場までは僅か20km。ほぼ全線山岳道路ではあるが、元県営有料道路で良く整備されている。岩手山から連なる山並みも美しく望め、ドライブウェイとしての価値も非常に高い道路である。

Parking Information

八幡平頂上駐車場（2カ所）

駐車台数	乗用車150台（有料80台と無料70台）
料金	有料／無料
整備状況	良く整備された舗装駐車場
その他	シーズン中の混雑は激しい。レストハウス近辺の駐車場は有料で、少し離れてはいるが無料駐車場もある

※大型観光バス・定期バスの出入りも多く、シーズン中は路肩に違法駐車するクルマも見られる。対策としては、とにかく早朝までに着く事だ。

登山memo

山頂直下までクルマで行けてしまう八幡平。少々、登山らしき雰囲気を味わうには、八幡平アスピーテライン途中の茶臼岳登山口から登り始め、茶臼岳を経て八幡平頂上を目指し、頂上駐車場に下るルートが良いだろう。このルートでも200m強の高低差しかなく、ハイキング気分で楽しめるコース。全行程３時間も見ておけば十分だ。だが針葉樹に囲まれたコースは、それなりに東北の静寂な深山を分け入る風情を楽しむことができるので、おすすめだ。このコースの場合は、頂上駐車場からバスを利用して茶臼岳登山口に戻ろう。

下山後の楽しみ

おんせん♨ 八幡平山麓の温泉

八幡平の周辺は、八甲田山周辺に劣らず温泉の宝庫だ。この一帯にも鄙びた１軒宿の温泉が多いので、山歩きの前後の宿泊には絶好の山麓である。むしろ八幡平の登頂そのものは手軽すぎるので、山麓のいで湯のハシゴ入浴をおすすめしたい。頂上から一番近い山小屋風の**藤七温泉**（とうしちおんせん）の露天風呂からは、雄大な八幡平の全容が眺められるので、ぜひ立ち寄り湯をしてみたいものだ。藤七温泉をさらに下っていくと地熱発電で有名な**松川温泉**（まつかわおんせん）もあり、ここも湯量が豊富で気持ちが良い。反対側の秋田県側の山麓に下ると、蒸し風呂と泥パックの**後生掛温泉**（ごしょがけおんせん）や**蒸の湯温泉**（ふけのゆおんせん）も、ご婦人には捨てがたい秘湯だ。難病に効能ありと有名な**玉川温泉**（たまがわおんせん）も少々離れているが、極めて個性的な温泉で大きなお風呂がある。これらの温泉は、源泉100％掛け流しの温泉ばかりなので、温泉好きには堪えられない一帯だ。宿泊料金も、１泊２食１万円前後と、リーズナブルで嬉しい。

問合せ先

八幡平市商工観光課	**☎0195-76-2111**
八幡平市観光協会	**☎0195-78-3500**

4 岩手山（いわてさん）

百名山 13　標高 2038m　岩手県

↑美しい山容の岩手山

岩手富士や南部片富士と呼ばれる山容の美しい岩手の名峰

盛岡市から眺める初冠雪や残雪の山容は実に見事であり、惚れ惚れするほどの名山である。平成10年より火山活動が続いており、しばらく登山禁止措置が取られていたが、現在は馬返し口をはじめ、限定的に登山道が開いている。事前に地元の情報を取ってから登山計画を立てる事が必要。最もポピュラーな登山ルートは馬返し口である。車でのアプローチでも一番優れているルートだ。ただ馬返し（標高約630m）から８合目避難小屋（標高約1800m）までは、ほぼ一直線の単調な直登コース。真夏の直射日光を受けての標高差750mは相当にキツイ。

岩手山までのアクセス

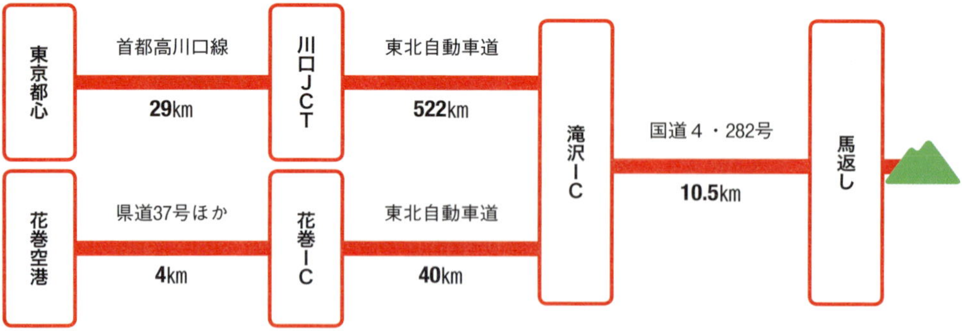

アクセスプラン

滝沢ICを出てからは、いったん盛岡方面へ右折して国道４号を走り、すぐ最初の信号「分れ南」を国道282号安代方面へ鋭角に右に曲がる。程なく「左方面岩手山」の大きな道路標識。この信号左手にコンビニがある。その先で左折、あとは馬返しまでほぼ直線道路だ。滝沢ICから馬返しまでわずか10.5km、20分ほどだが、間違いやすい交差点もあるので注意したい。駐車場まで全線舗装され、カーブも無く走りやすい。

Parking Information

馬返し駐車場

駐車台数	150台
料金	無料
整備状況	未舗装だが広い駐車場
その他	トイレあり

※馬返し駐車場すぐ上の馬返しキャンプ場にも水場や水洗トイレが完備されている。

登山memo

この山は本格的登山となるが、登山者も多く、登山道も良く整備されているので、問題はあまり無い。馬返し口を、早朝に出発すると日帰り登山が可能であるが、登山路で唯一宿泊が可能な８合目避難小屋には、監視員も常駐しているので、ここに１泊して、火山活動の情報を得てから山頂に向かうのが、おすすめである。馬返しより少し北にある焼走登山口を起点としての登山であれば、コマクサの大群落があるので、７月頃の花期に合わせての登山も良い。

下山後の楽しみ

おんせん 網張温泉

日帰り登山の場合は、早朝から登り始めても、下山は午後２時を過ぎる。直接帰路につく手もあるが、できれば周辺の温泉にでも泊まってゆっくり汗を流してから帰る余裕を持ちたい。岩手山周辺には、いくつかの温泉がある。おすすめは馬返しから小岩井牧場方面に走り、かなり岩手山麓を登り返した標高750mの所にある**網張温泉**である。ここは休暇村岩手網張温泉が１軒あるだけだ。盛岡方面の眺めが良く、温泉は高温だが泉質はすこぶるよろしい。滝を眺めながらの湯浴みを楽しめる野天風呂もある。別棟に日帰り入浴施設もあり、のんびりでき、宿泊料金もリーズナブルである。

みどころ 盛岡市内

時間に余裕があれば**盛岡市**に寄って「わんこそば」や近年名を馳せている「盛岡冷麺」を賞味するのも良いアイディアだろう。８月第１週には「盛岡さんさ祭」もある。この時期は、「仙台七夕祭」等、みちのく路はお祭り真っ盛りの時期でもある。これらのお祭りはそれぞれ郷土色豊かなものばかりなので、登山計画と併せて立ち寄るのも、楽しい想い出になるだろう。

問合せ先

滝沢村商工観光課　☎019-684-2111

5 早池峰（はやちね）

百名山	標高 1917m
14	岩手県

⬆山頂付近の湿原から山頂部を見る

名花ハヤチネウスユキソウで知られる北上山地の名峰

早池峰はハヤチネウスユキソウなど豊富な高山植物が人気で、一般の観光客も多く、かなりの人が入山している。スイスアルプスのエーデルワイスに最も近い品種と言うハヤチネウスユキソウの人気がどの程度のものか想像も出来なかったが、入山してみて、その人気の凄さを実感した。山登りに縁の少ないと思しき軽装の初老のご婦人方もわんさと大型バスでやって来る。しかし、この山は、そう簡単に登れる山ではないので、頂上を目指すには、それなりの準備・装備が必要だ。

早池峰までのアクセス

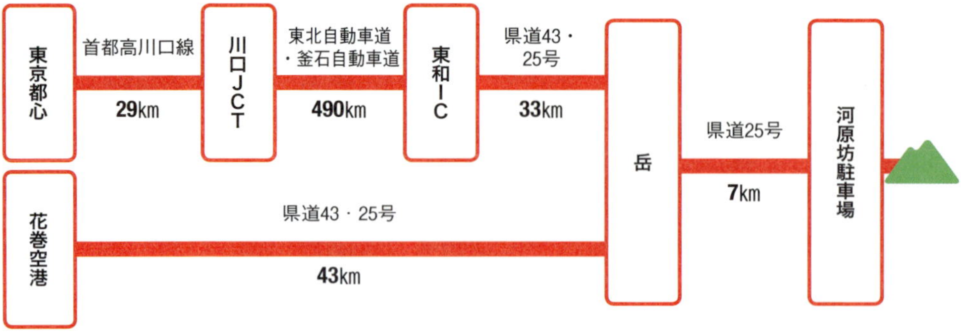

アクセスプラン

花巻、東和いずれのICを出ても花巻市大迫町を経由する。大迫町内はバイパスで通過でき、その手前に最後のコンビニがある。食料・飲料の調達はここで済ませたい。岳集落を過ぎると道路は細くなり、往復1車線の舗装された山道になるので注意しよう。シーズン中の午前5時から午後1時までは、岳〜河原坊〜小田越は一般車両の乗り入れ禁止。岳集落周辺の駐車場に車を停め、シャトルバスで登山口に向かう。小田越へも道路は通じているが駐車場が無いので、徒歩かシャトルバスを利用する。ほぼ30分間隔で運行されており、利用価値が高い。

Parking Information

河原坊駐車場

駐車台数	20台
料金	無料
整備状況	舗装だが狭い
その他	トイレはあるが、清潔なものではない

※付近の道路は1車線で狭く、路上駐車は不可能。河原坊まで乗入れるメリットは大きいので、何とか5時前に着き駐車スペースを確保したい。

登山memo

駐車場のある河原坊からの直登ルートもあるが、これはかなりハードなコースなので、下山ルートに使うのが一般的。最も理想的なプランは、河原坊に車を停めて、シャトルバスで小田越（標高1240m）まで行き、ここから尾根伝いに頂上を目指し、下山は河原坊に下山するルートだろう。この小田越ルートは、良く整備された登山路で、入山者も多く問題は少ない。頂上直下からは、巨岩・巨石を縫っての登行となる。雨に濡れると極めて滑りやすいので要注意だ。頂上から河原坊までの下山路は、相当な急降下路なので、降雨時などは無理をせずに、小田越へと往路を戻る方が無難である。ハヤチネウスユキソウだが、上部の登山路沿いや、頂上近くの露岩地帯で見られるが、盗掘などで極端に減少しているとも言われている。登山路はロープで区切られている。この山は北上山地の一番奥深くにあるが、近年の道路事情の改善で、アプローチが楽になった。河原坊を早朝に出発すれば、山中に泊まらず、日帰り登山が可能だ。

下山後の楽しみ

おんせん 花巻周辺の温泉

早池峰の付近には温泉がないが、仙台方面へ向かう途中には、花巻周辺に温泉がたくさんある。花巻温泉は歓楽的雰囲気の漂う大型ホテルが多く、山登りとしては敬遠したいが、花巻市郊外には混浴の**大沢温泉**（おおさわおんせん）や鄙びた**台温泉**（だいおんせん）もある。いずれも温もりのある「東北の温泉」らしい雰囲気がたまらない。お風呂もなかなか風情があって、泊まってみたい宿が多い。クルマなら自分の趣向に合った温泉や観光スポットを探すのも容易になり、楽しみも倍増するというもの。宮沢賢治ブームで、立ち寄り客の多くなった花巻市内には宮沢賢治ゆかりの施設が点在している。

問合せ先

花巻市大迫総合支所商工観光係 ☎0198-48-2111

6 蔵王山（ざおうさん）

百名山	標高 1841m
18	山形県・宮城県

↑蔵王のシンボル、御釜

観光客も多い蔵王の主峰、熊野岳へ

通常蔵王山と呼ばれるのはこの山群全体のことであるが、日本百名山としての登山対象は最高峰の熊野岳（標高1841m）である。宮城県側からは山岳道路で刈田岳頂上（標高1750m）まで登れ、山形県側は蔵王温泉から蔵王ロープウェイが地蔵山（1703m）の山頂近くまで運んでくれる。刈田岳から熊野岳山頂までは、標高差100m程度しかないため、極めて容易に登頂することが可能だ。したがって、この山も軽装の観光客が、散歩気分で稜線を埋め尽くす事になる。世の中便利になれば良いというものでもあるまいが、当の筆者もその便利さを享受しているのであるから、内心忸怩たる思いがする。

蔵王山までのアクセス

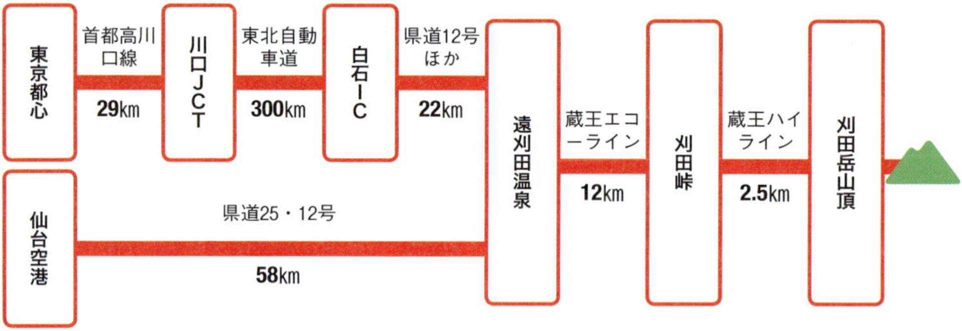

アクセスプラン

白石ICを出てからは仙台方面へ左折して国道４号を走り、すぐ県道12号を蔵王方面に左折するルートが一般的。白石IC周辺のコンビニで食料・飲料の調達を済ませておきたい。県道12号は遠刈田温泉を経由してそのまま蔵王エコーライン（上山市まで全長22km）へ続き、刈田峠から刈田岳山頂までの区間は、蔵王ハイラインという有料道路となる。白石ICから刈田岳山頂駐車場まで約36km。ほぼ１時間を見ておきたい。遠刈田温泉から刈田岳山頂駐車場まではカーブ連続の山岳道路となるが、道路整備は行き届いている。

Parking Information

刈田岳山頂駐車場（３カ所）

駐車台数	200台
料金	有料道路代に含まれている
整備状況	やや荒れている。簡易舗装
その他	大型バスも多い

登山memo

駐車場のある刈田岳から熊野岳への登山路は、「馬の背」と呼ばれる稜線を辿り、右手にエメラルド色の水をたたえる御釜（火口湖）を見て進むと目指す熊野岳まですぐ。刈田岳から熊野岳往復に２時間見ておけば十分である。シーズン的には紅葉が一番人気。静かなのは雪解けが終わった６月下旬から。ただし、楽とは言っても、この山も霧が出ると火山の砂礫地では迷いやすくなるので、天候には十分注意したい。

下山後の楽しみ

おんせん 蔵王山麓の温泉

蔵王山は早朝から登り始めても、午前中に駐車場まで戻れる。そのまま帰路につく手もあるが、できれば周辺の温泉に浸かってみたいものだ。宮城県側の遠刈田・青根・峩々温泉、山形県側の蔵王温泉が、東北らしい雰囲気を残している温泉場である。宮城県側は南蔵王と呼ばれ、**遠刈田温泉**（とおがったおんせん）周辺が最も開けており、ホテル・ペンションから民宿までバラエティに富んだ施設が揃っている。**青根温泉**（あおねおんせん）は遠刈田よりさらに仙台寄りに下ったところにある。歴史は古く、伊達政宗公の通った宿も健在だが、温泉全体は寂れている。刈田岳山頂駐車場から一番近い谷底にポツンとある１軒宿の**峩々温泉**（ががおんせん）は、秘湯ブームで女性にも人気。団体客はお断わりで、静寂が保たれている。お風呂は素晴らしい雰囲気で、女性にうけるのも納得できる。但し、この宿は秘湯としては宿泊料金が少々高め。頂上から山形県側に下ると、みちのくの名湯の一つ、**蔵王温泉**（ざおうおんせん）がある。豊富な硫黄泉が掛け流しで溢れており、温泉情緒は抜群。建物も昔のままの木造も多く、湯治客に混じっての温泉街逍遥は乙なものである。

問合せ先

蔵王町農林観光課 ☎0224-33-2215

7 安達太良山（あだたらやま）

百名山 21

標高 1700m
福島県

↑薬師岳展望台からの安達太良山（桑子）

ゴンドラを利用して、『智恵子抄』にも登場する福島の名山へ楽々登山

安達太良山は、高村光太郎の『智恵子抄』にも登場する福島県の名山であり、登山人気の高い山である。加えて、薬師岳（標高1350m）までスキー用のゴンドラが夏期営業してからは、頂上までの標高差がわずか350mとなったことも手伝い、老若男女の観光客と思しき人たちもたくさん登っていて、登山道は大変賑やかだ。山頂駅からほぼ一本調子で登るルート。このルートは登山路がしっかり整備されていて苦労は少ない。頂上直下まで登ると、正面に小高い乳首のような突起が望めるが、そこが山頂である。別名乳首山というのもうなずける。

安達太良山までのアクセス

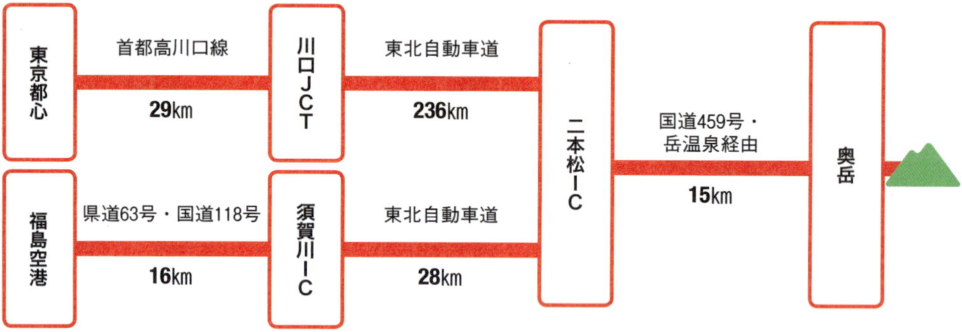

アクセスプラン

登山基地の奥岳山麓駅までの東京からの総走行距離は280km。二本松ICを出てからは、岳温泉方面へ右折して国道459号を走る。岳温泉を通過してゴンドラ駅のある奥岳まで進むルートが一般的。二本松ICから奥岳山麓駅まで15km。30分で十分だ。二本松ICから山麓駅までの道路はカーブが多いが、きつい登りが無いので、走行は楽だ。全線舗装の整備された２車線道路が続く。

あだたらエクスプレスは奥岳山麓駅～薬師岳山頂駅（標高1350m）を結ぶ。

Parking Information

奥岳山麓駅駐車場

駐車台数	100台以上
料金	無料
整備状況	未舗装だが広い
その他	トイレ、売店等の付帯設備あり

登山memo

登山シーズンとしては紅葉の秋の人気が高いが、登山客が多いのはやはり夏休みで、近在の学校の集団登山に出会うことが多い。時間・体力に余裕があれば「くろがね小屋」経由で周遊下山するルートも人気があり、大回りして奥岳山麓駅に下山でき、クルマ利用にも向いている。また、ツツジやシャクナゲの美しさも有名で、その名所である勢至平に立ち寄るプランも良い。早めの出発なら日帰りは可能だ。

下山後の楽しみ

おんせん 岳温泉

安達太良山は早朝から登り始めても、下山は午前中に駐車場まで戻れる。東京に直接帰る手もあるが、ぜひ近くの**岳温泉**（だけおんせん）に泊まることをおすすめしたい。安達太良山麓に広がる岳温泉は湯治場として発展した温泉だが、いまなお昔ながらの湯治場の雰囲気を色濃く残している。地元有識者の街並み美観保存努力の結果が見事に生きている温泉だ。夕食後の温泉街のそぞろ歩きが実に楽しい。

たべる 二本松

帰路の途次には、二本松ICの先の**二本松**（にほんまつ）市内に美味しいお蕎麦屋さんが数多くあり、立ち寄りたい街である。

問合せ先

二本松市観光課	☎0243-23-1111

↑山頂部にある沼ノ平の火口（桑子）

8 会津駒ヶ岳（あいづこまがたけ）

百名山 23

標高 2133m

福島県

↑燧ヶ岳北面から望む会津駒ヶ岳

奥会津にどっしりとそびえる名山 時間をかけてゆっくりと登りたい

会津駒ヶ岳は標高2133mの堂々たる山容の山だ。幹線道路から離れているので、東京からのアプローチには苦労する。尾瀬が近いためか、最近人気が出てきてはいるが、それでも登山者は非常に少なく、静寂な山歩きを楽しみたい向きには格好な、大人向きの山である。登山口からの標高差も1200mあるので、本格的な登山となる。早朝に登頂開始すれば日帰り登山が無理なくできるが、頂上直下の駒ノ小屋に宿泊して、山頂付近をゆったりと歩きたい。奥深い山ではあるが、登山道は良く整備されている。

会津駒ヶ岳までのアクセス

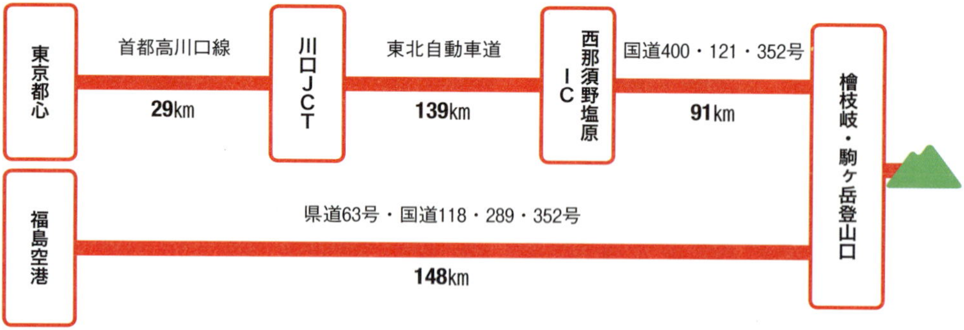

アクセスプラン

この山のアプローチは、高速道路を出てからが長い。全線国道で整備されているが、峠越えがいくつもある。西那須野塩原ICから右折して塩原温泉方面に向かう。食料・飲料調達はICを出てすぐに済ませておきたい。塩原から長い尾頭トンネルを抜けて会津西街道に出る。山王峠をトンネルで抜け、しばらく走り「会津高原方面」の表示に従い左折して国道352号に進む。舘岩を越し、尾瀬・檜枝岐方面の表示に従い左折する。檜枝岐中央の手前右側に駒ヶ岳登山口があり、林道へ入る。登山口を見落とさないように、村落に近付いたら減速走行だ。

Parking Information

路肩に駐車

駐車台数	20〜30台
料金	無料
整備状況	未整備の空き地
その他	トイレ、売店等の付帯設備なし。国道から林道へ入ったところにトイレあり

※登山口から少々下った村営テニスコート駐車場も利用できる。ここは舗装されており、50台は駐車可能。

登山memo

登山ルートは、林道終点から高い樹木に囲まれた中の厳しい急登ルートが標高1650mあたりまで続く。水場を越えるとやや緩やかな登りに変わり、湿原もあらわれ、明るく開けた眺望を楽しめる。木道も多く設置してあり、頂上周辺は実に伸びやかな高原状の開けた風景が素晴らしい。全体としては、標高差が大きい割には、急峻な危険地帯も少なく、それほど苦労をしないで登頂できるおとなしい山と言えよう。豪雪地帯で残雪が遅くまで多いので、登山シーズンは盛夏が無難だ。地元の方の話だと、初夏の花の時期でも人が少ないし、とても魅力的な山歩きができるとのこと。もう一度トライしたい山のひとつだ。

下山後の楽しみ

おんせん♨ 檜枝岐周辺の温泉

会津駒ヶ岳は早朝から登り始めても、下山は午後２時過ぎになる。ぜひ檜枝岐村の観光を含めて、周辺の温泉に泊まる事をおすすめしたい。落人集落として、そして農村歌舞伎などで有名になった秘境檜枝岐村だが、その温泉の歴史は古くない。民宿主体の村で、風情というものにはいささか欠ける。ここでは手打ち蕎麦がおすすめ。ここの蕎麦はつなぎを一切使わない「裁ちそば」で、歯ごたえがこたえられない素朴な蕎麦である。

温泉としては、いまなお昔ながらの湯治場の雰囲気を色濃く残している舘岩の**木賊温泉**(とくさおんせん)と**湯の花温泉**(ゆのはなおんせん)をおすすめする。どちらにも洒落た旅館などはないが、共同浴場なども多く、山帰りには絶好の温泉である。多くの共同浴場は混浴なので、地元のおばさんたちも生活の一場面として入浴している。この自然体の雰囲気は実に爽やかである。また、この奥会津地方は天然のきのこも豊富に採れ、誠に美味。店先できのこ汁を振舞う店もある。

問合せ先

檜枝岐村企画観光課　☎0241-75-2503

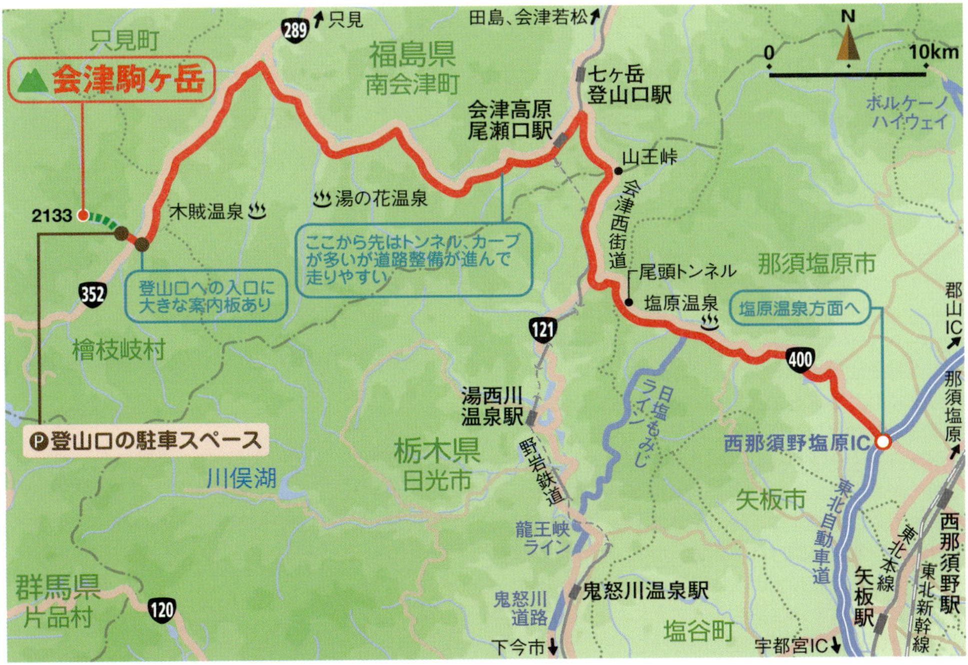

9 那須岳（なすだけ）

百名山 24　標高 1915m　栃木県

⬆茶臼岳から朝日岳（右）、三本槍岳（左奥）を望む

噴煙をあげる茶臼岳を主峰とする那須連峰 ロープウェイ利用で荒々しい自然を堪能

那須岳とは那須連峰の総称で、一般的には今なお噴煙を上げる茶臼岳（標高1915m）を指す。日本百名山の対象もこの茶臼岳が一般的で、茶臼岳の単純往復だけで、百名山登山の目的は達成される。しかし、ロープウェイ山頂駅（標高1690m）からの標高差もわずか225mしかないので、40分も見れば登頂は十分だ。これでは飽き足らない事もあり、那須連峰最高峰の三本槍岳（1917m）や朝日岳（標高1896m）への縦走を目指す人が多い。だが、これは侮り難い、日帰りプランとしてはかなりの健脚ルートである。

エリア　東北自動車道

那須岳までのアクセス

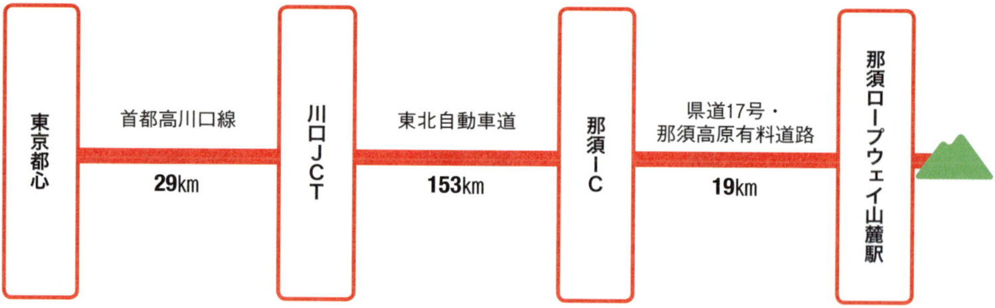

アクセスプラン

入山基地は那須ロープウェイ山麓駅。那須ICからロープウェイの山麓駅までは19kmで道路状態は極めて良い。那須湯本温泉までは坦々とした県道17号を走る。シーズン中は行楽・避暑客で相当に混雑する道路である。湯本温泉の先の那須高原有料道路（ボルケーノハイウェイ）は、急カーブ連続の道。峠の茶屋まで舗装道路が続き、大きな駐車場が整備されている。ロープウェイの世話になりたくない硬派の登山者は、峠の茶屋までクルマで上り、あとは徒歩で頂上を目指すことになる。ロープウェイの山麓駅〜山頂駅は所要時間５分ほど。

Parking Information

那須ロープウェイ山麓駅駐車場

駐車台数	100台
料金	無料
整備状況	舗装、マーキング区画
その他	トイレ、売店など付帯設備は多い

登山memo

ロープウェイ山頂駅から茶臼岳頂上までは、樹木もない火山礫の裸山を歩く。この茶臼岳は火山活動も続いているため、実に無味乾燥なルートだ。那須連峰最高峰の三本槍岳はあきらめても、途中の朝日岳までは登るのが一般的なルートと言えよう。このルートの魅力としては、朝日岳の先を西側に下ったところにあり、ランプの宿として登山家に愛好されている三斗小屋温泉の存在も大きい。いずれにしろ、この那須連峰はかなり雄大な規模なので、茶臼岳往復ですぐ下山するにはあまりももったいない、とても魅力的な山群である。

下山後の楽しみ

おんせん♨ 三斗小屋温泉

茶臼岳の先を目指すとなると、どうしても**三斗小屋温泉**に下りて1泊してみたい。この温泉は未だに電気は通じておらず、里からの自動車道路もない昔ながらの湯治場である。大黒屋、煙草屋の２軒の旅館がランプの灯をともし、満天の星を仰ぎながら入る露天風呂の思い出に、特別な感慨を抱いている登山家も多いことだろう。

おんせん♨ 那須温泉郷

那須山麓に戻っても魅力的な温泉が多い。**那須湯本温泉**は、大規模旅館がある。どの旅館でも、かなり熱めの源泉が惜しみなく滔々と掛け流されており、露天風呂からの関東平野の広大な眺望にも心を癒される。ロープウェイ山麓駅のすぐ下にある**大丸温泉**の露天風呂もおすすめだ。川の流れそのものが温泉であり、これを堰き止めて大露天風呂にしている。何とも野趣に富んだ１軒宿だ。他にも**北温泉**、**弁天温泉**などいくつもの魅力的な温泉宿がある。

問合せ先

那須町観光商工課 ☎0287-72-6918

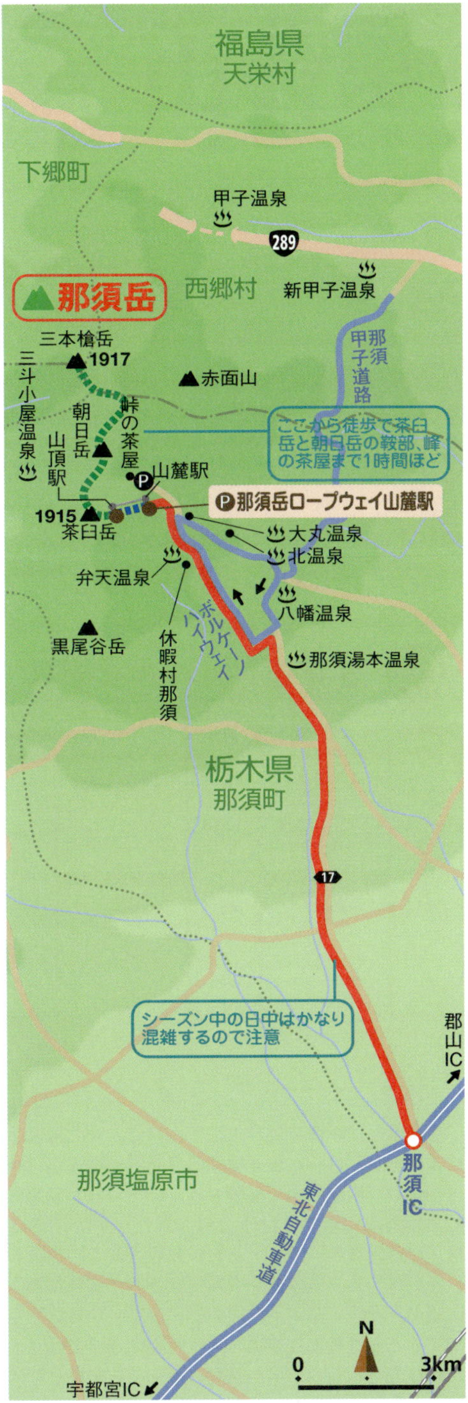

10 男体山（なんたいさん）

百名山 36　標高 2486m　栃木県

⬆中禅寺湖畔からの男体山

日光二荒山神社の御神体として知られる美しい山容の信仰の山

男体山は、同じ日光山群の女峰山と対をなした古代からの信仰の山である。二荒山神社の奥宮が山頂にあり、二荒山神社中宮祠の登山口では、登拝料を納めてから登山開始となる。登山路は神社から頂上へほぼ一直線に延びる。多くの登山者は先を争って頂上を目指す。こんな雰囲気の中では、登山の楽しみは少ない。しかし、独立峰なので、頂上からの眺めはとにかく素晴らしい。眼下に中禅寺湖が広がり、すぐ隣りの奥白根山や女峰山等の日光連山を始め、上州、尾瀬方面に多くの名山を指呼できる。この360度の眺望が男体山の最大の魅力だ。

男体山までのアクセス

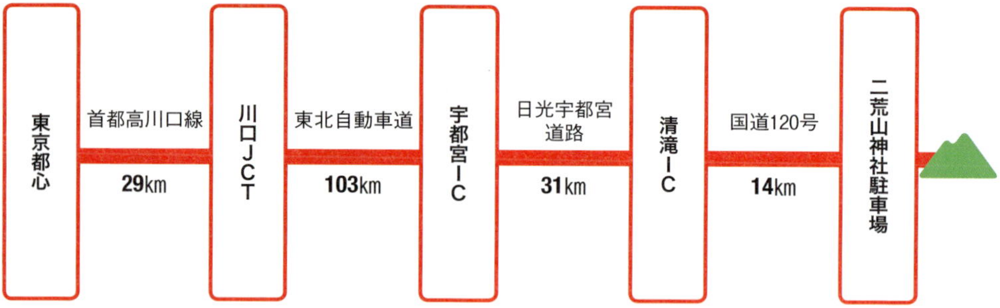

アクセスプラン

登山基地は中禅寺湖畔の二荒山神社。東北道は宇都宮ICまでだが、さらに高速規格の日光宇都宮道路（制限速度80km）が清滝ICまで接続されている。日光宇都宮道路では、速度取締りには十分な注意が必要。清滝ICからは、いろは坂を一気に上ると中禅寺湖畔の中宮祠の町に入る。ホテル・旅館街を過ぎて家並みが切れたところが二荒山神社前である。お盆のピーク時を除き、下りに渋滞することはあまり無い。東京方面の帰路では渋滞が恒常化しているので、早い時間（遅くても午後３時頃）までに利根川鉄橋を渡り、渋滞回避を図ると良い。

Parking Information

二荒山神社駐車場

駐車台数	30台ほど
料金	無料（登拝料に含まれる）
整備状況	未舗装の空き地利用
その他	トイレ、売店など付帯設備あり

※登山口からは離れるが、県営の湖畔駐車場も利用できる（有料、100台以上、舗装）。

登山memo

奈良時代に勝道上人が初めて登頂をはたして以来、信仰登山の聖地として開かれてきた信仰の山であるため、登山者の中には白装束の信者が多く混じっている。筆者は、８月１日の山開きの行事に参加して、信者と一緒に夜中に登り始めた経験がある。この山は下山も転がる如く一気に下れるし、標高差（1214m）のある割には、比較的楽な登山ができる山である。季節的には紅葉シーズンの美しさもつとに有名である。その場合、戦場ヶ原から登る「裏男体林道」ルートの人気が高い。途中に宿泊が可能な避難小屋もあり、途中の紅葉の美しさを満喫できる。ただし林道歩きが長い。

下山後の楽しみ

たちより 中宮祠・日光湯元温泉

男体山は先述したとおり、信仰の山であるので、下山すると**中宮祠**（ちゅうぐうし）の御茶屋でイッパイやり、精進落としをするのが、信仰登山の慣わしのようである。中宮祠には、いわゆる昔風な茶店が多く、ゆっくりくつろげる雰囲気はあまりない。できればさらに奥日光へ向かい、湯の湖に面した**日光湯元温泉**（にっこうゆもとおんせん）まで足を延ばすのが良いだろう。涼しいうえに、旅館も静かで小ぶりのところが多く、とても落ち着く。そのうえ温泉の泉質は濃密ですこぶるよろしい。

みどころ 日光山内

いろは坂を下った日光山内には、**東照宮**（とうしょうぐう）・**二荒山神社**（ふたらさんじんじゃ）・**輪王寺**（りんのうじ）のいわゆる「２社１寺」の世界文化遺産が集まって所在する。立ち寄りしたいところであるが、半端な時間では回れないし、この周辺の道路は常に観光客で混雑しているので、下山時の立ち寄りには向かないと思われる。別の機会にじっくりと見学したいものだ。

問合せ先

日光市日光総合支所観光商工課 ☎0288-53-3795

11 皇海山（すかいさん）

百名山 38	標高 2144m
	栃木県・群馬県

↑庚申山からの皇海山（寺田）

美しい名に似あわず困難な山 慎重な登頂計画で登りたい

皇海山とはなんと優雅な名前であろう。だが筆者の２回の登山経験からすると、その名に反して何と暗い印象の山であろうというのが、率直な感想である。少ない経験から言っても、関東以北で、この山の困難さに匹敵する百名山は、飯豊山と幌尻岳くらいしか思いつかない。日帰りで頂上を往復し銀山平（標高827m）に下山できるのは相当の健脚家である。標高差も1316mもある。さらに言えば銀山平からの入山者は近年極めて少なくなっているので、登山路は荒れている。ただ、このルートが古くからの伝統的なルートであることは否めない。

皇海山までのアクセス

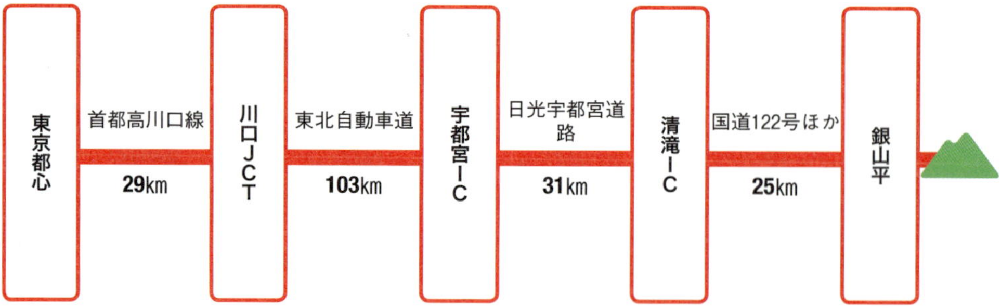

アクセスプラン

皇海山への登山口銀山平へは、走りやすいと言う点から、日光宇都宮道路経由がおすすめだ。宇都宮IC以降ではコンビニは無いので、食料・飲料調達は東北道のSAで済ませておくと良い。日光宇都宮道路は速度取締りには十分な注意が必要。清滝ICを出るとすぐ国道122号足尾方面の表示があり、信号を左折する。程なく長い日足トンネルを越える。足尾鉱山跡を過ぎて右に銀山平の標識を見て右折する。ここは見落としやすいので注意。なお、近年関越道沼田ICから入る栗原川林道皇海橋ゲートから登るルートが人気のようであるが悪路に注意。

Parking Information

国民宿舎かじか荘前駐車場

駐車台数	乗用車30台
料金	無料
整備状況	未舗装区画無し
その他	トイレ、売店は国民宿舎かじか荘利用

※銀山平の先に延びる林道を登っていくとゲートがあり、行き止まりとなるが、周辺の空き地にも10台程度駐車可能。

登山memo

庚申山荘から庚申山を経て鋸山十一峰を越えるルートでは、正直「死ぬ思い」をした。荒れた登山路ははげしいアップダウンの連続で、体力的にも相当に消耗させられる。通常は山中に１泊する行程だというのに、我々は日帰りの計画をしたのも失敗であった。早朝６時に歩き始め、銀山平に下山したのは、真っ暗闇の午後８時近くとなってしまった。唯一の救いは、六林班峠からの下山路で広葉樹林帯を抜ける時の、実に昂然たる雰囲気の素晴らしさだった。

銀山平からの難ルートを避けるには、マイカー登山をあきらめ、群馬県側の「不動沢ルート」を選択するしかない。登山口までの栗原川林道が悪路で有名で、都会育ちのクルマでは無理があると言われている。上越線沼田駅からタクシーを使うか、悪路向きのレンタカーを調達する、もしくは、今日び人気の登山会員バスに加わって「登山パッケージ旅行」をすることだ。これを利用して不動沢コースを登った友人の話では、登山口から皇海山の頂上を極めて、往復わずか５時間で楽に下山できたとのこと。この選択が、もっとも安全で、簡単な登山術なのかもしれない。自分の体力、スキルと相談して、最善のルート選抜をするべきだろう。

下山後の楽しみ

その他

この山の下山後は、あまり魅力的な立ち寄りどころは少ない。筆者も残念ながらこの山では２度の登山時どちらも難渋した経験しかないので、一目散に帰京している。２度目は日光市内の旅館に止宿したが、到着したのが夜の９時過ぎ。「下山後の楽しみ」を語る資格無しである。

問合せ先

足尾町観光課　☎0288-93-3116

12

鳥海山（ちょうかいざん）

百名山 15

標高 2236m

秋田県・山形県

↑御浜小屋からの山頂（敷島）

エリア

東北自動車道・山形自動車道

庄内富士として知られる東北の名山 アプローチは山岳道路で

鳥海山は、山形・秋田県境に悠然と聳える東北地方有数の名峰。特に４月、里に桜の咲く頃に、麓の庄内平野から眺めると、その優美な裾野をゆったりと日本海に落とし、中腹から上部を真っ白な残雪に覆われている堂々たる山容は、実に惚れ惚れする美しさである。登山口の鉾立（標高1022m）から頂上までの標高差は1086mなので、早朝に鉾立を出れば、日帰り登山が無理なく出来るが、早朝出発が必須条件である。裾野を長く引いている山なので、登山路も結構長い。登りは鉾立から頂上まで５時間は見ておきたい。

鳥海山までのアクセス

東京都心 →（首都高川口線 29km）→ 川口JCT →（東北自動車道 312km）→ 村田JCT →（山形自動車道 84km）→ 月山IC →（月山道路 21km）→ 湯殿山IC →（山形自動車道 53km）→ 酒田みなとIC →（国道７号 鳥海ブルーライン 38km）→ 鉾立

庄内空港IC →（山形自動車道 19km）→ 酒田みなとIC

アクセスプラン

最も入り易い登山基地は鳥海ブルーラインの中間点にある鉾立駐車場。東京方面からだと、山形自動車道が途切れる月山ICから湯殿山IC間の21kmは、国道112号バイパス（月山道路）が通じていて、かなりスムースに走行できる。酒田みなとICを出てから象潟方面へ左折して国道７号に入り、標識に従って鳥海ブルーラインに入る。食料・飲料調達はIC近くの国道７号周辺で済ませておきたい。鳥海ブルーラインは、全線舗装され困難なく走行して鉾立の県営駐車場に到着できる。酒田みなとICから38km、ほぼ１時間を見れば良い。

Parking Information

秋田県営鉾立駐車場

駐車台数	乗用車350台
料金	無料
整備状況	舗装、区画無し
その他	トイレ、売店が揃っている

※広大な県営鉾立駐車場には、登山ビジターセンター、宿泊用の鉾立山荘もある。

登山memo

鳥海山は、７月下旬でも、６合目の賽の河原あたりから雪渓が現れて緊張させられるほど雪の多い山である。整備された登山道は、急登もあまり無いまま標高1800mの七五三掛あたりに到達できる。ここから雪渓を越えて頂上への最後のルートは、鳥海火山の溶岩円頂丘（溶岩ドーム）にあたり、鋭角に切れた岩石の集積した中を進むので、歩きにくい急登の連続だ。さすが2200m級の高山の厳しさである。だが、本格的な登山ではあるが、技術的にはそれほど難しい箇所も無く、頂上に立つことができる。季節としては梅雨が明け、花も美しい７月下旬からが一番だろう。

下山後の楽しみ

みどころ　鶴岡・酒田

鳥海山は早朝から登り始めても、下山は午後になる。出来れば周辺の温泉に浸かって１泊してから帰途につきたい。しかしこの庄内地方には適当な温泉は見当たらない。鶴岡市の日本海沿いに**湯野浜温泉**（ゆのはまおんせん）があるが、帰京ルートから離れているし、少々歓楽色の強い温泉である。そんな訳で今回は、北前船で栄えた**酒田市の港町の旧跡**（さかたしみなとまちきゅうせき）、**鶴岡市の城下町**（つるおかしじょうかまち）の立ち寄り観光をおすすめしたい。クルマで登った後の、この手の立ち寄り観光は、自由に乗り回せるので、移動には実に便利である。どちらの町にも手頃な値段のビジネスホテルも多く、庄内地方の旨い魚と酒が楽しめるお店も多いので、両都市共に１泊してみたい街である。酒田市は豪商の栄えた川港町で、栄華の跡の建物も数多い。鶴岡市の鶴岡城址は必見。この街は城下町特有の伸びやかで、落ちついた雰囲気が漂い、見どころにも事欠かない街である。

問合せ先

にかほ市産業建設部観光係　☎0184-38-4305

13 月山（がっさん）

百名山 16　標高 1984m　山形県

↑月山の頂上台地（敷島）

出羽三山信仰で知られる霊山へはリフト利用でアクセスできる

月山は山形盆地と庄内平野を遮る大きな壁となって聳える名峰。かなり遠距離からも一面雪に覆われた山容は良く目立つ存在である。古来月山は羽黒山・湯殿山と共に「出羽三山」の中央に聳える信仰の山として知られ、今でも麓には宿坊も多い。月山登山は月山リフトの開通で一気に楽になった。このリフトは４月から７月の春スキー用に架設されたものだが、今では夏山リフトとしても、大活躍している。リフト上駅からの標高差は480m。技術的にはそれほど難しい箇所も無く、周囲に大雪渓を眺めながらの登山は、実に心豊かな気分にしてくれる。

月山までのアクセス

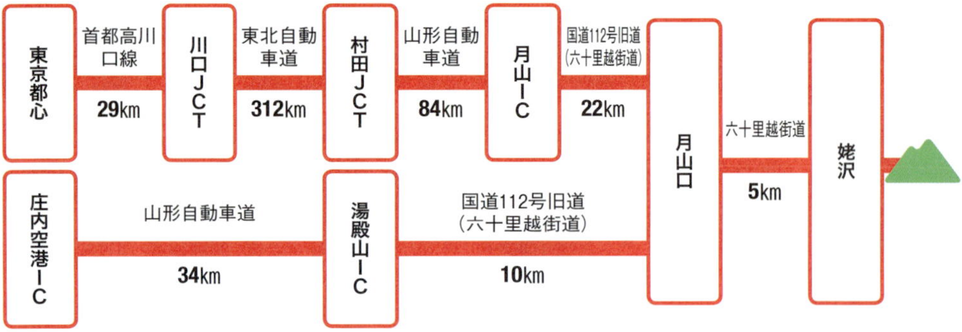

アクセスプラン

登山基地は、志津の奥の姥沢である。月山ICからは国道112号の旧道（六十里越街道）に入り月山口へ向かう。国道バイパスの月山道路には進入しない事。月山ICまでは、かなりスムースに走行でき、都心からでもほぼ５時間あれば月山ICまで到達できる。山形道に入ると食料・飲料の調達はできないので、東北国見SAあたりで調達しておかなければならない。月山ICから27kmで姥沢に到達する。40分を見れば良い。月山口を右折してから姥沢までの５kmはかなりの勾配を上り、カーブがきついので注意が必要な山岳道路だ。

Parking Information

姥沢駐車場

駐車台数	500台
料金	無料
整備状況	舗装、区画無し
その他	トイレ付設、売店はリフト下駅に

登山memo

姥沢駐車場から10分ほど歩いたところにある月山リフトが、標高1500m地点まで運んでくれる。なお、月山の表口は鶴岡市側の月山８合目（標高1403m）である。鶴岡側８合目の弥陀ヶ原までは月山高原ラインというメインルートの山岳道路が通じており、羽黒山を経由して定期バスも乗り入れている。ただ、夏スキーにも利用できる月山リフトの開通と、山形自動車道の開通により、東京方面からは、姥沢から入山する方が遙かに便利になっている。この山の登山シーズンは残雪の多さを考慮すると、８月上旬がベストだろう。月山の大きな魅力の一つである花のシーズンを狙うなら、残雪は多いが、７月中旬までとなる。

下山後の楽しみ

おんせん ♨ 月山志津温泉

姥沢を下ったところの月山口近くに**月山志津温泉**がある。何百年と続く宿坊であったが、平成になって温泉が湧出してから月山志津温泉としてデビューした。山菜の美味しい山のいで湯なので、下山後の宿泊には絶好の立地である。

おんせん ♨ 肘折温泉

帰路途中の寒河江市から北へ入った**肘折温泉**も古くから開かれた湯治場であり、現在もなお昔風の温泉街が立ち並ぶ、泉質の素晴らしい温泉だ。時間に余裕があれば、ぜひ立ち寄りたい温泉である。この肘折温泉から月山への登山路も開かれているが、アプローチが長く一般的では無い。

問合せ先

西川町商工観光課	☎0237-74-2111
羽黒町観光協会	☎0235-62-4727

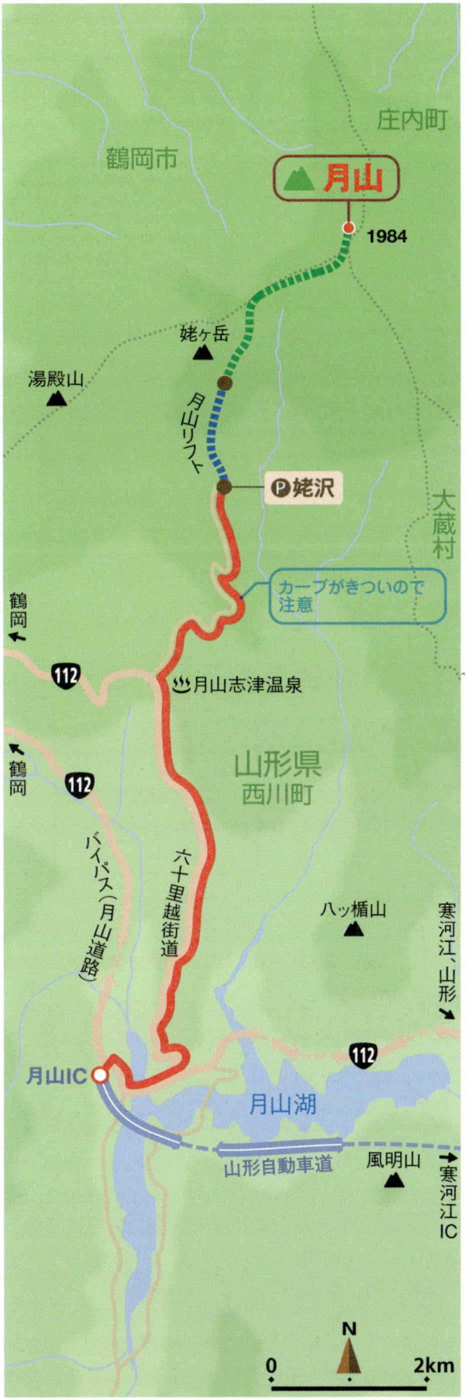

14 朝日岳（あさひだけ）

百名山 17 ｜ 標高 1870m ｜ 山形県

⬆尾根道からの大朝日岳（大関）

豪雪がもたらしたダイナミックな山容と原生林の美しい山

朝日岳は、とにかく厄介な山の一つだ。標高がそれ程高くはないのに、実際に登頂するには大変に苦労する山なのである。標高2000m以下の百名山としては、まさしく最難関の山の一つであろう。そのうえ、朝日鉱泉までは定期的な公共交通機関が無く、アプローチ道路の悪路を走破しなければならない。おまけにこの一帯は、我が国有数の豪雪地帯でもある。一般的にはこの山群は朝日連峰と呼ばれ、多くの峰が連なる奥深い山群で、主峰の大朝日岳（標高1870m）への登頂は本格的な登山となり、十分な装備と慎重な登山計画が求められる。

朝日岳までのアクセス

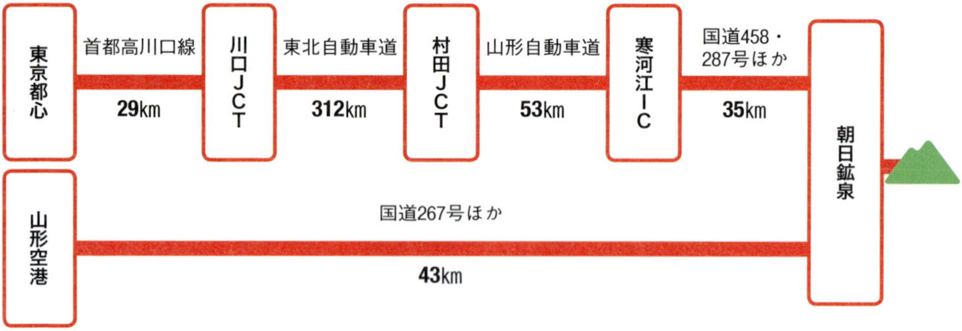

アクセスプラン

登山基地は、朝日町の奥の朝日鉱泉である。寒河江ICを降りて朝日町までの間のコンビニなどで食料・飲料を調達しておきたい。国道458号で大江町に入り、ここからは国道287号で朝日町に至る。朝日鉱泉までは35kmの道のりで、1時間15分をみたい。朝日町役場を過ぎて国道をはずれ、最上川を渡り町道を朝日鉱泉へ進むが、朝日川に沿って進む最後の6kmは完全なダート。整備はかなり進んでいるが、1車線の砂利道で普通乗用車の腹をこする事もあり、低速運転が絶対条件。この区間は人家も皆無なので、夜間走行は避けたいものだ。

Parking Information

朝日鉱泉ナチュラリストの家駐車場

駐車台数	乗用車10台程度
料金	無料
整備状況	砂利
その他	狭いので指示を受けて駐車を

※付近の林道沿いには全く駐車スペースが無いので、注意すること。

登山memo

　この山は日帰り登山は困難である。山中１泊しなければならない山は、東北では朝日岳と飯豊山しかない。体力的にもかなり消耗を強いられるが、危険箇所はほとんど無いので、高度な登山技術は求められない。

　登山基地の朝日鉱泉（標高550m）と大朝日岳山頂との標高差も1320mほどあり、早朝発でも、山中で１泊となる。山中には山小屋が何箇所かあるが、原則宿泊だけで自炊。これも装備を重くしなければならない原因となってしまう。登頂に最も楽な大朝日岳頂上直下の大朝日小屋の例を引くと、管理人は常駐しているが、自炊なので、食料と寝袋は必携。シーズン中はものすごい混雑で、窮屈な空間では睡眠不足に陥りがちの厳しい環境だ。ルートは通常鳥原山コースを登り、小朝日岳（標高1647m）から主峰大朝日岳の頂上を目指す。筆者の登頂した10月初旬は紅葉の真っ盛り。下山路のブナ林の美しさは、今でも脳裏に刻まれている。ベストシーズンは、初雪に怯えながらも、この短い秋の紅葉シーズンだと思う。

下山後の楽しみ

おんせん　朝日岳周辺の温泉

　登山基地の**朝日鉱泉ナチュラリストの家**は山小屋と思って良いが、アットホームな雰囲気が素晴らしく、極めて居心地がよろしい。登頂の前後にぜひ１泊したいもの。ここまでのアプローチの悪路に難渋するが、ここにたどり着いた時には、実にホッとする。帰京を急ぐ場合は、寒河江ICまでに幾つかある三セク温泉で汗を流す手もある。朝日町の**りんご温泉**、大江町の**柳川温泉**がそれである。どこも立派な設備を整えている。これ等は、基本的に日帰り施設である。

問合せ先

朝日町観光協会　☎0237-67-2134

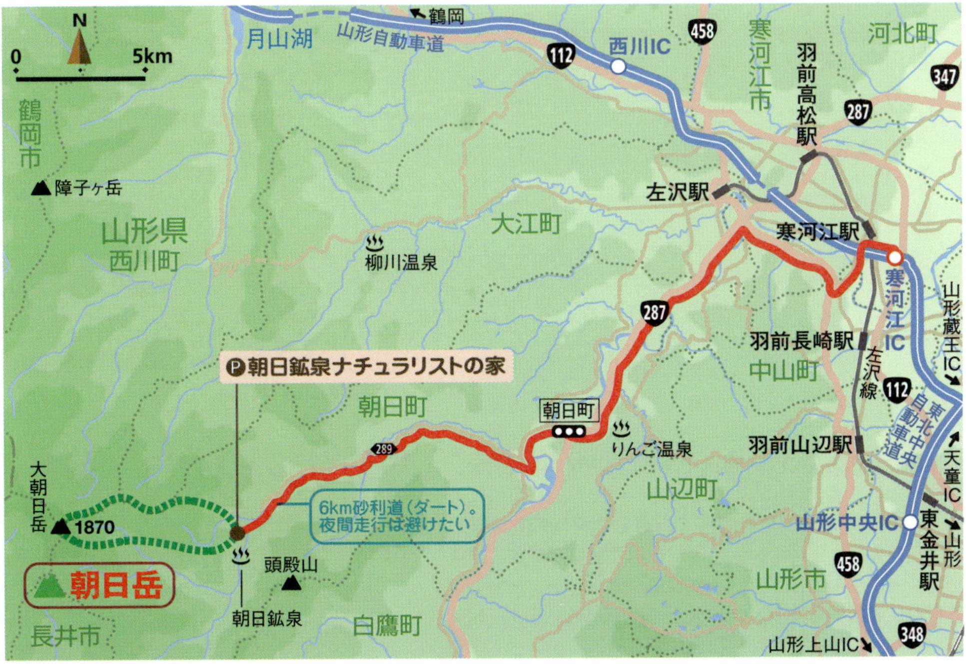

15 飯豊山（いいでさん）

百名山 19

標高 2128m

福島県・山形県・新潟県

↑雪田の残る山腹を進む

豪雪地帯にそびえ、残雪も多い 長大な山並みは百名山でも難関の一つ

関東以北では、間違いなく最難関の山である。一般的には飯豊連峰といわれ、長大な峰が折り重なるように延々と続く山並みは、圧倒的な重圧感を覚える。初級者は近付いてはいけない山と考えて良い。主峰は飯豊本山（標高2105m）で、言うまでもなく本格的で高度な技量を要求される登山となり、最低3泊4日は欲しい。加えて、十分な装備と食糧、慎重な登山計画が求められる。残雪が多く、7月中旬でも、登山路には雪渓・雪田がいやになるほど残っており、何回もの雪田の通過が避けられない。ベテランの隊長の引率が必須の山である。

飯豊山までのアクセス

- 東京都心 → 首都高川口線 29km → 川口JCT → 東北自動車道 220km → 郡山JCT
- 福島空港 → 県道63号・国道118号 14km → 須賀川IC → 東北自動車道 22km → 郡山JCT
- 郡山JCT → 磐越自動車道 61km → 会津坂下IC → 県道43号ほか 38km → 御沢キャンプ場

アクセスプラン

都心からクルマで最も入り易い登山基地は、磐越道の会津坂下ICで降りて、旧山都町（現・喜多方市）の奥の川入御沢キャンプ場である。ICを降りてから食料・飲料の調達は出来ないので、最後の磐梯山SAまでに調達を済ませたい。会津坂下ICからは県道43号で旧山都町に入り、JR磐越西線の踏切を渡って、さらに北へ飯豊鉱泉方面を目指す。途中の川入集落までは路面は悪いが、ほぼ舗装道路。最近は整備がかなり進んでいるが、未舗装区間、工事区間もあり、慎重な低速運転が絶対条件。川入～キャンプ場間2kmは砂利道。

Parking Information

川入御沢キャンプ場駐車場

駐車台数	70台
料金	無料
整備状況	砂利敷き
その他	付帯施設はない

登山memo

　恥ずかしながら、筆者は1990年の夏、山形県小国町飯豊温泉からこの山に登り、飯豊本山頂上直下の雪渓で足を滑らせて、雪渓を滑落し、一命を取り落とす寸前まで行った苦い経験がある、恐ろしい山である。山中の山小屋は無人がほとんどだが、現在、飯豊山の入門コースとなっている福島県側の御沢口からのルートにある切合小屋のみ、夏季に食事を出してくれる。このルートの登行時間も長時間を強いられ、体力的にもかなり消耗する。登山基地の川入御沢キャンプ場（標高約500m）との標高差は1600mもあり、早朝に登頂を開始しても、山中で最低１泊はしなければならず、できれば山中２泊は欲しい。日本百名山踏破を目指し始めると、飯豊山などはなるべく後回しにしたくなるのが人情だが、登山技術や体力に自信が付けば、このような難山こそ、体力・気力充実している早いうちに征服しておきたい。一つの山の制覇だけで３泊４日を要するのは、この飯豊山が全国で唯一の存在だ。それだけ難しい山なのである。

下山後の楽しみ

たちより　山都の蕎麦と温泉

　山麓の**山都町**（やまとまち）（現在は喜多方市と合併）は、蕎麦のおいしい里として有名である。町を挙げて「そばの里」に邁進している。下山後に、温泉に入り汗を流してから、この名物の蕎麦を賞味できる施設がある。旧山都町営の**温泉保養センターいいでのゆ**（おんせんほよう）がそれである。宿泊施設も整い、下山後の１泊にも適している。

たちより　喜多方

　近くの**喜多方市**（きたかたし）内は、今や全国区になった喜多方ラーメンの本家であり、蔵の街としても有名だ。この喜多方周辺にも多くの魅力的な温泉がある。

××××××××××××××××××問合せ先××

喜多方市山都総合支所産業課　☎0241-38-3841

16 吾妻山（あづまやま）

百名山 20

標高 2035m
福島県・山形県

↑西吾妻山の北面にある梵天岩（仁井田）

広大な吾妻連峰の最高峰へはロープウェイとリフトで簡単アクセス

吾妻山と呼ばれる山はなく、福島・山形両県にまたがる広大な標高2000m近い峰々の集合体であり、東の吾妻小富士・一切経山から、西にある連峰最高峰の西吾妻山（標高2035m）まで連なる。この西吾妻山を一般的に百名山踏破の対象にしている。西吾妻山の高度は2000m以上あるが、ロープウェイとリフト３本を使って終点の北望台（標高1820m）まで運ばれるので、リフト終点から標高差215mの頂上征服は極めて容易である。このルートは頂上まで全コースが針葉樹林に覆われ、ところどころにある湿原以外では、残念ながら眺望がほとんど効かない。

吾妻山までのアクセス

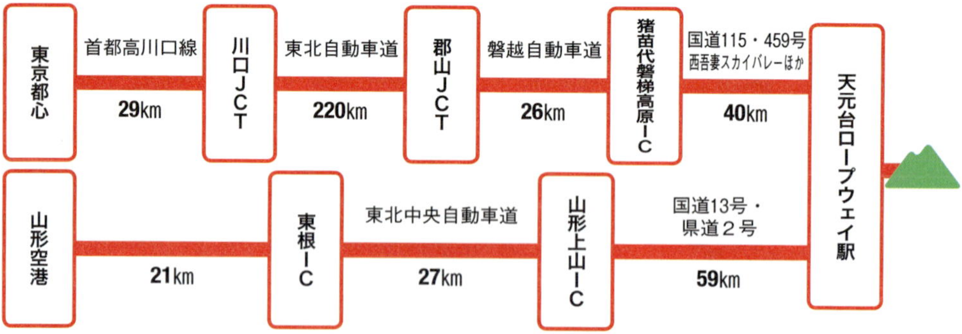

アクセスプラン

猪苗代磐梯高原ICからは国道115・459号（途中、県道２号をバイパス利用）を使って磐梯高原に向かい、磐梯高原の手前、剣が峰交差点信号を県道２号米沢方面に右折する。ここまでICから15.8km。食料・飲料の調達はICを出て２km地点のコンビニで済ませておくと良い。この先、早稲沢・白布高湯温泉間は元有料道路の西吾妻スカイバレーで、現在は無料開放。白布峠（標高1404m）を越えるカーブ連続の山岳道路である。白布高湯温泉手前の急坂を標識に従って天元台ロープウェイ駅へ上っていく。

Parking Information

天元台ロープウェイ駅駐車場

駐車台数	乗用車60台
料金	無料
整備状況	砂利
その他	トイレ、売店はロープウェイ駅に付帯

※ロープウェイと夏季営業のスキーリフト３本を乗り継ぎ、登山のスタート地点北望台（標高1820m）まで行ける。この施設はかなり老朽化している。

登山memo

この山の登山路はよく整備されて、急勾配箇所もなくハイキング気分で頂上に至ることができる。しかし本格的な登山を楽しむ事もできるほど、吾妻連峰は懐の大きな山群なので、物足らない向きはここから東の一切経山を越えて、磐梯吾妻スカイラインの走る浄土平までの本格的な縦走をおすすめする。ただし、無人小屋泊まりは必須となる。また、往復をリフト・ロープウェイに拠る事を潔しとしない登山家は、頂上から若女平を経由して白布高湯への下山路を選ぶと良い。このルートも高い樹林帯が続くので、眺望を楽しむ山歩きは望めない。

下山後の楽しみ

おんせん　西吾妻山麓の温泉

天元台を降りた先に**白布温泉**があり、古い歴史の茅葺屋根の旅館が営業している。その内の１軒は先年火災に見舞われ再建されたものの、昔の面影はかなり失われているのは残念だ。しかしこの温泉は、施設やサービス面で、古くからの伝統を良く保存しており、どの旅館もお風呂の雰囲気も良いので、立ち寄り湯としては欠かせない存在だ。温泉街の中には、素朴だが手打ち蕎麦が旨い蕎麦屋があるのも嬉しい。天元台からロープウェイで下りて、ロープウェイ駅から谷を登って行くと１軒宿の**新高湯温泉**がある。かなり急勾配の山道を登り切った所にある秘湯だ。標高1120mにある露天風呂をはじめ、温泉はまさしく１級品である。

たちより　米沢

帰路の寄り道には上杉家の城下町、**米沢**が良い。城跡はじめ見所豊富な古い町並みを散策するのも、下山してからの楽しみの一つだ。旨い酒があり、酒の肴になる旨い漬物が多い町でもある。

××××××××××××××××××× 問合せ先 ××

米沢市観光課　☎0238-22-5111

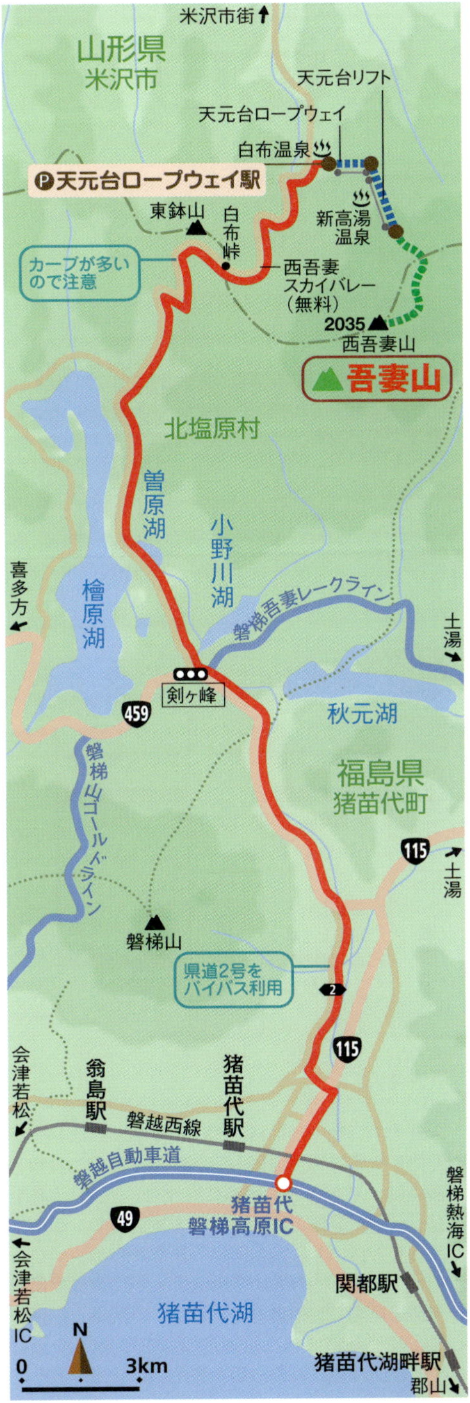

17

磐梯山（ばんだいさん）

百名山 22

標高 1819m

福島県

↑猪苗代湖越しの磐梯山（仁井田）

民謡にも歌われる会津の名山。ゴンドラ利用で登ろう

磐梯山は、秀麗な山容の独立峰である。大きな爆発を繰り返し、その結果、裏磐梯高原に多くの景勝の湖沼を今に残している。猪苗代湖側からの美しい山容に比べ、裏磐梯高原から見ると、大きな爆裂火口を見せて荒々しい姿が印象的な山だ。周辺の景勝地にはキャンプ場も多いので、学童の集団登山も多く、登山客は非常に多い。どの登山ルートを利用しても手頃に登頂出来るのと、どこからも素晴らしい変化に富んだ眺望が楽しめるのが、人気の秘密だろう。一番人気は裏磐梯高原に滞在して登る裏磐梯ルートである。

エリア

東北自動車道・磐越自動車道

磐梯山までのアクセス

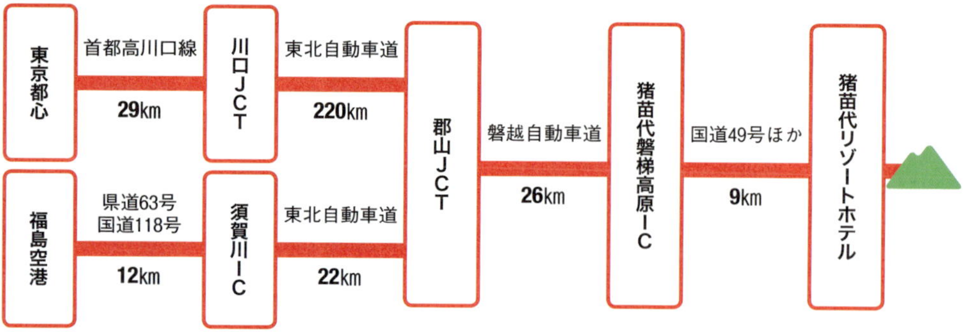

アクセスプラン

入りやすい登山基地は、2005年夏季からゴンドラが運行開始した表磐梯翁島登山口が便利である。食料・飲料の調達は、猪苗代磐梯高原ICを出て、国道115号を猪苗代リゾートホテル方面に右折する地点のコンビニで済ませておくと良い。猪苗代磐梯高原ICからは、いったん国道49号を会津若松方面に３km走り、野口英世記念館の先の町道を標識「昭和の森・天鏡台・表磐梯」に従い右折して、良く整備された町道をゴンドラ駅まで上る。なお、磐梯山は独立峰のため、登山口は豊富である。

Parking Information

猪苗代リゾートホテル駐車場

駐車台数	700台
料金	無料
整備状況	ゴンドラ駅周辺は舗装
その他	ホテル、売店あり

登山memo

今回紹介するルートは、表磐梯のスキー場用に開発された６人乗りのゴンドラを夏季も運行して、登山客の利便性を高めたもので、山麓のホテルから標高1200m地点まで10分で一気に運んでくれる。ここから頂上までの標高差は619mなので、容易に頂上に立てる。この表磐梯ルートは、単調な登高路と猪苗代湖の茫々たる風景しか望めない面白味の無いルートである点で、裏磐梯ルートに引けを取る。とはいえ、高速道ICから至近な上、ゴンドラ利用で標高差を稼げる点で、捨てがたいといえよう。他に、磐梯山ゴールドラインの猫魔八方台駐車場からのルートも、クルマ利用者にはよく利用されている。

下山後の楽しみ

たちより 猪苗代リゾート

登山基地のある**猪苗代リゾート**はスキー場として開発された施設で、モダンなホテルもあり、夏季の営業にも力を入れはじめている。日帰り客が立ち寄りできる露天風呂付きの温泉もあるので、下山後に汗を流すと良いだろう。

たちより 磐梯山周辺の温泉・観光地

磐梯山周辺には、**押立温泉**、**川上温泉**を含め、他にもたくさんの１軒宿の温泉があるので、１泊するのも楽しみだ。

たちより 裏磐梯高原

檜原湖を含む**裏磐梯高原**には湖沼が多く、人気の高いペンションも多いので、のんびり休養するにも手頃である。

たちより 会津若松

戊辰戦争の史跡のある**飯盛山**も近く、**会津若松市**も立ち寄って見たい、旧跡の多い魅力的な街だ。名湯、**東山温泉**も近い。

問合せ先

猪苗代町商工観光課 ☎0242-62-2111

寄り道プランと登山日程の立て方

温泉巡り　―秘湯探し・立ち寄り湯―

下山後の楽しみの一つは山麓の温泉に浸かって、登山の汗を流すことではないだろうか。実際、日本百名山を目指してみると、どこも魅力的で鄙びた温泉が多いのに驚かされる。大量の源泉が掛け流しで滔々と注がれる山のいで湯ほど心身共に癒されるものはないだろうと思う。筆者は原則的に下山したら、まずは山麓の温泉に飛び込むようにしている。温泉行脚を始めて50年。そんな経験の中から、本書では、「下山後の楽しみ」に百名山ごとに温泉を紹介するように努めた。ただし、どうしても推奨できない温泉しかない山もあるので、そのようなケースでは割愛してある。

高速道SA・道の駅・コンビニ活用の楽しみ

1 高速道SA

道路整備が進んで、高速道沿線にはドライバー向けの施設が多く設置されてきている。かつては高速道のSAは高くてまずいメニューに泣かされたものだった。今ではいくつかのSAで、メニューや販売商品にかなりの改善が進んできているようだ。温泉付きのSAも登場している。

2 道の駅

一般道でも「道の駅」の整備が進み利用価値が高い施設を多く見かけるようになった。特に清潔な水洗トイレが間違いなく利用できるので、助かる。また、村おこしや町おこしに熱心なところでは、地場の新鮮な産直野菜や魚介類がお手頃な値段で売られており、下山後の楽しみの一つになってきた。ただし、概して建物の豪華できらびやかな設備の「道の駅」には、中身の薄いところが多いように思われる。

3 コンビニ

コンビニの発達も山登りには実にありがたい事だ。かつては東京から持参していた重い食料の大半は、今日ではほとんど、登山基地の近くのコンビニで調達可能になった。欲しいものは大抵揃う。注意したいのはできるだけ全国チェーンのコンビニを選ぶ事である。深夜には閉店しているとか、開いていても商品棚がスカスカで買いたい品や数が揃わない事が多いからだ。その点、全国チェーンの店舗は当たり外れが少ないと思われる。これらの施設を上手に活用して、山行の楽しみを倍加できるのも、クルマで行く御利益であろう。

登山日程の立て方　―全行程に何日掛けるか―

筆者が体験した登山日程のほとんどは、初日／夜行ドライブ・登山基地で車内仮眠、2日目／日帰り登山、3日目／温泉1泊して帰京する2泊3日の行程である。標準の日程としておすすめだ。通常は金曜の勤務を終え、19時から19時30分に都心をスタートして山麓の登山基地に午前0時前後に到着して仮眠。土曜の早朝から登山開始してその日の午後に下山。近くの温泉に1泊して日曜の午前中に高速道を走り帰京するパターンとなる。勿論、日帰り登山が無理な高山や遠隔地の山では、この基本パターンにさらに1泊、2泊と追加していく必要がある。また、縦走や複数の百名山の「連チャン登山」の場合は、概ね3連休等を絡ませて4日位の日数をかけて行くケースも多くなる。一番長い山行は4泊5日で、これは例外的なケースだ。北アルプスの黒岳と鷲羽岳、南アルプスの聖岳と光岳、赤石岳と悪沢岳の3回がこのケースだ。逆に一番短いケースは温泉に浸からず、山小屋にも泊まらず、下山後はすぐに帰京するケースで、東京近郊の山ではこれで充分である。富士山や浅間山、赤城山等はこのケースだ。浅間山、赤城山の場合は、早朝に都心を出発し、その日の夕刻には東京に戻る事が可能である。

⬇ETCを搭載すると、専用レーンもスムーズに走れて、時間を読みやすい

常磐自動車道
利用の山

常磐自動車道

常磐自動車道は、首都高6号三郷線から接続する三郷JCTを基点として水戸を通り、福島県いわき市方面に通じている高速道路である。日本百名山登山との関係の希薄な高速道路ではあるが、唯一、筑波山登山でお世話になる。水戸まで片側3車線の見通しの効く平坦な道路で、走りやすい。問題は上り方面にある。三郷JCTからの首都高6号線は片側2車線の逃げ道の無いルートで、終日慢性的に渋滞している。

18 筑波山（つくばさん）

百名山 44

標高 877m
茨城県

↑女体山から見る男体山と鞍部の御幸ヶ原

「関東平野の展望台」筑波山 展望の名山であり山野草も豊富

筑波山は、関東平野の東端に聳える独立峰で、かなり遠方からも眺められる。古来、万葉集にも詠まれた坂東平野の名峰で、信仰の山でもある。標高は1000mにも満たないので、都心からはビルの陰で難しいが、さいたま市あたりまで行くと、その優美な山容がどこからでも見つけられる。頂上は典型的な双耳形で、男体山と女体山があり、女体山がわずかに高い。標高も低く、日帰り登山で十分な山。麓の筑波山神社からの標高差は646mあるので、手頃な山登りを楽しむ事が出来る。春先には、多くの山野草が咲き、目を楽しませてくれる。

エリア
常磐自動車道

筑波山までのアクセス

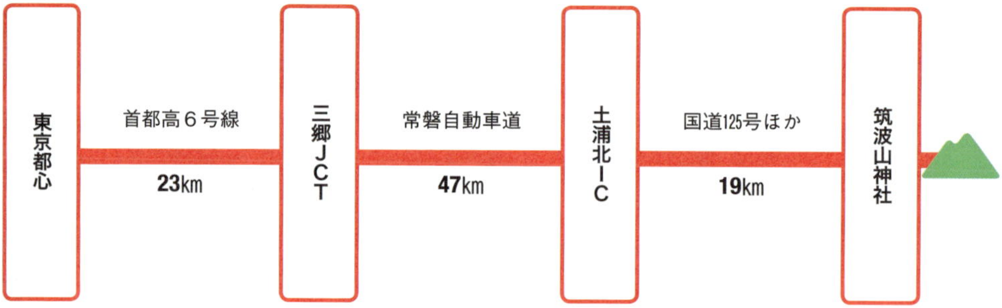

アクセスプラン

入りやすい登山基地は筑波山神社である。土浦北ICからの途上にコンビニは多いので、食料・飲料を適宜調達する。この間の国道125号は良く整備されているが、大型トラックを含め通行量がかなり多い。ICから15km程走ると左側に、つくば北警察署を見て、県道14号に入る。案内標識に従い筑波山神社方向へ右折すると神社前へ到達する。神社境内周辺に駐車して登り始める。ここから筑波山ケーブルカーに乗って男体山直下の山頂駅に行く手もあるが、何とか下から登ってみたい。また、女体山直下にも、つつじヶ丘からロープウェイが架かっている。

Parking Information

筑波山神社駐車場

駐車台数	500台ほど
料金	無料
整備状況	舗装
その他	トイレ、売店あり

登山memo

この山は、ケーブルカーが男体山直下の御幸ヶ原まで、ロープウェイが女体山の山頂直下まで通じているので、多くの人は、このいずれかを利用して頂上に至ることになる。近在の小中学生の遠足も多く、ほとんどが観光客と思しき山頂付近の賑やかさを見ると、この山が日本百名山の仲間であるべきかどうか、議論の分かれるところであろう。登山装備で山頂付近を歩いていると、周りの観光客から奇異な目で見られる程に観光の山であり、登山者は極めて少ない稀有な百名山である。

四季いつでも登れるが、冬季には結構深い降雪もあるので、３月頃から登るのが無難だ。関東平野に聳える独立峰なだけに、素晴らしい展望が得られ、足下に霞ヶ浦や太平洋を見下ろし、遠く都心の奥に聳える富士山も、意外なほど大きく見える。展望としては11～12月あたりがベストシーズンになるだろう。また山麓、山腹と花の多い春も人気のシーズンと言えよう。

下山後の楽しみ

たちより 筑波温泉ホテル

都心から近いので、それぞれの得意な分野で立ち寄りしたいスポットを探して貰いたいところ。なお、筆者は立ち寄っていないが、筑波山神社下に**筑波温泉ホテル**がある。

おんせん 袋田温泉

茨城県は温泉の少ない地帯で、本格的な温泉を探すには、北上して大子町の**袋田温泉**に行くしかない。日本三名瀑の一つ袋田の滝の入口にある袋田温泉ホテルは、県内では数少ない本格的な温泉で、露天風呂も風情がある。筑波山があまりにもあっけない登山なので、少し遠出して県北の袋田温泉まで出かけるのも一興である。山のシーズンと縁は薄いが、この袋田の滝の圧巻は、厳寒期の結氷した滝の姿である事を付記しておきたい。

問合せ先

筑波山観光案内所　☎029-866-1616

首都圏の高速道渋滞対策 〜エスケープルートの活用〜

Step 1　都心からの脱出時間帯と帰京時間帯

首都高は終日混雑しているが、それでも時間帯を選べば、結構スムースに脱出できる。一番のおすすめはやはり早朝・深夜首都圏発。首都圏に近い山では早朝出発が効果的だ。次は19時を過ぎてから首都高に乗り入れること。この時間帯になれば、下りの混雑も少し緩和される。筆者は、経験的に19時に東京駅集合・出発を中心に行程を組むようにしている。厄介なのは帰京時間帯。理想は午前中に首都高に乗り入れることだが、そのためにも前日下山してから、山麓の温泉等に1泊し、朝食後に東京目指して高速道をひた走るのがベストだ。肝心な事は夕方の帰京は避けること。夏休みは、夕方の首都圏高速道は殺人的な渋滞がほぼ毎日発生すると考えた方が無難。帰京を遅らせて午後10時くらいの渋滞解消時間を狙って帰京する手もあるが、早め早めに帰京する方が無難だ。

Step 2　常磐道のエスケープルート

常磐道の問題は帰京時。三郷JCTからの首都高6号線は片側2車線の逃げ道の無いルート。おすすめは6号線堀切JCTから中央環状線に入り、湾岸線から都心に戻るルート。都心の出口は枝川ICが狙い目。

Step 3　東北道のエスケープルート

首都圏から東北道に乗り入れる場合のネックは都心の箱崎JCTの存在だ。5本の路線が集中して2車線で処理しているため、どうしても終日渋滞する。これを切り抜ける手段は、❶湾岸線から葛西JCTに出て中央環状線で堀切JCTから川口線に乗り入れる、❷5号線に入り池袋の先の板橋JCTから中央環状線に入り江北JCTで川口線に乗り入れる2ルートがある。有効性としては、❷のルート。帰りも同様に、❶、❷のルートは念頭に入れておこう。お盆の時期は上下線とも大渋滞は覚悟したい。なるべく早い時間（遅くても午後3時頃）までに、館林IC先の利根川鉄橋を渡る目標で、渋滞回避を図るのがベストだ。

Step 4　都心から関越道への入り方

関越道は開通が早かったこともあり首都高と直接接続していないため、東京脱出に手間がかかる。通常は目白通りで目白から練馬を通り、その先の環八（谷原）を越えたところで練馬ICに走り込む。都心の西北部からのアプローチには練馬ICも便利だが、首都高5号線で埼玉県戸田市の美女木JCTまで出て、東京外環道に乗り換えて大泉JCTから関越道に入るのが一番便利だろう。距離や高速料金は余計に食うが、時間短縮は確実なので、この遠回りルートをおすすめする。

Step 5　中央道のエスケープルート

中央道は首都高新宿線に接続する。現時点ではエスケープルートはない。東京都・神奈川県境の小仏トンネルを中心に渋滞は恒常化しており、逃げ道が無いのはつらい。しかも、夏休みのピーク時には、午後3時を過ぎる頃から勝沼ICから笹子トンネルで流入規制をしている。なるべく早い時間にこの渋滞地帯を通過するしか解決の方法が見あたらない。さらに都心でもこの首都高4号線は混む路線なので、案内を見ながら、場合によっては新宿の手前の初台ICあたりで首都高を降りてしまうことも選択肢として考えたい。

Step 6　東名道のエスケープルート

東名道の下りは、事故にでも遭遇しない限り極端な渋滞はあまりない。問題は下山後の時間帯とぶつかる午後3時くらいからの東名道上り線。厚木ICから横浜ICまで相当な渋滞が常時見込まれる。横浜ICから先は渋滞する事はあまり無いが、首都高3号線に入ると池尻ICから谷町JCTにかけては夕方以降常時渋滞する。その場合は思い切って横浜ICで降りて、国道16号の保土ヶ谷バイパス（片側3車線・すべて立体交差）は極めて走りやすいエスケープルートだ。狩場からは首都高神奈川3号狩場線・横浜レインボーブリッジ・首都高湾岸線を経由、さらに首都高1号線と走れば、極めてスムーズに通行でき、時間短縮が期待できる。

関越自動車道
利用の山

関越自動車道

関越自動車道は、練馬ICを基点に、高崎、前橋を通り、関越トンネルを抜けて新潟県に入り、長岡JCTで北陸道と接続する延長245kmの高速道路。谷川岳等の上越国境の山々や、越後三山を筆頭とする中越の山々の登山には欠かせない重要路線。高崎の手前の藤岡JCTで左折すると、上信越道へ接続する。前橋までは関東平野を突き抜ける3車線の走りやすい道だが、渋川から先は勾配のきつい上りが続き、赤城から先では霧の発生が多い難路だ。関越道は首都高と直接接続していないので、東京からの出発の場合、都心脱出に手間がかかる。都心からのアプローチには首都高5号線の美女木JCT経由で東京外環道に乗り入れ、大泉JCTから関越道に入るのが一番便利だ。都心から新座料金所まで約33km。順調な時で、40分の走行時間で通過できるが、一般的には1時間は見ておきたい。

19 魚沼駒ヶ岳（うおぬまこまがたけ）

百名山 25 | 標高 2003m | 新潟県

↑残雪に覆われた山頂部（大橋）

越後三山の主峰である駒ヶ岳には残雪状況を確かめて慎重に登りたい

俗称「越後駒」で知られる越後三山（魚沼駒ヶ岳、八海山、中ノ岳）の盟主。この魚沼駒ヶ岳は格別に残雪が多く、７月末でも簡単には登れない山なので、この季節はベテランの同行無しには登らない方が良いだろう。東京からのアプローチが比較的容易な事から人気は高いが、安易な取り組みは禁物。初級者が挑戦するには、８月から10月までの短い期間に限定される。登行ルートとして無難なのは枝折峠からのルートであるが、アプローチ道路の状態が悪く、クルマで行く場合は駒ノ湯ルートが妥当だろう。

エリア 関越自動車道

魚沼駒ヶ岳までのアクセス

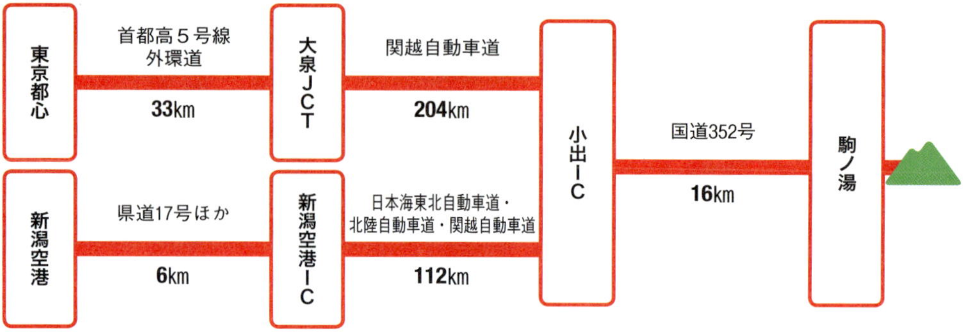

アクセスプラン

クルマで一番入り易い登山基地は関越道の小出ICで降りて、湯之谷温泉郷の奥の駒ノ湯である。食料・飲料の調達は小出ICを出てすぐのコンビニで済ませておきたい。小出ICからは、大湯温泉まで12.2km。なお、小出ICを出たら必ず右折すること。高速道を越えて間もないT字路の信号を左折して進むと、程なく国道352号に出られる。大湯の先は片側１車線の細い道路を上っていくと、2.5kmで右に駒ノ湯入口が見える。ここから狭い砂利道を1km少々で駒ノ湯温泉の手前に出る。ここまで、小出ICからはわずか16kmの近さである。

Parking Information

駒ノ湯入口の空き地を探す

駐車台数	せいぜい10台程度
料金	無料
整備状況	路肩の空き地
その他	

※駒ノ湯旅館にも駐車場があるが、宿泊客優先なので無断駐車はできない。安心なのは下山後、駒ノ湯に宿泊することにして、駐車を事前に申し出よう。

登山memo

駒ノ湯入口（標高380m）から頂上までの標高差は1623mあり、早朝日帰りではかなり厳しい。山頂直下に避難小屋があるので、ここで１泊するくらいの余裕ある計画が必要だ。筆者が登った７月中旬でも、尾根に取り付いてから、見渡す限りの雪田に度肝を抜かれた。雪田には危険箇所は少ないが、それでも大きな雪田越えが数箇所あるので、滑落防止対策にそれなりの装備は必携である。この時期、山頂周辺は深い残雪に覆われていたが、幸いに好天に恵まれたので、山頂からは、見渡す限り上信越の山々を指呼する事ができ、感動した想い出を持つ。登山者も少なく、静寂な登山の醍醐味を堪能できた。下山では、雪田上をかなりのスピードで滑り下りる事ができる。とは言え、この一帯の越後の山としては最難関の山であり、駒ノ湯ルートは長時間の登行を強いられ、体力的にもかなり消耗する。くれぐれも慎重に。

下山後の楽しみ

おんせん 駒ノ湯

登山口にある**駒ノ湯**(こまのゆ)は未だに電気が引かれていないランプの灯る秘湯として、最近若い女性に人気の１軒宿。下山後の立ち寄り湯は別棟にある。宿泊すると山菜中心の独特な夕食が供される。温泉は冷泉に属するが、下山後にはちょうど良い温度。身体が冷えている時の入浴には加熱した風呂もある。

おんせん 湯之谷温泉郷

駒ノ湯から４㎞ほど下ると、大湯温泉に代表される**湯之谷温泉郷**(ゆのたにおんせんきょう)がある。東京に近い割には観光地化されていないし、大型施設もない素朴な湯の宿が多い。

たちより 小出の蕎麦

小出(こいで)あたりで時間が取れるのなら、ぜひ手打ち蕎麦を賞味したい。小出、小千谷は蕎麦の美味しいお店が多いので、大いに楽しめる。

問合せ先

魚沼市商工観光課	☎025-792-9754
魚沼市観光協会	☎025-792-7300

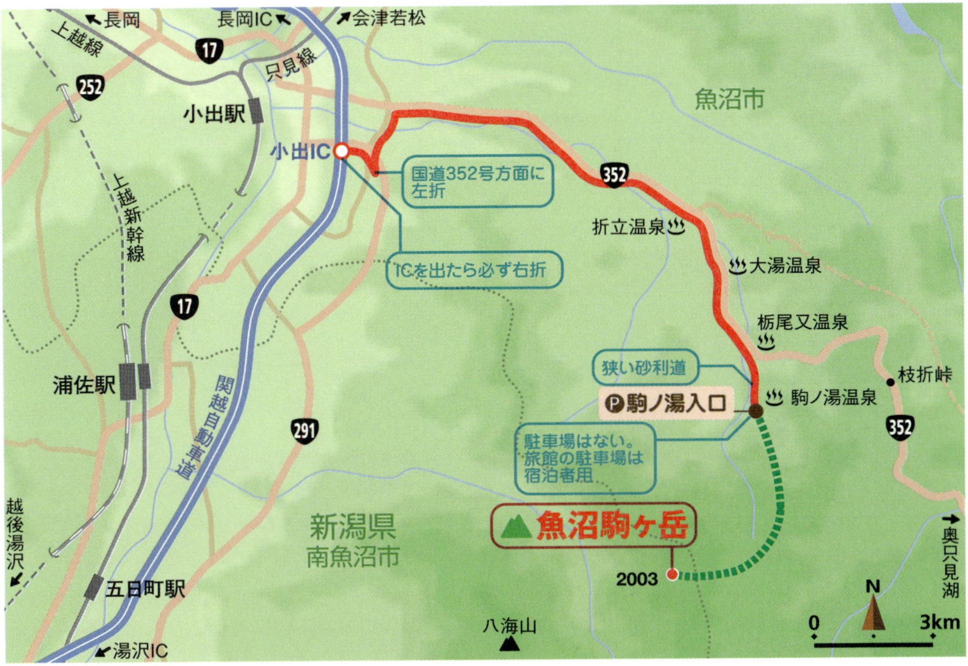

20 平ヶ岳（ひらがたけ）

百名山 26 | 標高 2141m | 新潟県・群馬県

↑平ヶ岳山頂の筆者（右）

尾瀬と越後三山にはさまれた豪雪地帯に聳えるアプローチの難しい秘境の山

　平ヶ岳は、福島県奥会津と新潟県魚沼地方の最奥に位置し、標高こそそれほど高くないが、アプローチが極端に難しい。そのうえ、途中に山小屋も無く、鷹ノ巣登山口から山頂まで長い登行距離を強いられる秘境中の秘境の山である。山頂部には湿原が広がり、美しい風景ではあるが、ゆっくり堪能してもいられない。なにしろ、往復に10時間程かかってしまうからだ。百名山踏破を目指していた筆者も、常に頭を悩ませ、登頂計画を遅らせていた山であった。

平ヶ岳までのアクセス

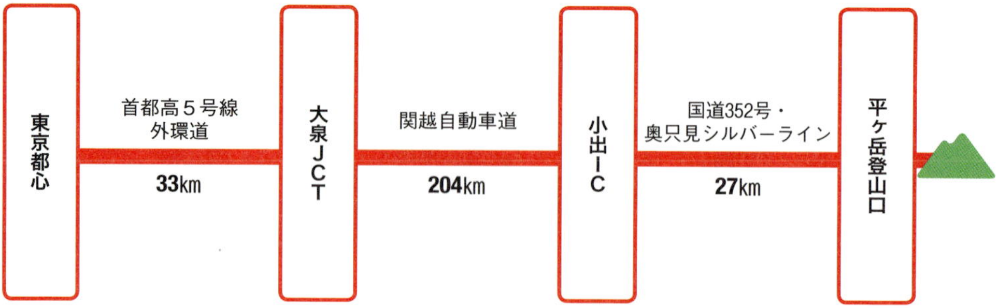

アクセスプラン

　登山基地は、関越道の小出ICで降りて、奥只見シルバーラインを抜けた奥只見湖のほとりである。小出ICからの走行距離は27km。食料・飲料の調達は小出ICを出てすぐのコンビニで済ませておきたい。小出ICからは国道352号で旧湯之谷村（現・魚沼市）に入り、奥只見シルバーライン入口まで12km。なお、小出ICを出ると必ず右折すること。シルバーラインは、奥只見一帯のダム建設の工事用として建設された道路。ダム竣工後に奥只見ダム堰堤まで一般開放され、現在は無料化されている。ほぼ全区間がトンネルなので、通行には慎重を要する。

Parking Information

平ヶ岳登山口

駐車台数	15台程度
料金	無料
整備状況	舗装
その他	トイレあり

※奥地であり、車上荒らしの被害も報告されている。貴重品はクルマに放置しないことが肝心。

登山memo

平ヶ岳は、百名山の踏破を目指した筆者にとって、果たして私のスキル・体力で踏破できるのかという悩みが、いつまでも登頂計画を遅らせていた。しかし、遂に百名山踏破まで７峰を残すまでになり、観念して登頂の実行計画に取りかかったのは63歳の時だった。そんな時、銀山平温泉に宿泊し、翌早朝、送迎車で頂上直下の林道を中ノ岐登山口まで行くという、日帰り登山が容易なプランを見つけた。一般車乗り入れ禁止の林道を許可車で進み、中ノ岐登山口から尾根筋まではかなりの急登の連続ではあるが、尾根上で鷹ノ巣尾根からのメインルートに合流できる。さすがにこの名山を目指す登山者は少なく、静かな山行を楽しんで下山した。ただし、このルートには賛否両論があることも事実である。林道の状況が非常に悪く、必ずしも通れるわけではないというリスクに加え、新道の開削による自然破壊だという声も聞く。本来のルートである鷹ノ巣尾根の往復での計画をおすすめする。

下山後の楽しみ

おんせん 銀山平温泉

登山基地手前の**銀山平温泉**（ぎんざんだいらおんせん）は、近年開発された温泉で、ログハウスが多く、建物はどこも新しい。とは言え、静寂な秘境の温泉に変わりはなく、華やかさとは無縁である。山菜や岩魚などが中心の料理にも満足できる。下山後、入浴して汗を流し、着替えもできるので便利だ。このお風呂のあとに賞味できる旅館での手打ちの「銀山そば」は格別だ。

たちより 奥只見ダム

帰路に時間が取れるのなら、**奥只見ダム**（おくただみ）堰堤まで出かけて見たい。シルバーラインをさらに奥へトンネルを進むと奥只見湖を見下ろすダムサイトの高台に出る。この難工事の末に完成した奥只見発電所は一見の価値あり。

問合せ先

魚沼市商工観光課	☎025-792-9754
魚沼市観光協会	☎025-792-7300

21 巻機山（まきはたやま）

百名山 27

標高 1967m

新潟県・群馬県

↑色づく山頂部の草原を行く

豪雪の越後山脈に 穏やかな山容を見せる越後の名山

巻機山は、首都圏からのアプローチが比較的容易なこともあって、比較的人気の高い山である。女性登山者も多い。山容は穏やかで、頂上周辺の湿原には池塘も多く、ニッコウキスゲやキンコウカなどの夏のお花畑が見事なことも人気の高い理由だろう。頂上からの展望の良さも特筆に値する。しかし、豪雪地帯に聳える山であり、標高も2000mに近いので、登行は案外厳しい。尾根筋を登るルートと沢登りのルートがあるが、どちらもそれなりに長く厳しい。後者の沢ルートは稜線までほぼ直登するのできつい。

巻機山までのアクセス

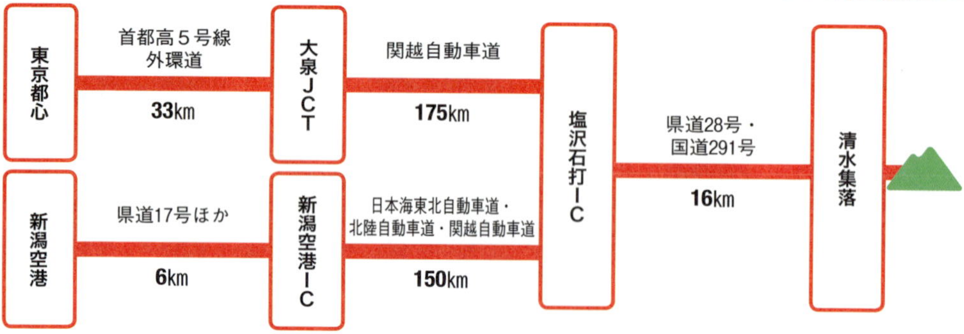

アクセスプラン

登山基地は、塩沢石打ICで降りて、国道291号のどん詰まり清水集落である。食料・飲料の調達は塩沢石打ICを出てすぐのコンビニで済ませておきたい。ICからは県道28号・国道291号で清水集落に向かう。県道28号を6kmほど進むと国道291号に出られる。翌早朝の出発が一番なので、この清水集落に早めに入り、民宿に1泊してクルマを預けると良い。なお、集落の上部、登山口の巻機山麓キャンプ場にも桜坂駐車場（標高730m）がある。ICから清水集落まで、全線舗装された走りやすい道路で約30分の行程だ。

Parking Information

桜坂駐車場

駐車台数	50台
料金	有料
整備状況	舗装、整備されている
その他	水場、トイレあり

登山memo

筆者は10月に沢ルートで登った。10月なので沢の水量は少なく、徒渉に苦労するほどではなかったが、このルートの雪解け後の徒渉はかなり苦労する事は容易に想像できた。初心者はなるべく天候の安定した秋に登る事をおすすめする。このルートの最大の楽しみは稜線に取り付いてからの稜線歩きにある。森林帯を抜け出るので展望が良く利き、木道も整備されているので、実に楽しい稜線歩きができる。頂上に近付くにつれて、池塘が目立つようになる。たおやかな草原を色とりどりに色どるお花畑を愛でたいのであれば、7月中の登山が欠かせない。ニッコウキスゲやキンコウカの群れ咲く姿に出会えるだろう。山の魅力がいくつもあるだけに、登山時期の選択は難しいところだ。登山口の清水集落からの標高差は1370mとそれなりにあることを考慮すると、初級者は尾根筋のルート選択が良いと思われる。

下山後の楽しみ

とまる 清水集落の民宿

巻機山登山の楽しみの一つは、前日早めに**清水集落**(しみずしゅうらく)に入って、ここの民宿の山菜料理を、越後の銘酒と共に堪能することだろう。ここ魚沼地方には、越後三山のひとつ八海山の名をとった「八海山」をはじめ、美味い銘酒が多い。翌朝早い出発となるので、飲み過ぎないように自戒して早めに終えるのが肝心だ。素朴な民宿のもてなしも評判を呼んでいる。ただし、ここ清水集落には温泉が無いので、帰路、温泉で汗を流したいのであれば、越後湯沢温泉に多くある共同浴場の立ち寄り湯がおすすめ。日帰り登山をしても、すぐ高速道路に入れるので、その日のうちに東京まででも走りきれる距離なのもうれしい。

問合せ先

南魚沼市塩沢庁舎商工観光課 ☎025-782-0255
南魚沼市観光協会 ☎025-772-7171

22 苗場山（なえばさん）

百名山 32 | 標高 2145m | 新潟県・長野県

↑苗場山山頂の湿原を行く

広大な山頂湿原を持つ信越国境の名山 時間をかけて楽しみたい

苗場山は、苗場スキー場の遥か後方にある高山である。苗場山の山容は、里からなかなか眺められない。それだけ奥深い山なのである。越後湯沢側の祓川ルートも秋山郷側の小赤沢ルートも、ほぼ標高1300mの地点までクルマで上れるようになって便利になった。その昔は恐ろしくアプローチの困難な山であったのだ。しかし、山上は大きな高層湿原が広がる楽園で、ゆったりと山歩きを楽しみたい素晴らしい山だ。山頂の湿原地帯には木道が張り巡らされており、時間をかけて散歩したい。

苗場山までのアクセス

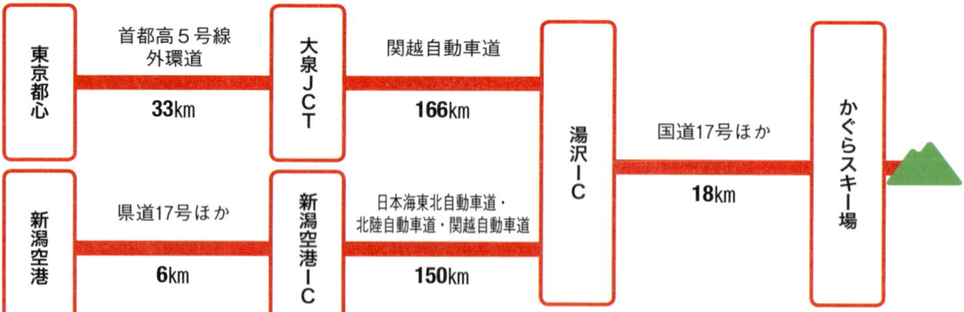

アクセスプラン

入りやすい登山基地は、かぐらスキー場の町営第２駐車場である。食料・飲料の調達は湯沢ICを出てすぐのコンビニで済ませたい。湯沢ICからは国道17号を三国峠方面に上り、長い芝原トンネルを抜ける。出口から１kmで右に「苗場山祓川ルート」の標識に従い沢へ下る林道に入る。この標識は小さく判別し難いので注意すること。すぐ大沢橋を渡り集落を抜けると、あとは人家の無い林道をひたすら駐車場を目指す。道路は舗装されているが、路幅は狭く、穴ぼこも多いので十分注意したい。視界が利かない林道で最後は勾配がきつくなるので、要注意だ。

Parking Information

かぐらスキー場町営第２駐車場

駐車台数	50台
料金	無料
整備状況	未舗装の空き地
その他	水場、トイレあり

※すぐ上部の和田小屋周辺にも駐車できるが、宿泊客優先なので徒歩20分の往復は我慢して、この町営駐車場を利用しよう。

登山memo

苗場山の山頂湿原は、尾瀬ヶ原のように多くの観光客が来るわけではないので、静寂な山歩きができる。できれば山頂の山小屋に１泊したいところだ。ベースの和田小屋と頂上との単純な標高差は775mで、登山路もしっかり整備されているので、あまり難しい山ではない。和田小屋からのルートを９月初旬に登ったが、この時期登山者は極めて少なく、静かな登山を楽しめる。登山路は急登も少なく容易に標高2030mの神楽ヶ峰まで到達できる。苗場山頂へは、ここからいったん急降下してから、あらためて苗場山頂への急登に取りかかる。この急登は、山頂台地の池塘地帯に取り付くまで続く。最後は山頂の楽園逍遥をのんびりと楽しめる。なお、06年豪雪で有名になった津南町から入る秋山郷からの小赤沢ルートも、難しい箇所が少なく利用しやすいルートである。

下山後の楽しみ

おんせん♨ 貝掛温泉

国道17号に出たら、右にしばらく登った所に**貝掛温泉**があり、下山後の立ち寄り湯としては格好な秘湯だ。国道から急勾配の細い道を谷底まで下った１軒宿。古い歴史を持つ温泉で、良い雰囲気の木造の建物だが、館内は明るく清潔。特にお風呂が素晴らしい。浴室は太い木組みが露出して天井が高く、広々とした露天風呂も快適だ。宿泊もしたいが人気が高くなかなか予約が取れない宿でもある。

おんせん♨ 越後湯沢温泉

帰路の湯沢ICの先には川端康成の「雪国」で有名な**越後湯沢温泉**があるが、今や高層マンションが立ち並ぶ大観光地に変貌しているので、「雪国」で描かれた良い雰囲気を探し出すことは難しい。立ち寄り湯をするには、街中に町営の共同浴場も多く営業している。

問合せ先

湯沢町産業観光課　☎025-784-4850

23 谷川岳（たにがわだけ）

百名山 30 | 標高 1977m | 新潟県・群馬県

↑東側からの谷川岳。正面は一ノ倉沢、左が山頂（寺田）

「魔の山」と恐れられる山 ハイカーはロープウェイで楽しい登山

谷川岳は、「魔の山」の異名を持つ山である。岳人のみならず、誰もが知っている「恐ろしい山」との評価が定着している。それは、これまでに800人以上のクライマーがこの山で命を奪われているからである。確かにマチガ沢や一ノ倉沢の岩稜を登るには、超１級の登山技術を持った、限られた人だけであると言えよう。しかし春スキーで人気の天神平（標高1300m）にロープウェイが開通してからは、安全な稜線を行く天神尾根ルートを登れば、それほど苦労せず頂上を極めることができるようになった。一般のハイカーにとっては、今や花の名山としての方が名高い。

エリア 関越自動車道

谷川岳までのアクセス

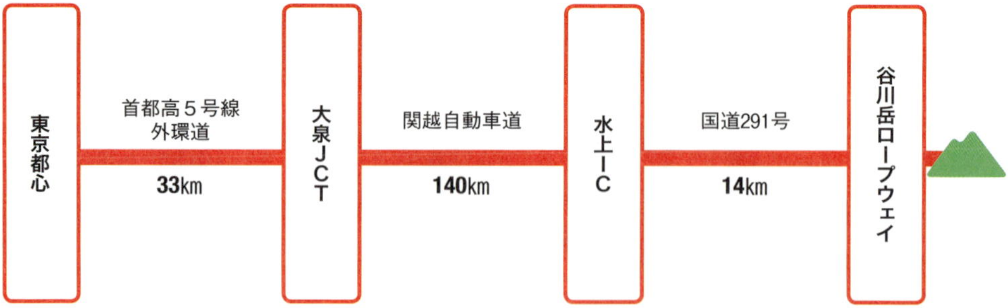

アクセスプラン

クルマで一番入りやすい登山基地は、水上ICで降りてJR土合駅近くの谷川岳ロープウェイ駅である。食料・飲料の調達は、水上ICを出てすぐの水上温泉のコンビニで済ませておきたい。水上ICを出て標識に従い水上温泉の外縁を通過してから山間に入る。このルートは、大きな標識が完備されているので、ロープウェイ駅まで迷うこともなく、簡単に到達できる。水上ICからは全線舗装された走りやすい道路。水上ICから30分の行程。谷川岳ロープウェイは谷川土合口駅～天神平駅（標高1300m）を結び所要時間は10分。

Parking Information

谷川岳ロープウェイ駐車場

駐車台数	1000台
料金	有料
整備状況	屋内。舗装されている
その他	水場、トイレ、売店あり

登山memo

天神平駅と山頂との標高差は677mで、きつい登行ではない。登山路の標識に忠実に登行する限り、危険地帯はほとんど経験しない。だらだらした尾根筋を登っていくと、いつの間にか山頂に続く稜線に取り付く事になる。双耳峰となっている「トマの耳」と「オキの耳」の２つの山頂はすぐだ。もちろん、豪雪地帯の上越国境に聳える山であり、天候急変は常に考慮しなければならない。筆者の場合は、10月中頃の登頂であったが、晴天の中で登頂し、頂上直下の肩ノ小屋に泊まったが、夜中に急に荒れ始め、朝には積雪50cmになった経験がある。雪への準備もないまま、下山は決死の覚悟で何とか仲間３人と谷川温泉へと下山できた経験を持つ。やはりこの山は恐ろしいのだ。シーズンとしては、天候が安定している真夏がベスト。または10月初旬が我々素人には安全な時期と思われる。安全を期して挑戦しよう。

下山後の楽しみ

おんせん ♨ 谷川温泉

登りはロープウェイを使って、下りは安全なルートで麓まで下山しよう。歓楽色の強い水上温泉は別の機会に譲り、水上温泉の湯檜曽寄りの手前を右の山中に登った所にある**谷川温泉**がおすすめだ。天神尾根を下り谷川温泉まで直接下山できるルートもある。各旅館とも小ぶりで、静かな山里の中にあり、施設もしっかりしているので、ゆっくりくつろげる。

みどころ 谷川岳の岩壁

谷川土合口駅から少し奥へクルマを走らせると、クライマーの間では名高い**マチガ沢**や**一ノ倉沢**の大岩壁を遠望できる地点まで行ける。一ノ倉沢は、山頂から1000m近い落差で落ちる断崖で、迫力満点。一度、その荒々しい岩稜の実体を観ておきたいものだ。

問合せ先

みなかみ町温泉旅館組合　☎0278-72-2611

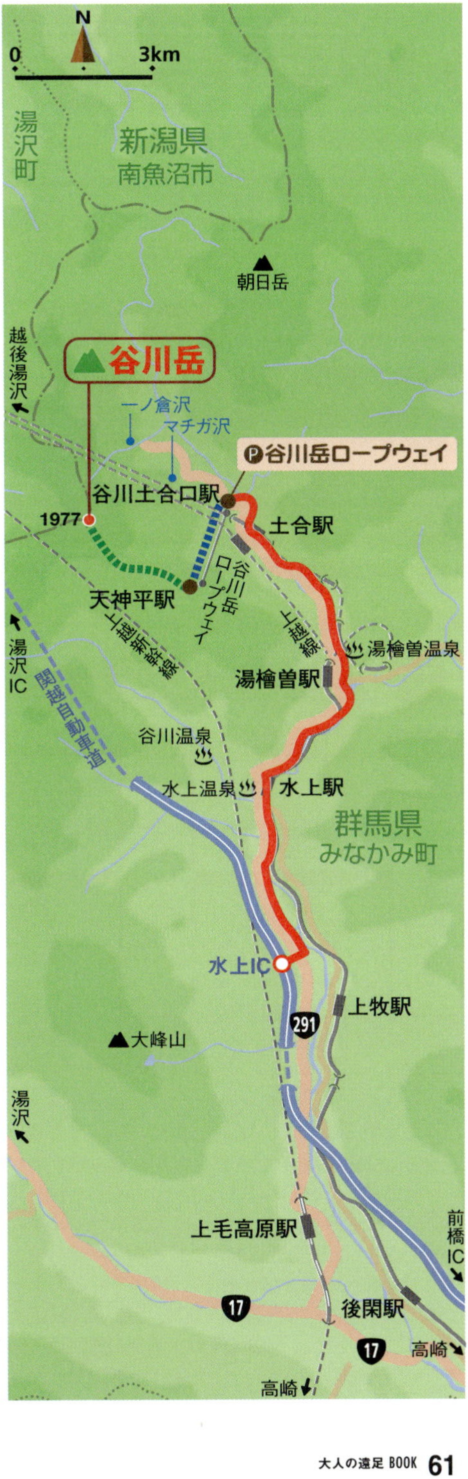

24

奥白根山（おくしらねさん）

百名山 37

標高 2578m

栃木県・群馬県

⬆荒々しい山頂部（飯出）

北関東以北最高峰の山にもゴンドラ利用で簡単アプローチ

奥白根山（日光白根山）は、あまり知られていないが活火山であり、関東以北の最高峰である。近くに男体山や尾瀬ヶ原があるためか、一般的に言えば、地味な存在の山である。古くは栃木県側の日光湯元温泉からの登山ルートがメインであったが、2日がかりの難しい山であった。その後、金精峠を貫く金精トンネルが開通し、菅沼登山口が最短の日帰りルートとして人気を得た。今日では、丸沼高原スキー場のゴンドラ夏季営業に伴い、乗車15分で標高2000mの高さまで運んでくれる。かつての難山も、比較的簡単に登頂できるようになった。

エリア 関越自動車道

奥白根山までのアクセス

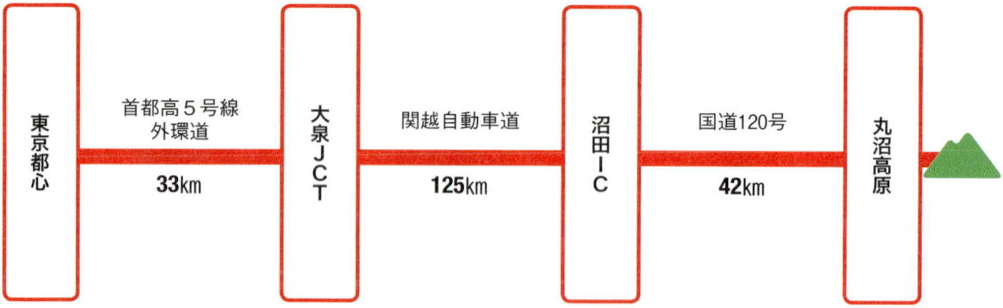

アクセスプラン

クルマで入りやすい登山基地は、沼田ICで降りて、沼田街道（国道120号）を日光方面に進んだ丸沼高原スキー場である。食料・飲料の調達は沼田ICを出てすぐのコンビニで済ませておきたい。沼田ICからは国道120号を金精峠・日光方面に向かう。途中、片品村役場の先で尾瀬方面への道と分かれる。沼田ICからスキー場までは全面舗装された快適な国道で、沼田ICから42km、1時間強の行程だ。丸沼高原ゴンドラ山麓駅から山頂駅までの所要時間は15分。

Parking Information

丸沼高原スキー場駐車場

駐車台数	2400台
料金	無料
整備状況	舗装
その他	水場、トイレ、売店あり

登山memo

近年、スキー場の開発が盛んな結果、各地でスキー客用のゴンドラ・リフトが登山者に開放されるケースが増えている。なお、日光湯元温泉に泊まると、旅館に頼めば、菅沼登山口まで送ってくれるところもある。本格的な登頂を目指す場合は、湯元温泉にクルマを停めて、この手を利用すると良い。下山には湯元ルートを取ればさらに変化に富んだルートを楽しめる。丸沼高原スキー場ルートは、2000mを越えると、急登の連続となる。山頂部はほぼ巨岩の連続で、厳しい場面も多く出現してくるので緊張する。それでも、山頂直下には五色沼や弥陀ヶ池があって、荒々しい山頂部の風景を和らげている。足下には戦場ヶ原や中禅寺湖を従えた男体山も聳え、さすが関東以北最高峰の貫禄のある眺望が楽しめる。このルートを利用すれば、山麓に1泊、登山は日帰りで十分となり、登山そのものの行程は、非常にありがたい山となった。

下山後の楽しみ

おんせん 丸沼温泉

クルマで金精峠方面に上っていくと**丸沼温泉**(まるぬまおんせん)があり、山小屋風の温泉宿がぽつんと営業している。静寂を楽しむには絶好の山の宿で、湯量の豊富なお風呂も魅力的だ。

おんせん 老神温泉

沼田ICへ戻る途中には、素朴な片品村の温泉や、大型旅館の多い**老神温泉**(おいがみおんせん)が点在するので、いずれか好みの温泉で汗を流したい。

おんせん 日光湯元温泉

帰りのルートに、日光宇都宮道路・東北自動車道経由を選択すると、**日光湯元温泉**(にっこうゆもとおんせん)に立ち寄る楽しみがある。それぞれに個性的で洒落た施設が多く、泉質は濃密で、湯量も豊富。下山後の一汗には格好な温泉である。ここには人気の日帰り温泉、日光湯元観光センターはるにれ乃湯があり、食堂や売店も併設されている。

問合せ先

片品村観光課 ☎0278-58-2111

25 武尊山（ほたかやま）

百名山 39

標高 2158m

群馬県

↑戸神山からの武尊山（桑子）

日本武尊の伝説の残る上州の名山 静かな山歩きが楽しめる

武尊山は地味な山であった。山登り仲間の間でもあまり話題に上らなかった。かつてこの山は修験者の道場として有名であり、途中に急峻な岩場があったり、クサリに頼る困難なルートもあるので、敬遠されてきたのではないだろうか。現在はいくつかの安全なルートの整備が進み、初級者でもさほどの困難も伴わずに頂上に到達できるようになったので、登山者も増えている。とは言っても、関東の名山としては実に静かな山歩きができる。山容はほぼ独立峰なので、四方から登山路が開発されている。

エリア 関越自動車道

武尊山までのアクセス

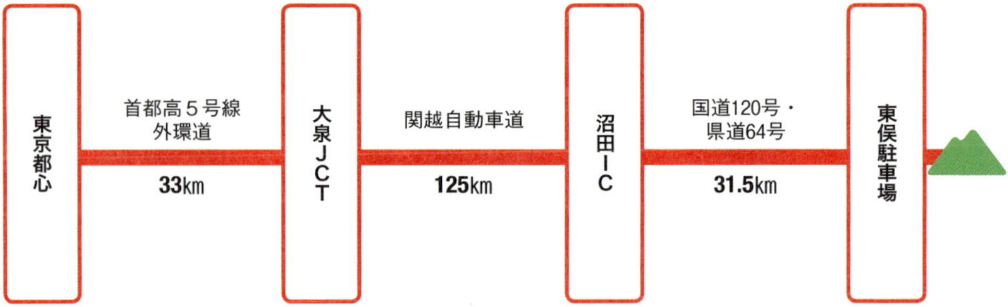

アクセスプラン

武尊山の登山ルートは多くあるが、広い駐車場があって登頂の楽な武尊牧場スキー場ルートがおすすめ。登山基地は東俣駐車場である。食料・飲料の調達は沼田ICを出てすぐの大型コンビニで済ませておきたい。沼田ICから沼田街道（国道120号）を片品方面に走り、ICから17.5kmの武尊口（平川）から左折して県道64号に入り、標識に沿って武尊牧場方面に右折する。あとは牧場へどんどん上っていき、左に牧場入口を見て、東俣沢沿いにさらに4.5km上っていくと左側の高台に東俣駐車場がある。

Parking Information

東俣駐車場

駐車台数	100台
料金	無料
整備状況	舗装。整備されている
その他	水場、トイレ、休憩舎あり

※近年、村営休憩舎が設置され、下山後の着替えや休憩等に大変重宝な施設である。夏のシーズン中でも比較的楽に駐車できる。

登山memo

東京からのアプローチの近さから、沼田ICからすぐの川場ルートを選択しがちだが、岩場の連続する危険な箇所もあり、上級者向きである。次に人気の武尊牧場ルートは、夏山リフトも営業していて比較的楽なため、中高年の登山者におすすめだ。あまり危険な箇所も無く武尊山制覇には手頃。東俣駐車場からのルートはガイドブックにも詳しい案内が少ないが、登山基地から１kmの急登で武尊牧場上部へ飛び出すので、利用価値は抜群だ。筆者は２回の登行でこのルートを選抜している。武尊牧場上部からは、なだらかな歩きやすい登山路で、広々とした針葉樹林帯の中を、ゆったりした気分で登行できる。しかし、さすが2100m級の山であり、頂上部の稜線に取り付くあたりには急峻な岩場もあり、クサリ場も出てくる。このクサリ場をクリアすると、あとはそれ程つらい箇所も無く、比較的楽に頂上に辿り着く。しかし、このクサリ場を過ぎた部分では、足元がぬかるんでいるところも多く、決して歩きやすい登山路ではない。基地の東俣駐車場（標高1200m）から頂上までの標高差は958mである。

下山後の楽しみ

おんせん ♨ 川場温泉

武尊山は裾野が広く、多くの高原を抱いている。それぞれの高原には牧場やキャンプ場が多いので、のんびり休憩できる。温泉は**川場温泉**が良いが、川場へは武尊口へ下りず、県道64号を右折して花咲峠を越える。県道64号に下りてすぐ左に日帰り温泉施設**花咲の湯**もある。豪華絢爛な大規模施設。川場温泉は大きな施設は無いので、むしろ登山者向きと言えよう。川場村自然休養村には食堂付き日帰り温泉施設があるので、下山時の利用に適している。川場村からは帰路の沼田ICはすぐ近い。

問合せ先

片品村観光課 ☎0278-58-2111

26 赤城山（あかぎやま）

百名山 40

標高 1828m
群馬県

↑栗生山からの赤城山（桑子）

上州のシンボル的存在の名山。最高峰の黒檜山登頂は比較的容易だ

東京から前橋方面に向かうと、広大な関東平野の正面に、裾野を大きく広げた山容がいやでも目につく。それが上州の名山、赤城山である。その山容の雄大さに感動をおぼえた人も少なくないだろう。赤城山は標高こそそれほどあるわけでは無いが、その姿形の良さは比類の無い名山と言えるのではないだろうか。赤城山とはその火山体の総称で、外輪山にいくつもの峰があり、そのうち最も高いのが黒檜山である。赤城山に登ると言えば、この黒檜山登頂を指すことが多い。古い火口原にできた大沼からの登行はそれほど難しいものではない。

赤城山までのアクセス

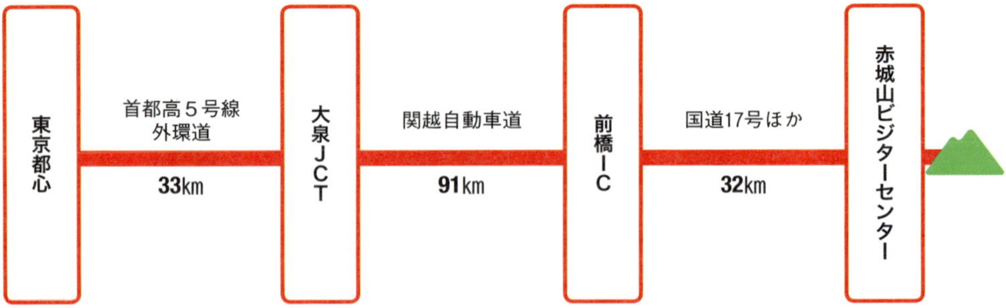

アクセスプラン

赤城山の登山基地は、頂上カルデラの大沼畔にある、赤城山ビジターセンターである。関越道の前橋ICで降りて国道17号に入り、前橋市内を通過。群馬県庁を過ぎて県道４号（前橋赤城線）に入る。食料・飲料の調達は前橋ICを出て前橋市内を通過中にコンビニで済ませておきたい。この県道への入口は分かりにくいので道路標識を良く見て進む。県道４号は元有料道路でほぼ一直線に赤城山に向かってなだらかな裾野を上っていく、良く整備された道路だ。外輪山に取り付いてもスムースな走行で山上のカルデラに入り、大沼周辺に達する。

Parking Information

赤城山ビジターセンター駐車場

駐車台数	50台
料金	無料
整備状況	舗装。整備されている
その他	水場、トイレあり

※登山口（２カ所）までの道路脇にも駐車スペースはたくさんあるので、一度登山口までクルマを進め、適当な場所を探して駐車する手もある。

登山memo

筆者は赤城山には２度遠征しているが、最初は大沼の南側の地蔵岳（標高1674m）、２度目はこの主峰の黒檜山（標高1828m）に登った。山上カルデラの大沼（標高1360m）から標高差468mの黒檜山山頂へは極めて容易に登れる。登山ルートは２本あり、赤城神社の先の黒檜山登山口からの直登コース、これは山頂まで森林帯の中を、一直線に登る。もう１本のルートは、大沼湖畔の赤城山ビジターセンターの近くから稜線を目指し、駒ヶ岳（標高1685m）を経て、黒檜山頂に至るルートだ。いずれも容易なルートであるが、印象としては、後者を下山路に選択するほうが良いだろう。この山は全山樹木に覆われており、眺望はほとんど望めないので、登山としてはそれほど楽しいものではない。けだし赤城山は登る山より眺める山と言えようか。クルマであれば、東京から簡単に日帰り登山が可能だ。

下山後の楽しみ

その他 赤城山周辺

赤城山は、山上カルデラに観光スポットの**大沼**（おの）もあり、四方からクルマで登ることができるので、観光客も多く、休憩用の施設も多い。しかし下山後の汗を流せる温泉は近くに無いのは残念だ。前橋への下山路の途中の富士見村に、村営の大きな日帰り温泉施設がある。村民向けに建設された新しい施設だが、何の面白みも無い「銭湯」的な施設。ひと汗流すだけだろう。入浴後に隣の「道の駅」的なお店で新鮮な野菜でも買って、東京方面に戻るのであれば、高速道が込まないうちに、一目散に東京に向かうのが良いだろう。高原野菜の本場だけに、新鮮で値ごろな野菜が豊富に並べられており、これはお買い得と言えるだろう。

問合せ先

前橋市富士見支所商工観光課 ☎027-288-2211
赤城山観光案内所 ☎027-287-8061（4～11月）
赤城山ビジターセンター ☎027-287-8402

27 両神山（りょうかみさん）

百名山 65

標高 1723m

埼玉県

↑三峰山から見た両神山

独特のギザギザした稜線の岩山へ 山小屋泊まりで登りたい

　秩父の北西部に位置している両神山は、雲取山等の奥秩父山系の主脈から離れた孤高の岩峰である。標高もそれほど高くないが、クサリ場や岩場も多く、一定の登山技量が求められるので、人気もあり、本格登山を楽しむ中級登山者が多い。しかし、首都圏に近い割には､高速道路を降りてからのアプローチが長く、登山基地までに時間を取られる。現在のメインルート日向大谷ルートは登行時間も長く、決して侮れない。日帰り登山も可能ではあるが､かなりの強行軍を覚悟しなければならない｡山中の清滝小屋１泊を予定した方が、安心だろう。

両神山までのアクセス

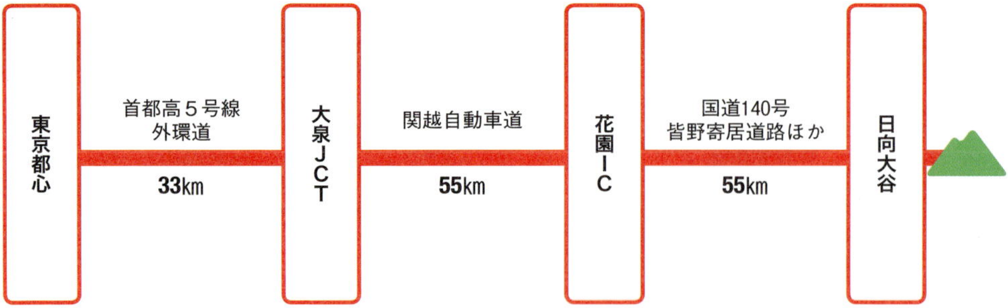

アクセスプラン

　両神山の登山基地は、秩父市の先、旧両神村の最奥の日向大谷である。関越道の花園ICで降りて、国道140号に入り、秩父市に向かう。この国道の中間に旧道路公団の皆野寄居道路がある。時間・距離が大きく短縮できるので利用したい。食料・飲料の調達は秩父市内のコンビニで済ませておきたい。秩父市内を抜けて秩父鉄道に沿って進み、三峰口駅の先で右折して国道140号から県道37号に入る。旧両神村役場へ続くこの県道は整備が進み走りやすい。役場手前の道を左折して、日向大谷登山口に向かう。

Parking Information

民宿両神山荘駐車場

駐車台数	25台
料金	有料
整備状況	未整備
その他	水場、トイレあり

登山memo

かつては、登行時間が短い白井差口からのルートが一番利用されていたが、私有地の訴訟問題から登山路が閉鎖され、利用できなくなった。日向大谷口（標高700m）から頂上までの標高差は1000m以上ある。清滝小屋まではだらだらと長い道のりで、時間をかなり取られるが、小屋の直前から急登が始まる。この町営清滝小屋は通年営業しており、小屋の周辺の環境は清々しく、なかなかよろしい雰囲気だ。筆者は４月にこの小屋に泊まって、翌日頂上をアタックしたが、この時期でも頂上付近は残雪があり、結構緊張させられた経験を持っている。清滝小屋からは、急登の連続で頂上までクサリ場や岩場も多く、気を抜けない。この山は夏山より、新緑や紅葉の時期を狙って登ることをおすすめしたい。東京から近い割には、静かな山歩きができるのが嬉しい山である。

下山後の楽しみ

おんせん 両神温泉薬師の湯

秩父地方は、昔から鉱泉が多いので知られていたが、加熱して利用しているところが大半である。手頃なお楽しみは、旧両神村役場から国道140号に向かう途中にある道の駅に併設された、町営日帰り温泉施設**両神温泉薬師の湯**だ。この手の施設としては上出来な施設で、ゆっくりくつろぐことができる。また、道の駅で山里の特産品を買う楽しみも大きい。

問合せ先

小鹿野町両神庁舎産業観光課　☎0494-79-1100

28・29 燧ヶ岳(ひうちがたけ)・至仏山(しぶつさん)

尾瀬の両雄、燧岳と至仏山は、それぞれに魅力ある山である。時間が取れれば、尾瀬ヶ原散策とあわせて、２山を巡り、尾瀬を堪能したい。

Traverse.1 燧ヶ岳

百名山 28　標高 2356m　福島県

↑尾瀬沼南岸からの燧ヶ岳

東北以北最高峰の燧ヶ岳は尾瀬のシンボル

燧ヶ岳は、尾瀬を代表する山である。尾瀬ヶ原、尾瀬沼のどちらからも良く眺められ、登山ルートも、登山者も多く、シーズンには、登山路はごった返す雰囲気となる。尾瀬側から４本、檜枝岐側から１本の登山路があるが、尾瀬側からは、尾瀬沼の沼尻からの直登ルートが最短で、時間的にも楽なルートだ。ただこの道は、ひたすら直登の連続と、大岩の多い登山路なので、疲労度は高い。一般的なのは、登りに下田代十字路から1000m近い標高差のある見晴新道を４時間かけ、下りに長英新道を使い２時間で尾瀬沼の長蔵小屋に至るルートだろう。

Traverse.2 至仏山

百名山 29　標高 2228m　群馬県

↑ミズバショウ咲く尾瀬ヶ原からの至仏山

花の名山としても名高い至仏山へ尾瀬ヶ原探勝も欠かせない

至仏山は、蛇紋岩から成る山で、その特殊な性質から植物の豊かさで知られる花の名山である。特産種のオゼソウは７月、ホソバヒナウスユキソウは７～８月が開花期。現在は植物保護のため残雪期の登山を禁止しており、登山解禁は例年７月１日。また山ノ鼻～至仏山は登り専用となっており、至仏山から山ノ鼻への下山はできない。そのため日帰りや前夜泊のコースは鳩待峠～至仏山往復が一般的となっている。往復４時間強の登山だが、蛇紋岩の岩尾根は滑って歩きづらいため下山は慎重に下りたい。

至仏山・燧ヶ岳踏破プランのアクセス

東京都心 —首都高5号線 外環道 33km— 大泉JCT —関越自動車道 125km— 沼田IC —国道120・401号 38km— 戸倉 —シャトルバス 30分— 鳩待峠

アクセスプラン

登山基地は鳩待峠である。沼田ICで降りて、沼田街道の奥にある片品村戸倉がその入口となる。食料・飲料の調達は沼田ICを出てすぐのコンビニで済ませておきたい。沼田ICからは国道120・401号を走り片品村役場の先で尾瀬方面への標識に沿って左折、戸倉に入る。ここから道路は大清水と鳩待峠へ延びているが、登山シーズンには、一般車の乗入れは規制されている。沼田ICから戸倉までは全面舗装された走りやすい道路で、約1時間の行程。 戸倉～鳩待峠はシャトルバスで30分ほど。

Parking Information

村営戸倉駐車場（数カ所）

駐車台数	計1200台
料金	有料
整備状況	舗装されている
その他	水場、トイレ、売店あり

※規制日以外は鳩待峠や大清水まで入れる。駐車場は140台ほど。売店、水場、トイレが完備している。規制期間と時間を確認して入山して欲しい。

燧ヶ岳までのアクセス

東京都心 —首都高川口線 29km— 川口JCT —東北自動車道 139km— 西那須野塩原IC —国道400・121・352号 93km— 御池駐車場

燧ヶ岳単独であれば、檜枝岐側からが便利。御池から直登するプランや、沼山峠登山口から尾瀬沼へ入り、長英新道で登頂するプランも考えられる。御池駐車場は、よく整備された有料の駐車場で、シーズンには満車になるほどだ。山小屋もあり、未明からクルマの出入りも激しい。山麓の七入にも駐車場があり、シャトルバスで送迎してくれる（有料）。御池から沼山峠に入る場合は、バスに乗り換える。

燧ヶ岳までのアクセス

福島空港 —県道63号・国道118・289・352号 160km— 御池駐車場

福島空港からはまず矢吹町方面に向かう。矢吹でいったん国道４号に入り、県道63号へと左折する。その先、羽鳥湖方面に左折、峠越えのあと羽鳥湖を過ぎ、下郷町のT字路を田島方面に左折。南会津町田島を過ぎ、駒止トンネルを越えて旧南郷村に入る。国道352号との交差点で檜枝岐方面に左折し、檜枝岐集落を越しカーブの多い道を上っていくと御池に到着する。食料などの調達は田島あたりで済ませたい。

登山memo

燧ヶ岳と至仏山は、尾瀬ヶ原を包み込むように対峙している。尾瀬は「夏が来れば思い出す」で始まる唱歌『夏の思い出』で全国的に有名になり、戦後のハイキングブームを捲き起こした湿原である。燧ヶ岳と至仏山も尾瀬ヶ原探勝とともに多くの若者に愛され、登頂されてきた。標高もそこそこにありながら、登頂はそれほど困難ではないので、登山者は多い。２峰を一度に登るのであれば、尾瀬御池～熊沢田代～俎嵓～燧岳分岐～見晴～山ノ鼻～至仏山～オヤマ沢田代～鳩待峠を前夜泊１泊２日で巡る。勿論、この２峰はそれぞれ個別の登行でも良いが、尾瀬ヶ原や尾瀬沼の探勝を同時に楽しむのがおすすめだ。燧ヶ岳と尾瀬沼との標高差は694m、至仏山と鳩待峠との標高差は637mであり、手軽に往復できる。一般的におすすめしたいシーズンは、燧ヶ岳と至仏山ともに夏の雑踏を避けて、紅葉の時期など。

下山後の楽しみ

たちより 尾瀬

尾瀬ヶ原（おぜがはら）と尾瀬沼では多くの探勝路が整備されており、要所には自然観察のための広場も設置されている。花のシーズンにはハイカーや観光客も多く、相当な混雑ではあるが、ぜひ何箇所かにある山小屋に泊まって、美しい尾瀬の自然を満喫したいもの。尾瀬の山小屋は整備が進み宿泊環境も良い。環境保護のため、石鹸の使用禁止や水洗トイレ化も進んでいる。燧ヶ岳を下った**尾瀬沼**（おぜぬま）周辺の雰囲気は尾瀬ヶ原とは一味違ったものがあり、ここでの泊まりも外せない。長蔵小屋からバスの待つ大清水への登りは、ほんのひと汗かくだけで、苦もなく到着できる。駐車場のある片品村には素朴な温泉宿や日帰り立ち寄り湯が沢山点在するので、山の汗を流すには格好な基地だ。

××××××××××××××××××× 問合せ先 ××

片品村観光課　☎0278-58-2111

上信越自動車道
利用の山

上信越自動車道

上信越自動車道は、関越自動車道の藤岡JCTから、軽井沢、佐久平を経て長野市に至り、さらに妙高高原の裾野を巻いて上越JCTで北陸自動車道に接続する延長205kmの高速道路。ほぼ全線高原地帯を走り、左右に多くの名山を眺められるのが魅力的だ。碓氷峠の上りとその先、佐久平までは霧の発生が非常に多く、走行に難渋する区間。沿線には日本百名山も多く、登山ファンにはなじみの高速道路で、中央自動車道との相互のエスケープルートとしても重要な高速道路である。

30 浅間山（あさまやま）

百名山 43

標高 2568m

群馬県・長野県

⬆黒斑山山頂と浅間山（飯出）

今なお噴煙を上げる雄大な火山 登頂は外輪山の黒斑山を目指す

浅間山は、軽井沢や佐久平からその雄大な山容を見せてくれる名山であり、関東を代表する名山の一つである。しかし今日も噴煙を上げている活発な活火山のため、山頂から決められた距離の範囲は立ち入り禁止となっている。浅間山で入山できる最も高い地点は、現在のところ外輪山の黒斑山（標高2404m）であり、黒斑山登頂をもって浅間山踏破としているようだ。登山基地の車坂峠（標高1979m）と黒斑山では425mの標高差。常に火山活動に気をつけながら登行する事になるが、登りそのものは容易である。

浅間山までのアクセス

東京都心 → 首都高５号線 外環道 33km → 大泉JCT → 関越自動車道・上信越自動車道 160km → 小諸IC → 浅間サンライン・チェリーパークラインほか 16km → 高峰高原ホテル

アクセスプラン

クルマで入りやすい登山基地の車坂峠へは、上信越道小諸ICから入る。食料・飲料の調達は小諸ICを出たところのコンビニで済ませておきたい。小諸ICから左折して浅間サンライン（県道79号）に入る。軽井沢方面にしばらく走ると、左側の高峰高原に向かって上っていくチェリーパークラインと交差する。この道路をどんどん車坂峠に上っていく。次第に勾配・カーブともにきつくなると、程なく車坂峠に到達する。峠の左側に高峰高原ホテルがあり、ここに駐車する。小諸ICから16km、30分強で到着する。

Parking Information

高峰高原ホテル駐車場

駐車台数	50台
料金	宿泊者は無料
整備状況	舗装、整備されている
その他	トイレ、売店はホテルを利用

※ホテルの周辺にも駐車でき、50台近くのスペースはある。早朝に入ればそれほど駐車に苦労しない。

登山memo

スタート地点の車坂峠が2000m近い高所にあるので、登山路は、すぐに稜線に沿って進む。途中、火山弾対策に作られた鉄製の避難小屋があり、これを見ると浅間山がかなり危険な活火山である事が実感できる。この小屋から目指す黒斑山が望め、まもなく外輪山の一角に出ると、浅間山が姿を現し始める。この外輪山を登り下りして黒斑山へと向かう。山頂に着くと、この黒斑山と浅間山との距離がかなり離れている事が分かり、驚くことだろう。浅間山頂は遥か彼方なのだ。それ程に現在の浅間山の火山活動は活発で近寄れないと言うことなのだろう。浅間山は、たとえ噴火していなくても、毒性の強い火山ガスを発生させているので、極めて危険な山。なお、黒斑山の山頂直下には浅間山の火山活動を監視するカメラが設置されている。この黒斑山の登頂だけなら、実に簡単で、関東近県からなら早朝に出発しても、楽に夕方までに帰ることができる。浅間山の火山規制によっては、黒斑山にも登山できない場合もあるので、必ず確認してから出発するようにしたい。

下山後の楽しみ

おんせん ♨ 高峰温泉

都心を早朝に出発しても、午前中には車坂峠の登山基地まで下山できる。クルマで稜線を西に少々行くと**高峰温泉**（たかみねおんせん）があるので、ここの立ち寄り湯を楽しんでから帰りたい。高峰温泉は標高2000mの高所にある１軒宿。小ぶりなお風呂も素敵で、ここからの眺望の素晴らしさは抜群である。小諸盆地を隔てて八ヶ岳、蓼科山、美ヶ原の名山を遠望できる贅沢さはまさしく「イチ押し」である。小諸市に下って、小諸駅裏の懐古園に立ち寄り、街中に多い信州蕎麦を賞味してからの帰宅で満点だろう。

問合せ先

小諸市総務課　☎0267-22-1700

31 四阿山（あずまやさん）

百名山 42

標高 2354m

群馬県・長野県

↑山頂から東峰を望む（寺田）

菅平高原に聳えるのびやかな山 静かなルートで登りたい

四阿山は、根子岳と並んで、スキー場で有名な菅平高原の背後になだらかに聳える山であるが、比較的地味な存在である。だが、裾野は広く、高原地帯は牧場として開かれているので、多くの登山口がある。メインの菅平高原ダボス牧場登山口は、スポーツ等の夏季合宿に来ている学生たちの集団登山が多くて賑やかすぎるし、根子岳経由のルートになる。今回紹介のあずまや温泉から登るルートは、静かな山行を求める中高年向きだ。山頂とあずまや高原（標高1500m）との標高差は850mで、初歩的な訓練登山に適した山である。

エリア 上信越自動車道

四阿山までのアクセス

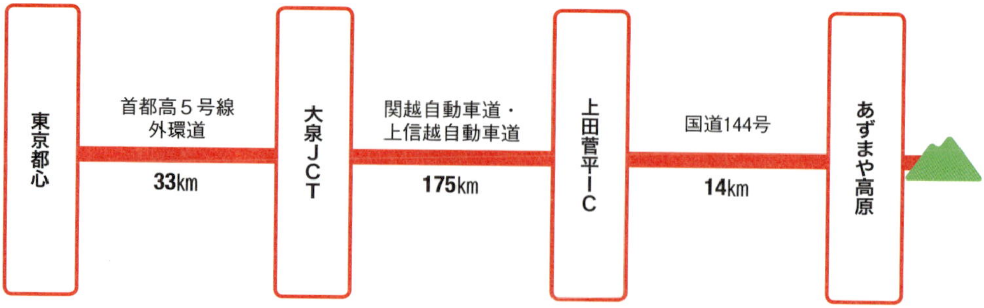

アクセスプラン

登山基地へは、上信越道の上田菅平ICから入る。菅平へ行く国道144号から、あずまや高原に向かう。上田菅平ICから左折して国道144号に入る。食料・飲料の調達は上田菅平ICを出たところのコンビニで済ませておきたい。なだらかな上りの道路で、途中の菅平口を右折して鳥居峠に向かう。峠の途中で標識に従い左折してだらだら坂を上っていくと、あずまや高原ホテルに着く。所要時間は上田菅平ICから30分を見ておけば十分だろう。

Parking Information

あずまや高原ホテル駐車場

駐車台数	50台
料金	宿泊者は無料
整備状況	舗装、整備されている
その他	トイレ、売店はホテルを利用

※ホテルに宿泊しない場合は、このホテルの上部にある登山口周辺に空き地を見つけて駐車することになる。

登山memo

登山基地のあずまや高原も、この山の山麓に多い広々とした牧場地帯である。この牧歌的な風景の中を、牧柵に沿って、ゆったりと頂上へ一直線に伸びる登山路を進む。登山客も少なく、実にのんびりできるルートだ。牧場を抜けると、灌木帯になり、程なく森林限界を超える。頂上部に近づくと、どんどん眺望が開け、晴れていると北アルプス全体の雄大な眺望が、意外と近くに見えてくる。この山は、登山基地の標高が高いこともあり、行程上には危険箇所も無いので、本当にいつのまにか頂上に到達できる印象だ。あまりにもあっけない感がしないでもない。2000mを越える山の入門コースとして手頃であろう。爽やかな気分で下山できる日帰りコースとしておすすめの山だ。

下山後の楽しみ

おんせん♨ あずまや高原ホテル

この山は東京から日帰り登山も可能な山だが、登山基地の**あずまや高原ホテル**は1軒宿の温泉で、静寂さを満喫できる。施設も良く、下山後の立ち寄り湯や宿泊に適している。露天風呂からの眺望にも優れ、隠れた名湯と言えよう。レストランからの千曲平の眺めも素晴らしい。

おんせん♨ ふれあいさなだ館

下界に下りた旧真田町役場近くには、旧真田町営の日帰り温泉**ふれあいさなだ館**があり、下山時に立ち寄るにはちょうどよい施設である。露天風呂、温泉プールや食堂、売店も併設された大きな施設である。ICの近くにある上田市街は、真田氏の居城であった上田城跡など寄り道したい名所もあり、信州蕎麦ばの美味しい店が多い。

問合せ先

上田市真田地域自治センター産業観光課　☎0268-72-2204

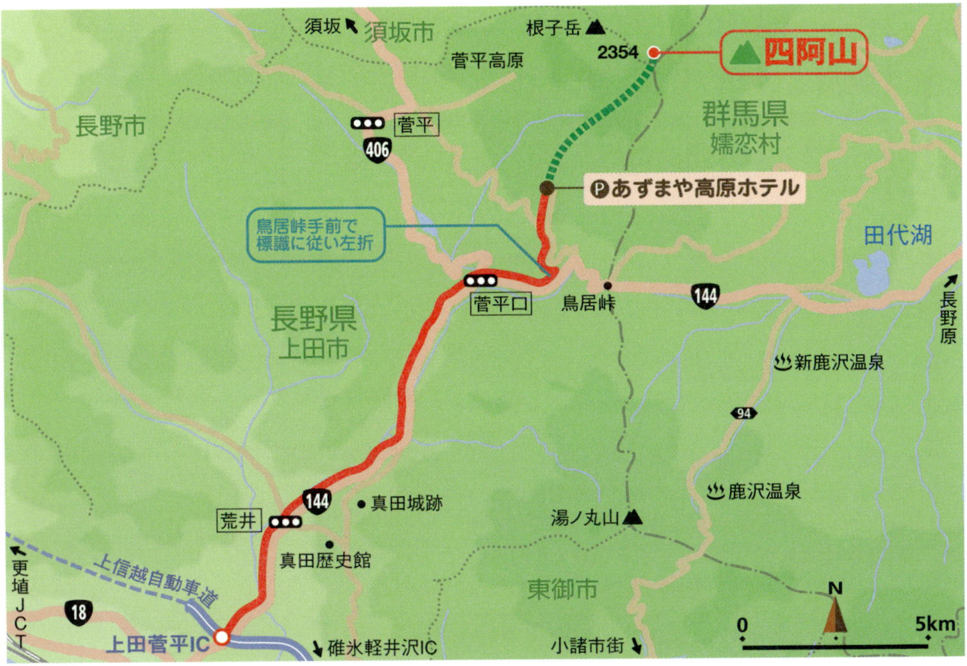

32 草津白根山

百名山 41 | 標高 2171m | 群馬県

↑本白根山最高地点（右）を望む

観光山岳道路の志賀草津ルートを使い草津白根山へハイキング

草津白根山は、エメラルドグリーンの火口湖「湯釜」を抱く白根山（標高2160m）や、国道を挟んで反対側の本白根山（標高2171m）など、新旧火山で構成されている大きな山塊である。今なお火山活動を続けており、立ち入り禁止措置のとられている箇所も多い。通常、百名山の登頂対象としているのは本白根山である。駐車場の標高がすでに2010mの高所にあるので、頂上近くの立ち入り可能な「最高地点」までの高低差はわずか140mしかない。本白根山の本来の山頂は、火山活動のため現在立ち入り禁止となっている。

草津白根山までのアクセス

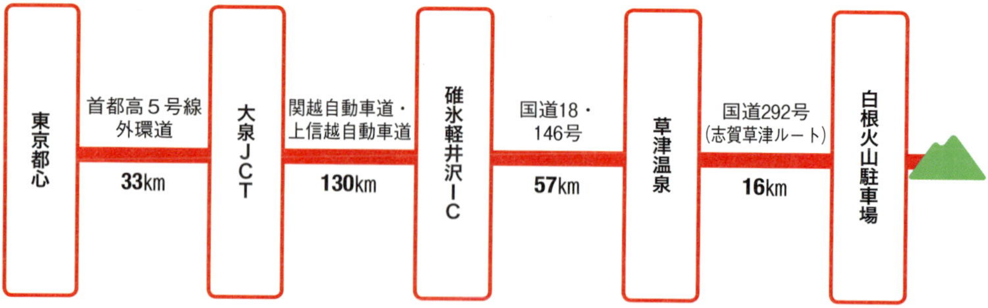

アクセスプラン

登山基地は白根火山駐車場。碓氷軽井沢ICから山道を軽井沢町に降り、軽井沢で国道18号バイパスを小諸方面に向かい、旧国道との接続点で右折して中軽井沢から国道146号に入り、長野原の手前の大津で信号左折して草津温泉に出る。食料・飲料の調達は草津温泉のコンビニで済ませておきたい。草津温泉から志賀草津ルート（元有料道路）をどんどん上っていくと白根火山駐車場に到達する。関越道の渋川伊香保ICからの国道145号で長野原に抜けるルートが一般的だが、距離的にも、時間的にも軽井沢経由の方がおすすめだ。

Parking Information

白根火山駐車場

駐車台数	500台
料金	有料
整備状況	舗装、整備されている
その他	水場、トイレ、売店あり

登山memo

コースは、白根火山駐車場を出発してすぐ、国道を横断して平坦な車道を行く。弓池を半周して程なく白根火山ゴンドラ山頂駅が見えてくる。これより山道に入るが、ほぼ全行程にわたり、登山道の両脇には立ち入り規制のロープが張られている。この山では、登山路周辺で高山植物の植生復元が施されており、登山路以外の立ち入り規制が多いので、注意したい。全行程、ハイキング気分の楽な山なので、山歩きの服装はほとんど見かけず、観光客風の人ばかりが目に付く。復路に鏡池経由のコースを取ってゆっくり歩いても、２時間もあれば駐車場まで戻れる。時間が許せば、本白根山と反対側で簡単に登れる湯釜の展望台にも寄ってみたい。

下山後の楽しみ

おんせん 草津温泉

標高2000m地点までクルマで上れるので、登行そのものはいとも簡単。したがって後はのんびりと**草津温泉**に浸かってから、帰りたい。クルマで草津温泉に下っていくと、温泉の手前の天狗山スキー場近くに有名な大露天風呂**西の河原露天風呂**があり、登山客に人気だ。また温泉の中心にある**湯畑**も一見の価値がある。ただしこの周辺は駐車できないので注意したい。この草津温泉は、温泉情緒が横溢しており人気は非常に高い。ぜひ一度泊まってみたい温泉である。昔ながらの風情を残した旅館も多いし、近代的なリゾートホテルや「離れ」だけの超高級旅館もあり、バラエティに富んだ施設が揃っている。

おんせん 万座温泉

山の温泉の雰囲気を味わいたい人は、白根火山駐車場の先を**万座温泉**に下ると良い。この万座温泉も湯量が豊富で、立ち寄り湯もできる。

問合せ先

草津町観光商工課	☎0279-88-0001

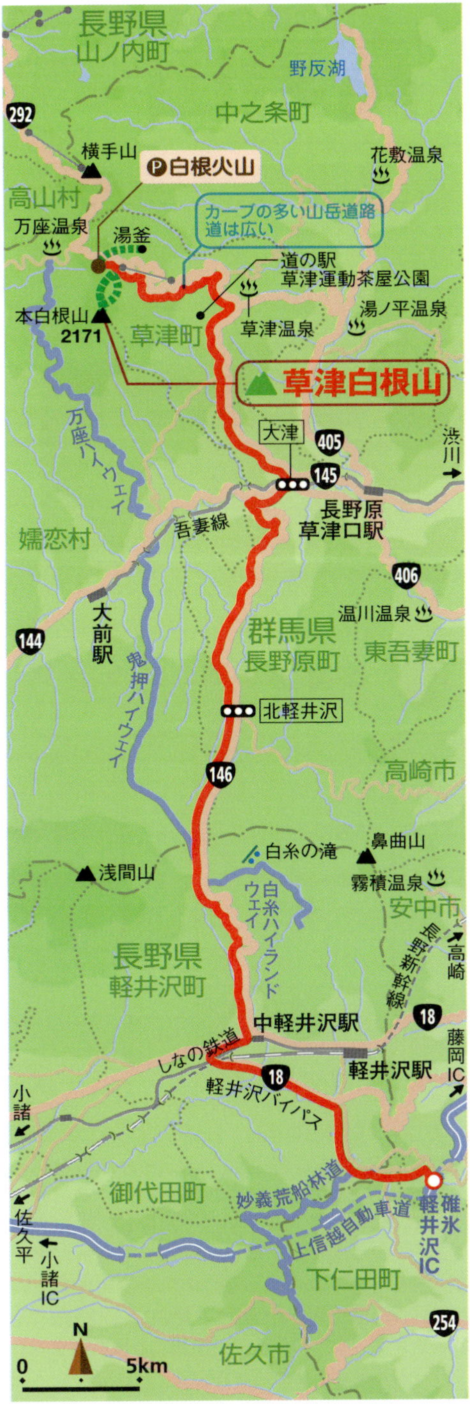

33 高妻山（たかつまやま）

百名山 35

標高 2353m

長野県・新潟県

↑山麓から高妻山を望む（平川）

修験の山として知られる戸隠連峰の最高峰

戸隠山は良く知られた名だが、戸隠連峰の盟主、高妻山を知る人は、山のファンでもそう多くは無い。ギザギザの特異な稜線を現す信仰の山、戸隠山の奥にピョンと飛び出すように聳えている山である。この山は実に厄介な山である。沢登りあり、クサリ場あり、アブの群がる稜線あり、巨石の積み重なった歩き難い頂上付近ありと、悩まされる箇所の連続。この山が百名山の一つで無ければ、筆者は登りたくない山だと思ってしまう。その実、この山は古くから戸隠山を含めた山岳信仰の山であり、修験道場でもあったことも頷ける。

エリア
上信越自動車道

高妻山までのアクセス

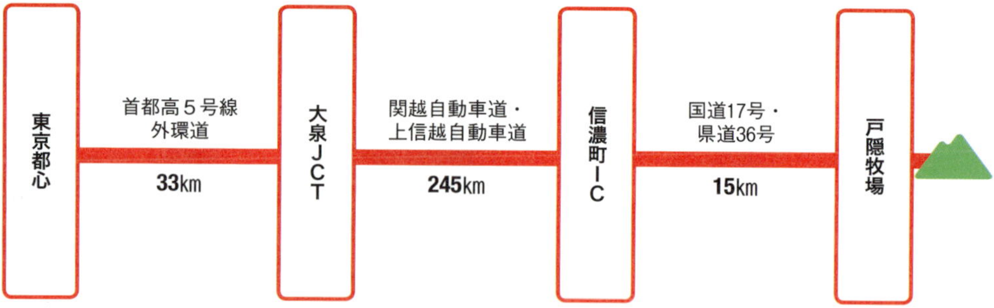

アクセスプラン

入りやすい登山基地は、上信越道の信濃町ICから入る戸隠牧場である。信濃町ICを出てからは食料・飲料の調達は困難なので、途中の高速道SAで済ませておきたい。信濃町ICからは右折して国道18号を長野市方面に進み、すぐの標識に従い県道36号を右折して戸隠方面へ向かう。ICから登山基地の戸隠牧場まで15km。この区間は高低差もあまり無く、整備された県道で走りやすい。戸隠の集落の手前で、標識通りに右折すると、すぐ戸隠牧場に到着することができる。

Parking Information

戸隠牧場駐車場

駐車台数	100台
料金	無料
整備状況	未整備
その他	水場、トイレあり

登山memo

戸隠牧場駐車場（標高1170m）からの標高差は1183m。最初は戸隠牧場の中を、1km程のんびりと進むが、これより沢沿いに戸隠連峰の稜線までの標高差400mは、急登の連続で、クサリ場や滝のトラバース等、緊張の連続である。一不動には小さいが避難小屋もある。この一不動のある稜線に取り付いてから、五地蔵山までは稜線上のアップダウンの繰り返しで、体力を消耗するが、危険箇所は少ない。この稜線登行で注意したいのは、アブ等の小虫がやたらに多いことだ。虫に弱い人は、ぜひその対策をしていくと良い。首筋や目や耳の周りのわずかな隙間でも、入り込んで来る。どこの山にも小虫は多いが、経験上、この高妻山の稜線が極端に多くてしつこい。下山路は、一不動から戸隠牧場までの沢筋の下りが要注意。体力的にも消耗しているので、把握力がどうしても鈍くなる。クサリ場や濡れた箇所では、注意力を欠かさず、慎重に下山したい。長時間を要する登山なので、できれば山中に1泊したいところだが、山小屋も整備されていないので、天候さえ許せば、早朝出発して、夕方までに下山する方が無難であろう。

下山後の楽しみ

おんせん♨ 戸隠神告げ温泉

苦労して、やっとの思いで登山口に戻るので、疲労困憊。温泉に浸かりたいところだが、戸隠には手打ち蕎麦はあっても温泉は無かった。ところがここにも温泉が出た。その名は**戸隠神告げ温泉**（とがくしかみつげおんせん）。勇んで行くとがっかりする方もいるかも知れない。銭湯のような施設である。下山後の汗を流すには不足はないが、混雑している。

問合せ先

長野市戸隠支所 ☎026-254-2326

34・35

妙高山・火打山

妙高山とそれに連なる火打山は、それぞれに異なる印象の山である。山中の山小屋に泊まりながら、それぞれの魅力と、山間のお花畑に触れたい。

Traverse.1

妙高山

百名山 33

標高 2454m

新潟県

↑妙高山山頂からは素晴らしい展望が得られる（飯出）

妙高高原に聳える雄大な山からは抜群の展望が得られる

妙高山は、山麓に妙高高原を控えた、どっしりとした火山である。標高が高い割には、それほどの難所はなく頂上を極めることができる。山頂部はカルデラとなっていて、火打山との中間にある黒沢池ヒュッテから外輪山はすぐ。カルデラ内にはドーム状の中央火口丘があり、ごつごつした溶岩の盛り上がりなので、岩場の連続になる。どのルートを選んでも、この外輪山を越えるまでは、森林帯が続き、さしたる難所は無い。頂上部にはクサリ場もあり、その点に注意さえすれば、初級者にも無理なく登れる山である。

Traverse.2

火打山

百名山 34

標高 2462m

新潟県

↑妙高山からの火打山（飯出）

山腹に美しいお花畑を配したたおやかな名山

火打山は、妙高山の陰に隠れて目立ちにくい山ではあるが、手応えを感じる登山を経験できるだろう。高谷池ヒュッテ（標高2105m）から天狗ノ庭までは、あたり一面に湿原や池塘が点在し、まさに山上の楽園である。ハクサンコザクラの咲く初夏の季節は特に素晴らしく、高山植物の好きな人には忘れられない思い出となるだろう。木道も整備されており、穏やかでゆったりとした登山を満喫できる。最近こそ、この火打山の魅力が知れ渡り、百名山ブームも手伝い人気が出てきたが、それでもまだ登山者も少なく、静かな山歩きが楽しめる。

妙高山・火打山踏破プランのアクセス

東京都心 →（首都高５号線 外環道 33km）→ 大泉JCT →（関越自動車道・上信越自動車道 250km）→ 妙高高原IC →（国道18号・県道39号 17km）→ 笹ヶ峰登山口

アクセスプラン

登山基地は、上信越道の妙高高原ICから入り、火打山の登山口として知られている笹ヶ峰である。妙高高原ICを出てからは食料・飲料の調達は困難なので、途中の高速道SAで済ませておきたい。妙高高原ICからは右折して国道18号を野尻湖方面に進み、関川で右折して県道39号を終点の笹ヶ峰へ向かう。妙高高原ICから登山基地の笹ヶ峰まで17km。妙高杉ノ原スキー場から先の道路は狭くなり、カーブと勾配ともきつくなる山岳道路だが、舗装された１本道で迷うことはない。

Parking Information

笹ヶ峰キャンプ場駐車場

駐車台数	100台
料金	無料
整備状況	一部未舗装
その他	水場、トイレあり

※夏の最盛期はキャンパーで賑わい、駐車に苦労する。なるべく深夜か早朝までに現地に到着して、スペースの確保をしなければならない。

妙高山までのアクセス

東京都心 →（首都高５号線 外環道 33km）→ 大泉JCT →（関越自動車道・上信越自動車道 250km）→ 妙高高原IC →（国道18号・県道39号 11km）→ 燕温泉

妙高山単独であれば、妙高高原の名湯のひとつ、燕温泉から周回ルートを辿るのが良いだろう。カルデラから流れる地獄谷に沿って登り、山頂を極めた後は北側の外輪山の縁を回り込んで下山する時計回りのルートがおすすめだ。ルート上に山小屋はなく、日帰り登山が原則な上に、標高差もかなりあるので、早朝から歩き出せるようにしたい。燕温泉には河原の湯、黄金の湯の２つの野趣あふれる野天風呂がある。

火打山までのアクセス

東京都心 →（首都高５号線 外環道 33km）→ 大泉JCT →（関越自動車道・上信越自動車道 250km）→ 妙高高原IC →（国道18号・県道39号 17km）→ 笹ヶ峰登山口

火打山の登山口は、２峰踏破の場合と同じ笹ヶ峰である。早朝の出発であれば、単純な往復で日帰りは可能だが、標高差も距離もあるので、できれば高谷池ヒュッテか黒沢池ヒュッテに泊まって、ゆっくりと散策も楽しみたいところだ。笹ヶ峰には休暇村妙高のロッジとキャンプ場がある。休暇村の本館は山を下った関温泉にあり、手頃な値段で宿泊できるので魅力的だ。

登山memo

新潟県西南部に連なる山並みを頸城(くびき)山塊と呼ぶ。火打山の存在は目立たず、世間にはあまり知られていない。妙高山の方は、その東麓に大きな裾野を広げ、妙高高原、赤倉温泉、池の平とよく知られた避暑地が展開している、大変ポピュラーな山である。赤倉温泉や燕温泉から夜行日帰り登山するのが一般的なルートだ。

一方、火打山は地味な山だが、実際に登ってみると高度を稼ぐに伴い、大きく変化する山容と懐の深さが魅力的な山だ。特に富士見平を過ぎてから、妙高山と火打山間の高原状の広い台地に辿り着くと、いくつもの池や湿原が連続し、多彩に変化するルートが待っている。急登もそれほどないので、ゆったりした気分で登る事ができる。この２峰をそれぞれ単独で登ることでも良いのだが、百名山踏破を目指す人は、山中に１泊して２峰を一気に登るのがおすすめである。丁度、両峰の中間点に宿泊に手頃な高谷池ヒュッテ、黒沢池ヒュッテがあり、どちらかをベースに両峰をアタックすると良い。登山基地の笹ヶ峰（標高1310m）からの標高差1150m前後の高低差が示す通り、妙高山と火打山とも、それ相応の体力が求められる山であるが、登山道は良く整備され、歩きやすい。

下山後の楽しみ

おんせん 赤倉温泉

登山口の笹ヶ峰は、名の通った牧場地帯で、近くに休暇村妙高のロッジがあるだけで温泉はない。休暇村に１泊する手もあるが、いったん妙高高原側に戻って、**赤倉温泉**(あかくらおんせん)あたりで立ち寄り湯をするのが良いだろう。スキーシーズンに劣らず、夏のシーズンも人気の温泉だが、古い雰囲気が色濃く残る素朴な温泉だ。旅館の数も多い。

問合せ先

妙高市妙高高原支所観光交流課　☎0255-86-4000

北陸自動車道
利用の百名山

北陸自動車道

滋賀県の米原JCTから北陸3県を日本海沿いに通り、新潟県の新潟中央JTCに至る全長476kmの高速道路。全線片側2車線で高低差もカーブも少なく、走りやすい。東京から富山県に抜ける場合は、関越道・上信越道を経由し、長野経由で走行するのが順当。なお、高崎・長岡経由は遠回りのうえ、時間が余計にかかる。上信越道の片側2車線化もかなり進んでおり、運転も楽なのでおすすめ。北アルプスには16峰の日本百名山があるが、東京からのアプローチは、ほとんどが長野県側からが便利だ。立山、剱岳等、富山県の山も長野方面からが便利。しかし、薬師岳と黒部五郎岳に限っては、富山県に乗り入れないと不便であり、北陸道経由で入山するのが無難だろう。

36・37 薬師岳・黒部五郎岳

やくしだけ・くろべごろうだけ

北アルプスの奥深くに位置するこの2山は、それぞれの登頂を目指しても登山口は同じになる。アプローチが長いので、できれば2山を連続で登りたい

Traverse.1 薬師岳

百名山 50

標高 2926m

富山県

↑北薬師岳付近からの薬師岳（桑子）

深田久弥がその大きさを讃えた北アルプスの名峰

薬師岳は、『日本百名山』の著者深田久弥が、文の中で北アルプスの名峰と讃えた山である。黒部源流を囲む山の中でもその山容のどっしりした重量感は、まわりの他の名山を圧倒する迫力がある。北アルプスの中ではアプローチが長く、立山から三俣蓮華岳への縦走コースとして、熟練者のみに許された山であった。しかし近年、至近距離の有峰ダム周辺の林道整備が進み、昔に比べ飛躍的に便利な山となった。黒部五郎岳と同様、登山基地の折立から太郎平小屋までは同じルートを登ることになる。

Traverse.2 黒部五郎岳

百名山 51

標高 2840m

富山県・岐阜県

↑北ノ俣岳方面からの黒部五郎岳（桑子）

カールを持ち、お花畑も美しい山。アプローチが長いので慎重に

黒部五郎岳は、百名山の中でも最も頂上を極めるに困難な山の一つである。特別高度な登山技術を求められる訳ではないが、どこから登っても山麓からのアプローチが実に長い。頂上アタックには最低2日がかりとなる。近くに山小屋も無いので、中級者でも相当なベテランン同行が必須だろう。併せて登頂後も下界に辿り着くまでの下山距離の遠さには辟易させられる。北アルプスの多くの山頂から、そのどっしりした山容はすぐ指呼できるのだが、いずれからもその裾野に茫漠たる広大な黒部川源流が控えていて、容易に近づけない山である事が頷ける。

薬師岳・黒部五郎岳踏破プランのアクセス

東京都心 —（首都高５号線 外環道 33km）— 大泉JCT —（関越自動車道・上信越自動車道・北陸自動車道 387km）— 立山IC —（県道６号・有峰林道小見線 40km）— 折立

アクセスプラン

登山基地は有峰林道の折立登山口である。立山ICから「立山方面」へ県道６号を進む。平坦な広い２車線の県道が有峰林道亀谷ゲート近くまで続く。迷う事無く走りやすい道路。食料・飲料調達はこの県道６号の中間点に大きなコンビニがあるので、ここで調達しておくと便利。立山ICからゲートまでわずか20km。有峰林道小見線亀谷ゲートから折立登山口までも20km（内３kmは未舗装）で、所要約30分。未舗装・工事区間があり、走行は慎重を要する。１回の乗り入れで1800円、下山時も有効。有峰林道全線は夜間通行禁止（通行可能時間：6～20時）

Parking Information

折立駐車場

駐車台数	100台
料金	無料
整備状況	区画されて、良く整備されている
その他	水場、トイレあり。有峰林道の道路事情問合せ先：富山県有峰管理事務所☎0764-82-1420

※朝早く亀谷ゲートを通過できれば、駐車に困らない。亀谷ゲート横にも小規模駐車場があり、トイレもある。仮眠に便利。

薬師岳・黒部五郎岳までのアクセス（中央道経由）

東京都心 —（首都高４号線 20km）— 高井戸JCT —（中央自動車道・長野自動車道 208km）— 松本IC —（国道158・471号・有峰林道小見線 127km）— 折立

このルートは、東京から中央道・長野道を走り、松本ICから国道158号、安房トンネルを抜けて平湯で国道471号に入り、駒止橋から大規模林道に入り飛越トンネルに至る。全線道路状況は良く危険個所は無いが、長時間山岳コースを走るので夜間の走行はおすすめできない。下山後の帰京ルートとしておすすめしたい。北陸道経由より105kmの短縮となる。

登山memo

折立登山口（標高1365m）から太郎平小屋（標高2300m）までは標高差約900m。登山道の整備が進み、急登区間も少なく登りやすい。森林帯を抜ける前半こそ急傾斜の区間はあるが、次第に緩やかな傾斜となり、木道の敷設も進んで、後半はのどかな高原状の登山路を、左に遥かな薬師岳の頂上を望みながら登っていく。時間はかかるが標高差の割には、それ程疲労感を覚えないまま稜線上の太郎平小屋に到達できる。ひと汗かいてさらに２時間登り、頂上直下の薬師岳山荘（標高2700m）泊まりがおすすめ。太郎平小屋からの登りは結構キツイ。薬師岳と折立の標高差は1560m。頂上での眺望は、ぐるりと北アルプスの名山を見渡せるし、白山も近い。筆者はこの薬師岳が大好きである。

黒部五郎岳には、太郎平小屋からは①北ノ俣岳等の山稜を幾重にも越えていくルート、

②太郎平小屋からいったん黒部源流に下りて雲ノ平を回り、三俣蓮華岳を巻いた黒部五郎小舎を基地に頂上を目指すルートの２ルートがある。後者は憧れの雲ノ平を歩く楽しみが加わるのがミソだ。しかし、太郎平小屋からの下りが何とも悔しい。薬師沢小屋に１泊後、雲ノ平を目指す。雲ノ平はこの世の楽園と言われ、ハイマツの灌木地帯を越えていく。雲ノ平山荘を過ぎてからは、水晶岳、鷲羽岳、三俣蓮華岳に囲まれた黒部源流地帯を、一帯の高峰の頂を眺めながら贅沢な高原歩きが続く。黒部五郎小舎１泊後、黒部五郎岳のアタックで、直接山頂を目指すルートとカール沿いに肩に出て、頂上往復するルートがある。太郎平小屋に下る場合は後者のルート選択がおすすめ。この先、太郎平小屋までは長大な稜線歩きで、途中に山小屋は皆無。悪天候の歩行は相当に注意が必要。黒部五郎岳と折立の標高差は1490mあるが、途中にいくつものピークを越えていく。この黒部五郎岳の踏破には時間的にゆっくり余裕を持ち、無理をしないことが肝心だ。

下山後の楽しみ

おんせん♨ 奥飛騨温泉郷

下山後、富山側に下山すると手頃な温泉は宇奈月温泉までない。余裕があれば飛越トンネルを越えて**奥飛騨温泉郷**での入浴をおすすめする。各種の宿泊施設が揃っている**新平湯温泉**が手頃である。この新平湯から脇道に入った**福地温泉**も静寂な温泉地。最近かなりの評判を呼んでいる小旅館が多い。この奥飛騨のいで湯の里は、心暖まる秘湯が多く、ぜひおすすめしたい。

問合せ先

大山観光協会 ☎076-481-1900

中央・長野
自動車道利用の山

中央自動車道

中央自動車道は、首都高4号新宿線と接続して高井戸ICを基点に山梨県・長野県中南部を縦断して、愛知県小牧JCTに至る全長344kmの高速道路。首都圏で一番早く開通しており、渋滞常習の悪名高い高速道路である。全線片側2車線だが、相模湖ICから大月ICにかけての山間区間で3車線化が進み、少々渋滞緩和ができる様になった。全区間を通じて高低差が激しく、カーブも多い走り難い高速道路である。しかし、山登りには欠かせない重要路線であり、わが国を代表する名山の過半はこの高速道路沿線に聳えているといっても過言ではない。北・南・中央アルプスの大多数の山は、この中央道を使って出かけねばならない。通行時間帯等に工夫をして上手に利用したい。

長野自動車道

長野自動車道は、岡谷JCTで中央道と分かれて、松本市方面に向かい、更埴JCTで上信越道に接続する、全長76kmの高速道路。主として北アルプスの日本百名山登行の際にお世話になる。松本平を南北に貫く全線2車線の走りやすい高速道路。帰路に中央道が大渋滞している場合、更埴JCTに出て上信越道・関越道回りで帰京する場合のエスケープルートとしても利用できる。

38 白馬岳（しろうまだけ）

百名山 45
標高 2932m
長野県・富山県

↑鑓ヶ岳から望む白馬岳（右）

大雪渓、お花畑、気持ちのよい稜線 そして温泉と魅力にあふれる名山

白馬岳は、日本の山岳としては、富士山に次いで名の知れた山であろう。山と縁の無い人でも白馬岳の名は大抵知っているのではないだろうか。実際、この後立山連峰の最高峰は、3000mにこそ満たないが、実に魅力的な山である。登山路に横たわる大雪渓や高山植物の咲き乱れるお花畑、設備の整った山上の山小屋、どれもが白馬岳の魅力を引き立ててくれる。しかし、3000m近い高山であり、メインルートには大雪渓の長い登りを含めた本格的な登山を強いられるので、侮れない山でもある。最低限、軽アイゼンは必携である。

白馬岳までのアクセス

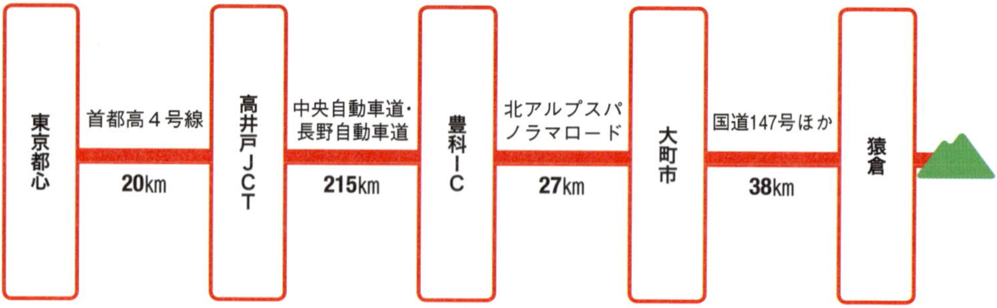

アクセスプラン

長野自動車道豊科ICより「大町・白馬方面」表示に従って北アルプスパノラマロード（俗称オリンピック道路）に入り、大町までひた走る。この道路は、高瀬川沿いに進みほとんど信号もなく快適。大町市内には入らず手前で国道147号を突き切り、道なりに走ると信号「木崎湖入口」までバイパスできる。ここで初めて国道147号に入る。八方尾根方面の標識に従い左折。JR白馬駅方面には行かないこと。細野のコンビニで食料・飲料を調達して、登山基地の猿倉へ。カーブも勾配もきついが、猿倉まで舗装されている。

Parking Information

猿倉駐車場

駐車台数	150台
料金	無料
整備状況	未舗装
その他	水場、トイレ、売店あり

※駐車場すぐそばに村営猿倉山荘があり、大きな水場やトイレもある。さらに少し離れた地点にも大きな空き地があるので、駐車にはあまり苦労しない。

登山memo

登山基地の猿倉を出て、沢沿いの登山路を1時間も登ると大雪渓の末端に到着する。ここが白馬尻で、この先でアイゼンの装着など大雪渓登山の準備をする。これから約2㎞にわたる我が国有数の白馬大雪渓である。勾配はそれ程きつくないので、慎重に足元を固めてゆっくり登っていけば良い。無事、大雪渓を登り終えると、次第に急登区間となり稜線上の村営頂上宿舎を目指して登る。頂上宿舎から山頂はすぐだ。この村営宿舎も居心地が良いが、さらに頂上に近い白馬山荘は、設備・料理・サービスすべてに、我が国の山小屋の最高水準を行くと評判が高い。このいずれかの山小屋泊まりとなる。なお、下山路は大雪渓の下りを避けて、いわゆる白馬三山（白馬岳・杓子岳・鑓ヶ岳）を縦走しての下山がおすすめだ。ぐるりと周り、基地の猿倉に下山する。白馬岳と猿倉（標高1230m）の標高差は1700mあり、これはかなりの差でもある。お花畑を楽しむ人には、7月中の登山がおすすめだが、大雪渓の状況を良く確かめてから挑戦していただきたい。

下山後の楽しみ

おんせん♨ 白馬鑓温泉

下山路に鑓ヶ岳経由のルートを取ると、下山途中に山上の温泉として有名な**白馬鑓温泉**（標高2100m）がある。この温泉はぜひ時間を取って入浴したい。すぐそばの雪渓を眺めながらの雄大な自然の中の露天風呂は、ほかでは味わえない貴重な経験だ。

おんせん♨ 白馬八方温泉

猿倉下山後では、八方地区の周りに**白馬八方温泉**があり、日帰り温泉が4箇所ある。いずれも窓外に北アルプスの山々を眺められるので、下山後の入浴に利用したい。近くには設備の整った白馬東急ホテルもある。

××××××××××××××××××× **問合せ先** ××

白馬村観光局　☎0261-72-7100

39 五竜岳（ごりゅうだけ）

百名山 46	標高 2814m
	長野県・富山県

↑大遠見山から五竜岳を望む

風格ある山容でたたずむ後立山連峰の名山

五竜岳は後立山連峰の名山の一つである。隣の白馬岳の名声に隠れて地味な存在であり、登山者も多くはないが、頂上一帯が巨岩に覆われた、男らしい風格を感じさせるどっしりした名山だ。白馬岳からこの五竜岳を越えて鹿島槍ヶ岳に至る後立山連峰の縦走は、岳人憧れのルートである。途中、大キレットもあり、相当上級の登山技量を求められる。通常は遠見尾根ルートを登る。かつては山麓からだらだらと長い遠見尾根を登るしか手はなかったが、今では、夏営業のテレキャビンで標高1532mまで運んでくれるので大助かりである。

エリア 中央自動車道・長野自動車道

五竜岳までのアクセス

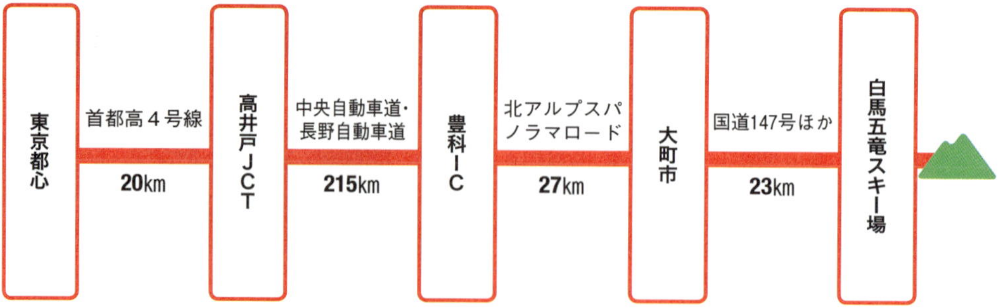

アクセスプラン

豊科ICから「大町・白馬方面」表示に従って北アルプスパノラマロード（俗称オリンピック道路）に入り、大町までひた走る。この道路は高瀬川沿いに進みほとんど信号も無く快適。このオリンピック道路と国道の交差する大町市に大型のコンビニがあるので、食料・飲料の調達を済ませたい。さらに、この道を大町市内には入らず大町市街の手前で国道147号を突き切り、道なりに走ると信号「木崎湖入口」までバイパスできる。ここで初めて国道147号に入る。「白馬五竜」の信号を左折して進むと登山基地の白馬五竜スキー場だ。

Parking Information

白馬五竜スキー場駐車場

駐車台数	1500台
料金	無料
整備状況	舗装
その他	水場、トイレ、売店あり

登山memo

夏季運行しているスキー用ゴンドラ、五竜とおみテレキャビンに乗車し、7分でアルプス平へと運ばれる。アルプス平から五竜山荘（標高2540m）まで、標高差約1000mの遠見尾根を延々と登るのはとてもつらい。この遠見尾根には、小遠見山、中遠見山、大遠見山等、いくつものピーク越えがあり、6時間近くかけて稜線上の五竜山荘に辿り着く。五竜山荘に荷物を置いて、頂上まで標高差273mの岩石地帯を一気に往復する。山荘から眺める頂上までの山容は、立ちはだかる大岩壁に守られて、圧倒的威圧感で迫ってくる。だが、頂上アタックは想像したほどには苦労しない。頂上からの立山・剱連峰をはじめ、黒部源流の山並みの眺望は圧巻だ。筆者は、9月の登山者の少ない時期を選んだが、好天に恵まれて、実に爽快な山歩きを楽しんだ。この山は、盛夏でもそれ程混雑しないそうだ。やはり、あの延々と続く遠見尾根の10時間強の往復が、敬遠されているのだろうと思われる。それでも、白馬岳から鹿島槍ヶ岳へと至る主脈縦走よりは、遥かに楽なはずだ。

下山後の楽しみ

おんせん ♨ 白馬かたくり温泉

テレキャビンで下山した登山基地、白馬五竜スキー場センターハウスにはレストランや売店のほかに、夏も営業しているサウナ付きの浴場もあるので、汗を流すのに利用できるが、温泉ではない。温泉に入りたい人には、国道に出る途中にある日帰り温泉施設**白馬かたくり温泉**（はくば おんせん）がある。大きい施設ではないが、地元の人にも人気の新しい温泉。チョットその場所を探すのが大変で、分かりにくいので、途中で地元の人に聞くと良い。

問合せ先

白馬村観光局	☎0261-72-7100

40 鹿島槍ヶ岳（かしまやりがたけ）

百名山 47

標高 2889m

長野県・富山県

↑美しい双耳峰の鹿島槍ヶ岳

美しい双耳峰の山容を見せる山へ 柏原新道から登る

後立山連峰の中央に聳える鹿島槍ヶ岳は、山頂が南峰と北峰に大きく分かれた双耳峰の山として知られ、後立山連峰の盟主的存在で、実に端正な山容である。鹿島槍ヶ岳へ直接登頂するルートは無く、最短のルートは大町市大谷原からの赤岩尾根であるが、急斜面の連続で、ザレ場の危険箇所もあるので、上級者向きである。初・中級者には、扇沢から登る柏原新道がおすすめだ。爺ヶ岳（標高2670m）を越えていくなだらかな稜線のルートで、北アルプス入門コースとも言われ、中高年にぴったりのルートである。

鹿島槍ヶ岳までのアクセス

東京都心 → 首都高４号線 20km → 高井戸ＪＣＴ → 中央自動車道・長野自動車道 215km → 豊科ＩＣ → 北アルプスパノラマロード 27km → 大町市 → 大町アルペンライン 16km → 扇沢

アクセスプラン

豊科ICから「大町・白馬方面」表示に従って北アルプスパノラマロード（俗称オリンピック道路）に入り、大町までひた走る。大町市内のオリンピック道路と国道の交差するあたりに大型コンビニがあるので、食料・飲料の調達を済ませたい。大町市街の手前で国道147号を突き切り、道なりに走ると高瀬川を渡り信号「西原」まで市街を通らずバイパスできる。ここで大町アルペンラインを左折すると真っすぐ黒部の入口にあたる扇沢駐車場に到達する。全線にわたって道路は良く整備されており、扇沢までの道路は快適で走りやすい。

Parking Information

扇沢駐車場

駐車台数	700台
料金	有料（300台）、無料（400台）
整備状況	舗装。区画整備されて広い
その他	水場、トイレ、売店あり

※登山基地の扇沢は、黒部立山アルペンルートの入口でもあり、広大な駐車場がある。シーズンには、早朝までに到着して無料の駐車スペースを確保したい。

登山memo

柏原新道のルートは、長い稜線を登ることになるので、途中の冷池山荘に１泊はしなければならないだろう。扇沢駐車場から少し下る柏原新道登山口（標高1331m）から頂上までの標高差は1558mあり、前半の急登の連続は結構こたえるが、その後はなだらかな稜線続きで比較的楽に登行できる。筆者は９月下旬に、このルートで登頂したが、すでに紅葉の時期に入っており、色とりどりの紅葉に包まれた稜線歩きを存分に堪能できた。鹿島槍ヶ岳の主峰は南峰である。南峰と北峰の間には有名な吊り尾根がある。下りは、一気に扇沢まで下山する事もできるが、体力に自信がある人に限られる。できれば、途中の冷池山荘にもう１泊してから下山したほうが安全だろう。

下山後の楽しみ

おんせん 大町温泉

扇沢から大町に向かって下っていくと、**大町温泉**（おおまちおんせん）がある。アルペンルートの開通に合わせて開発された新しい温泉である。下山後の立ち寄りには格好の立地である。温泉旅館は大型なものが多いが、アルプス温泉博物館に隣接して、日帰り入浴施設もあるので立ち寄ってみたい。

おんせん くろよんロイヤルホテル

大町温泉への途中に**くろよんロイヤルホテル**がある。黒部ダム建設時代の関西電力の迎賓館的な施設を一般客向けに開放したホテルで、敷地内に湧出する温泉もあるので、ゴージャスに過ごしたい人向きの施設だ。

たべる 大町

大町（おおまち）市に下りてJR大町駅周辺には名高い蕎麦屋もあり、地元の銘酒・白馬錦でイッパイやりながら、蕎麦をするのも楽しみだ。

問合せ先

大町警察署（登山）	☎0261-22-0110

41・42 剱岳・立山

山岳観光ルートとして開かれた立山黒部アルペンルートからアクセスできる2峰。百名山最難関の剱岳と霊山の趣の立山、2峰踏破プランを考えたい

Traverse.1 剱岳

百名山 48　標高 2999m　富山県

↑前剱からの剱岳本峰（敷島）

日本百名山中の最難関と言われる雪と岩の殿堂

剱岳は、立山と共に富山県を代表する山なので、表口は富山地鉄立山駅である。しかし、現在では黒部ダム開発の恩恵で、長野県側からの立山黒部アルペンルートをバスやケーブルカー等を乗り継いで、容易にその登山基地である室堂まで到達できるようになった。東京からのアプローチも、その分極めて便利になった訳である。だが、便利になっても剱岳の登山が簡単になった訳では無い。近年、その難関のクサリ場も整備が進んでいると聞くが、日本百名山の中でも、最難関の山である事は間違いない。

Traverse.2 立山

百名山 49　標高 3015m　富山県

↑室堂からの立山（樋口）

古来より信仰の山として崇められてきた富山の名峰

富山県を代表する名山である立山は、信仰の対象として古来多くの登山者を迎えてきた。通常、立山三山とは別山、雄山、浄土山を指す。主峰の雄山（標高3003m）を中心に、山頂は３峰に分かれており、最高峰は大汝山（標高3015m）である。雄山には雄山神社本社があり、山岳信仰の中心であり、現在でも白装束の信仰者が大勢登っている。登山基地の室堂と大汝山との標高差565mが示すとおり、登頂にそれほどの困難は伴わない。隣の剱岳と違って岩壁の登りも無い、比較的なだらかな稜線を伝っての登山である。

剱岳・立山踏破プランのアクセス

東京都心 —首都高４号線 20km→ 高井戸JCT —中央自動車道・長野自動車道 215km→ 豊科IC —北アルプスパノラマロード・大町アルペンライン 43km→ 扇沢 —立山黒部アルペンルート（トロリーバスほか）→ 室堂

アクセスプラン

豊科ICから「大町・白馬方面」表示に従って北アルプスパノラマロードに入り、大町へ向かう。この道路は高瀬川沿いに進みほとんど信号も無く快適。この大町市内に大型コンビニがあるので、食料・飲料の調達を済ませたい。大町市街の手前で国道147号を突き切り、道なりに走ると高瀬川を渡り、信号「西原」で、大町アルペンラインを左折すると真っすぐ黒部の入口にあたる扇沢駐車場に到達する。一般車はここまで。この先、扇沢から登山基地の立山室堂までは、立山黒部アルペンルートの乗物を４回乗り継いで到達する。

Parking Information

扇沢駐車場

駐車台数	700台
料金	有料（300台）、無料（400台）
整備状況	舗装。区画整備されて広い
その他	水場、トイレ、売店あり

※登山基地の扇沢駐車場は、夏山シーズンの昼間には常に満杯状態。早朝までに到着して無料の駐車スペースを確保したい。

剱岳・立山までのアクセス（北陸道経由）

東京都心 —首都高５号線 外環道 33km→ 大泉JCT —関越自動車道・上信越自動車道・北陸自動車道 387km→ 立山IC —県道６号 25km→ 富山地鉄立山駅 —立山黒部アルペンルート（バスほか）→ 室堂

富山側からのアクセスも、長野側に負けず劣らず利用されている。北陸自動車道の立山ICから県道６号で富山地鉄立山駅まで行く。ここから、ケーブルカー、バスと乗り継ぎ室堂へと至る。次第に標高を上げていくバスの車窓からの眺めも素晴らしい。天気さえ良ければ、富山平野に続く富山湾を見下ろすことができる。立山駅には通常430台分の無料駐車場があり、混雑時には1000台の臨時駐車場も開放する。

登山memo

剱岳は、初級者は絶対に登ってはならない。初級者の立ち往生が、危険箇所での渋滞の原因となることが多い。中級者を自認する筆者も、この剱岳は、今思い出しても、もう２度と挑戦したくない山の一つだ。前剱から頂上まで続く岩壁の連続、「カニの縦バイ、横バイ」の股裂きの恐怖は、短足の筆者にとっては忘れる事ができない。この難関の岩壁とクサリ場の連続もさることながら、途中の山小屋（２軒ある）の殺人的なギュウギュウ詰の１夜も２度と経験したくない。筆者は７月中旬のシーズン初めに登ったが、「タタミ１畳４人」の極限まで詰め込まれた。室堂と山頂の単純な標高差は551mしかないのに、その３倍は登ったと思えるほど疲労困憊した山であった。

立山の方はと言えば、室堂から目指す立山頂上は良く観察できる近さに聳えている。室堂からの登山路は4、5本整備されているが、一番ポピュラーなルートは、室堂〜別山乗越〜真砂岳〜大汝山〜雄山〜一ノ越〜室堂、ないしはその逆ルートである。室堂を出て、雷鳥沢から別山乗越までだらだらとした傾斜を登っていくと、いつの間にか稜線に取り付く。別山乗越（標高2792m）は剱岳との分岐点でもある。ここから主峰への縦走が始まり、大汝山を経て雄山までのアップダウンはきつい箇所も無く辿れる。雄山登頂後は、一気に一ノ越に急降下してから室堂に下りる。なお、筆者は、10月初旬の紅葉期に登ったが、全山が錦に彩られ、感動の立山であった。さらに、一ノ越から黒部側の黒部平まで下ったが、このルートは天候さえ許せば、中級者にも楽な短略下山路であり、直下の黒部ダムの眺望や全山紅葉の背景も素晴らしい、おすすめコースである。

立山から剱岳を踏破するなら、立山を紹介ルートの逆で登り、別山乗越から剱岳を目指すのが良いだろう。何しろ剱岳登山は大変な苦労を伴うので、万全の体調で挑むため、先に剱岳に登り、余力があれば立山を目指す方が無難かもしれない。

下山後の楽しみ

たより 立山黒部アルペンルートの見どころ

下山した基地の**室堂**（むろどう）周辺には温泉あり、立派なホテルあり、雷鳥を探しての探勝路ありで、登山後の休息には楽しみが多い。室堂から徒歩10分の至近距離には**みくりが池温泉**（いけおんせん）があり、入浴休憩に、宿泊に格好である。わが国最高所（標高2430m）に立つ温泉宿として有名である。周辺にはお花畑の探勝路も整備されている。下山途中の**黒部ダム**（くろべ）周辺でも、時間を取って見学したい箇所も多い。1971年の立山黒部アルペンルートの全線開通以来、このルートは日本を代表する山岳観光ルートとなっている。

××××××××××××××××××× 問合せ先 ××

富山県自然保護課　☎076-444-3399

黒岳・鷲羽岳

（くろだけ・わしばだけ）

黒部源流域に聳える黒岳、鷲羽岳はアプローチも長くハードな登行となる。時間に余裕を持って２山を同時に登りたい

Traverse.1 黒岳

百名山 52　標高 2986m　富山県・長野県

↑鷲羽岳から望む黒岳

堂々たる山容の黒岳は長大な登山路の先に聳える

黒岳は別名「水晶岳」と言う。山頂周辺に水晶に似た鉱石があるとの事。黒岳は、鷲羽岳とともに北アルプスの最奥の山である。名前も地味で、実際登ってみても何故この山が百名山なのか、とも思うほど、周りの名山の堂々たる風格に比べると遜色を覚える。しかし、後日訪れた雲の平から眺めた黒岳は実に堂々とした山容であり、百名山も納得できる。なお、黒部源流を取り巻く山々のうち、百名山に選定されているのは黒岳、鷲羽岳、黒部五郎岳、薬師岳の４峰である。いずれも百名山を目指す岳人には実に手強い山ばかりだ。

Traverse.2 鷲羽岳

百名山 53　標高 2924m　長野県・富山県

↑ワリモ岳からの鷲羽岳

黒岳からそう遠くはないところに稜線から立ち上がる名山

鷲羽岳は黒岳からさらに３㎞先に聳える山だ。この山容はなかなか優美で、正しく黒部源流に聳える北アルプス最奥の山と言えよう。その北側の裾野は、広大な黒部源流地帯で、眼下に雲の平が大きく広がる。すぐ隣には、鷲羽山と良く似ている山容の三俣蓮華岳が控え、その先に黒部五郎岳のどっしりした山容も指呼のうちだ。ここまで足を伸ばすと、南側の槍ヶ岳の尖峰もくっきりと観望できる。頂上に立つと「遥けくも来つるもの哉」の感慨を深く覚える。周囲は山また山で、ついに北アルプス最深部の真っ只中に踏み込んだ事を実感する。

黒岳・鷲羽岳踏破プランのアクセス

東京都心	首都高４号線 20km	高井戸JCT	中央自動車道・長野自動車道 215km	豊科IC	北アルプスパノラマロード 55km	七倉山荘	特定タクシー	高瀬ダム

アクセスプラン

豊科ICから「大町・白馬方面」表示に従って北アルプスパノラマロード（俗称オリンピック道路）に入り、大町まで走る。この道路は高瀬川沿いに進みほとんど信号も無く快適。このオリンピック道路と国道の交差する辺りの大町市内にコンビニがあるので、食料・飲料の調達を済ませたい。大町市街の手前で国道147号を突き切り、道なりに走り高瀬川を渡るとまもなく立体交差の道路がある。この道路を高瀬ダム方面に高瀬川沿いに上っていく。いくつかのダムを越え、葛温泉を過ぎて最後の七倉ダムを越えるとゲートがある。一般車はここまで。

Parking Information

七倉山荘ゲート横の駐車場

駐車台数	20台
料金	無料
整備状況	未整備
その他	水場、トイレ、売店あり

※七倉駐車場は、夏山シーズンの日中は常に満杯になっている。深夜か早朝までに到着してスペースを確保したい。

黒岳までのアクセス

東京都心	首都高４号線 20km	高井戸JCT	中央自動車道・長野自動車道 215km	豊科IC	北アルプスパノラマロード 55km	七倉山荘	特定タクシー	高瀬ダム

基本的には距離の近い２山なので、両山制覇を目指したい。黒岳単独での登頂を考えるのであっても、やはり登山口は同じ高瀬ダムからの登りとなる。七倉山荘からは大町市の特定のタクシーが運行している。電話予約制だが、JR大町駅からの直行者が優先されるので、注意したい。

鷲羽岳までのアクセス（双六岳経由）

東京都心	首都高４号線 20km	高井戸JCT	中央自動車道・長野自動車道 208km	松本IC	国道158・471号 68km	新穂高バスターミナル

鷲羽岳へは、新穂高温泉から双六岳へと登り、三俣蓮華岳を越して辿り着く方法がある。こちらもかなりの距離があり、なかなか手強いが、裏銀座コースとして、歩く人の姿も少なくない。クルマに戻るためには来た道を戻らねばならないので、あまりおすすめはできない。

登山memo

黒岳、鷲羽岳登頂には、最低3泊4日が必要である。この2峰はできるだけ一度に登る計画を立てると良いだろう。ルートは、首都圏から一番便利なルートだが、頂上へ至るまで長い長い行程を耐えなければならない。体力的にも相当厳しい。登山口の高瀬ダム堰堤と黒岳山頂の標高差は1738m。登り始めてすぐ、北アルプス3大急登の一つ、ブナ立尾根の標高差1300mが待っている。まずはこの尾根登りをクリアしなければならない。この先無理をせず直近の烏帽子小屋に泊まるのが無難である。2日目はひたすら黒岳を目指し稜線歩きの連続で、途中の野口五郎岳を過ぎると、黒部源流の山々が見え始める。水晶小屋は、泊まるだけの小さな小屋である。

鷲羽岳は、水晶小屋からあまり苦労せずに山頂に立てる。帰路も同じルートを辿ってブナ立尾根を下る手もあるが、野口五郎岳の手前の真砂岳から湯俣温泉に急降下する竹村新道を取ると、変化のある登行ルートを楽しむ事ができる。ただ、竹村新道のような急降下のコースは事故の元、細心の注意が必要だ。

下山後の楽しみ

おんせん 湯俣温泉

湯俣温泉（ゆまたおんせん）に下山すると、ここの原始的な山の温泉を楽しむ事ができる。河原に湧く自然のままの露天風呂は期待する程ではない。むしろ、山小屋「晴嵐荘」の内風呂が良い。

おんせん 葛温泉

湯俣温泉から高瀬ダム堰堤までは、高瀬ダム湖沿いに単調で長い下り道。七倉ゲートでタクシーを降りて帰路に就くが、長い山行の疲れは極に達している。そんな登山者のために、すぐ下にある**葛温泉**（くずおんせん）がおすすめ。山小屋風の素朴な旅館が何軒かある。どこも開放感のある見事な露天風呂を持っている。リーズナブルな宿泊料金なのも嬉しい。

問合せ先

富山県自然保護課　☎076-444-3399

45 常念岳（じょうねんだけ）

百名山 56　標高 **2857m**　長野県

↑蝶ヶ岳からの常念岳（桑子）

美しい三角の山容で知られる常念岳 クルマなら東麓からの往復登山となる

北アルプスの中でも人気コースとして知られるアルプス銀座の盟主、常念岳。燕岳から大天井岳を経て常念岳へと登り、蝶ヶ岳から上高地へ下るか、またはその逆コースの縦走が人気が高い。常念岳の単独登山ルートは、縦走ほどの人気はないが、それでも多くの人に登られている。一ノ沢登山口（標高1250m）から常念小屋のある尾根筋の常念乗越（標高2456m）までの標高差約1200m。高低差は結構あるものの、実際の登行では危険個所もほとんどなく、北アルプスの登山路としては楽な方だろう。日帰りよりも、常念小屋泊まりで考えたいコースだ。

常念岳までのアクセス

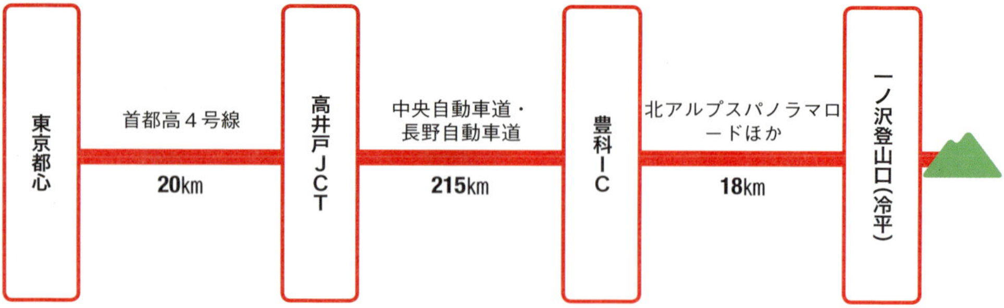

アクセスプラン

豊科ICから「大町・白馬方面」表示に従って北アルプスパノラマロード（俗称オリンピック道路）に入り、国道147号を突き切り、豊科ICから5.5kmでJR大糸線柏矢町駅にぶつかる。食料・飲料の調達はICを出てすぐのコンビニで。柏矢町駅でJR線路に沿って左折。100mほどですぐ右の踏切を渡り山に向かって直進。４kmで烏川橋（信号あり）を渡ったらすぐ穂高CC方面に左折。道なりに一ノ沢登山口へ進む。林道に入ると勾配とカーブがきつくなるが、林道終点までは危険箇所もなく、路幅もあり、路面も良く整備されている。

Parking Information

冷平駐車場

駐車台数	30台
料金	無料
整備状況	未整備
その他	登山口まで500mほど歩く

※林道の舗装が切れる地点から約500m登った地点に一ノ沢登山指導所とトイレがある。駐車スペースが若干あるが、登山客用のタクシーの転換所。

登山memo

登山路は、水量のある沢沿いに登っており、瀬音を聞きながらの登りは気持ちが良い。時折沢水で汗を拭う楽しみもある。水場もかなり上部まであり、きつい急登箇所も少ない。沢が切れるとあっという間に稜線に出て、常念小屋に到達できる。常念小屋は有料トイレもあり、生ビールのジョッキにもありつける大型の山小屋である。山小屋から頂上までは高低差400m。大きい石がゴロゴロしていて、決して楽な登山路とは言えず、当初の見込みより時間を取られる。頂上の休憩を入れて、往復２時間15分くらい見ておきたい。常念岳頂上からの槍・穂高の眺望は、この山を登山する者の最高の醍醐味であろう。山小屋からの下山にも、３時間少々を要するので、このコースを日帰りで往復するのは、かなりきつい。できれば、常念小屋に１泊する事をおすすめする。全コースたっぷり11時間は見ておきたい。

下山後の楽しみ

おんせん 中房温泉

少し離れているが、国民保養温泉の**中房温泉**がおすすめだ。一ノ沢に下山後、途中寄り道して温泉で一風呂浴びるには、安曇野市に公的施設を含め温泉施設がたくさんあり、立寄り湯もできる施設が多い。しかしこのあたりでは、やはり中房温泉に泊まる事を第１におすすめする。ただし、この温泉は標高1462mの高地にあり、一ノ沢登山口からいったん穂高カントリークラブまで下りて、30㎞の山岳ドライブをしなければならない。登山者用の本館と一般観光客向けの別館に分かれている大型施設である。源泉数も湯量も実に豊富。内風呂と露天風呂が優に13箇所。すべて源泉100%の掛け流し湯である。中房温泉から豊科ICまで30㎞。１時間のドライブ。途中の道路沿いには、産直の野菜を販売している。

問合せ先

安曇野市穂高総合支所観光課 ☎0263-82-3131

46 雨飾山（あまかざりやま）

百名山 31
標高 1963m
長野県・新潟県

↑笹平から見る山頂（飯出）

美しい森と岩稜を持つ 信越国境の名峰

雨飾山は、日本海まで40km足らずの長野・新潟の県境に位置する山だが、昨今大変な人気の山となっている。交通の便は悪く、特段優れた眺望が望める訳でもない山ではあるのだが、これも日本百名山の威力なのかと思う。名称がロマンチックな事も幸いしているのだろう。雨飾高原キャンプ場（標高1160m）から雨飾山頂までの標高差約800mの登りは、適度な高低差であり、変化に富んだ登山を楽しめる。山麓に湧く秘湯、小谷温泉も大きな魅力の一つとなっている。

雨飾山までのアクセス

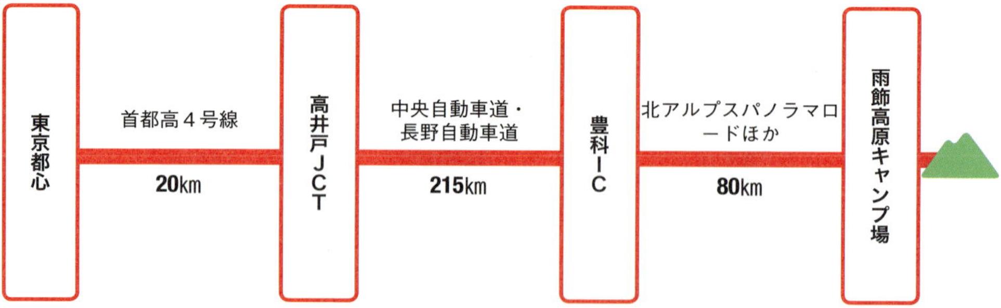

アクセスプラン

豊科ICから「大町・白馬方面」表示に従って北アルプスパノラマロードに入り、大町までひた走る。大町市内には入らず大町市街の手前で国道147号を突き切り、道なりに走ると信号「木崎湖入口」までバイパスできる。JR白馬駅周辺のコンビニで食料・飲料の調達を。信号「小谷温泉口」を右折して国道と分かれ、小谷温泉方向に進む。この分岐点から登山口まで15km。国道をそれると何箇所かは狭いが、雨飾高原キャンプ場までは運転に苦労する事はなく、道なりにどんどん上り小谷温泉、さらに５km先に登山口の大型駐車場に着く。

Parking Information

雨飾高原キャンプ場駐車場

駐車台数	100台
料金	無料
整備状況	舗装。良く整備されている
その他	トイレは極めて清潔。自動販売機あり

※キャンプ場の駐車場が満車の場合は１km程手前に未舗装の「登山者用駐車場」も利用できる。

登山memo

筆者が登った８月後半でも、登山者の数は想像以上に多くて驚いた経験がある。山中、人の切れる事がなく、バスでやって来るツアー客の度を越えて賑やかなのには閉口した。はじめは美しいブナ林の林内を行くが、中間点の荒菅沢の源頭あたりまで来ると、山頂部を覆う巨大な岩壁が望見される。布団菱と呼ばれる岩壁で、これはかなり威圧感がある。登山路はこの岩壁を巻いて登るので安心だが、それでもこの巻き道は急峻で、それなりに緊張するところである。その先の平坦部で新潟県側からの登山路と合流し、最後の頂上登頂を残すだけとなる。頂上へは、狭くて急な岩山の連続なので注意したい。狭い山頂からは真下に日本海が広がる糸魚川周辺の眺望が良い。また、白馬連峰をはじめとする後立山連峰の眺望も見事の一言につきる。

下山後の楽しみ

おんせん ♨ 小谷温泉

下山後、ひと風呂浴びて帰るには、**小谷温泉**（おたりおんせん）が手近にあり大いに楽しめる。できれば小谷温泉に泊まり、登山の疲れをとる事をおすすめする。登山口から３㎞下りたところに村営露天風呂があり、寸志で入浴できる。湯船は広く、自然の真っただ中で湯に浸れるので好評。ただし、内風呂は無い。宿泊には、村営露天風呂のすぐ上にあり、最近人気の高い１軒宿の栃の樹亭がおすすめ。長野県最奥の山里の、鄙には稀な一級の設備とサービスを提供している旅館。さらに下ると村営雨飾荘があり、こちらは登山者向きの素朴な山小屋風な施設。その下のバス停周辺には、古くから開かれた小谷温泉の木造旅館が３軒営業している。

問合せ先

小谷村観光連盟　☎0261-82-2233

47・48 槍ヶ岳・笠ヶ岳

山を目指す人なら誰もが憧れる槍ヶ岳。そして美しい山容を見せる笠ヶ岳。どちらも新穂高からの入山が便利である。

Traverse.1 槍ヶ岳

百名山 54

標高 3180m

長野県・岐阜県

↑槍沢上部からの槍ヶ岳（平川）

鋭い尖峰が周囲の山々からも望め 憧れを誘う日本のマッターホルン

穂高岳と並んで人気の高い槍ヶ岳は、その存在感から日本アルプスのシンボル的な存在で、頂上付近の尖峰（槍の穂先）は日本離れしている。一度はその頂に立ちたいという意欲をかきたてずにはおかない山である。一般的な登山ルートである上高地からの槍沢ルートは、アプローチが長く、一般的には途中の山小屋に２泊する事になる。今回紹介する槍平ルートは、道路事情が改善された岐阜県奥飛騨側の新穂高温泉からのルートで、登山路が短い分、ゆっくり休暇を取れないビジネスマンには嬉しいルートである。

Traverse.2 笠ヶ岳

百名山 57

標高 2897m

岐阜県

↑新穂高ロープウェイからの笠ヶ岳

美しい笠型の山容に似あわず ハードな登行を強いられる山

笠ヶ岳は、槍・穂高の人気の陰に隠れた静かな山である。とはいえ、その美しい笠型の山容は、麓の平湯温泉などから見ると、実に存在感がある。北アルプスの主峰群とは離れており、他の名山との縦走は健脚にのみ許された山だ。また登山基地から一気に尾根に取り付くルートは相当に厳しく、中級者でも笠新道の急登、急降下はかなりの体力消耗を強いられる。登山基地の新穂高温泉（標高1090m）からの標高差1800mからも、それなりの厳しさが分かるだろう。

槍ヶ岳・笠ヶ岳のアクセス

東京都心 —首都高４号線 20km→ 高井戸JCT —中央自動車道・長野自動車道 208km→ 松本IC —国道158・471号 68km→ 新穂高バスターミナル

アクセスプラン

槍ヶ岳へのアプローチは一般的には上高地であるが、道路事情を考えると岐阜県側の新穂高温泉を登山基地としたい。笠ヶ岳もこの新穂高温泉が登山基地である。松本ICから上高地・高山方面へ上っていく。途中、新島々駅周辺のコンビニで食料・飲料の調達を済ませたい。上高地への釜トンネルを右に見て安房トンネル（有料）を抜けて岐阜県平湯に入り、ここから国道471号を富山・新穂高方面に進み、栃尾で橋を渡ったら右折して新穂高へ県道を進む。どん詰まりが新穂高ロープウェイの山麓駅。バスターミナル周辺の駐車場にクルマを停める。

Parking Information

公営新穂高有料駐車場（３箇所）

駐車台数	合計400台
料金	有料
整備状況	舗装。マーキンング区画されている
その他	トイレ、自動販売機あり。シーズン中は常時満車となる

※無料駐車場はバスターミナルから１km戻ったところ。駐車困難なことも多い。登山口から離れるので有料駐車場が無難。早朝や深夜の出入りにも便利。

槍ヶ岳までのアクセス（上高地経由）

東京都心 —首都高４号線 20km→ 高井戸JCT —中央自動車道・長野自動車道 208km→ 松本IC —国道158号 32km→ 沢渡 —シャトルバス 30分→ 上高地

最も知られている槍ヶ岳のアプローチは、上高地からである。沢渡に駐車し、シャトルバスで上高地へと入ることになる。上高地からは徳沢、横尾と梓川沿いに進み、槍沢をひたすら登ることになる。槍沢の小屋で宿泊するのが一般的だろう。早朝の出発であれば、槍ヶ岳の肩にある槍ヶ岳山荘まで登ることもできるが、体力次第だろう。沢渡までのアクセスは穂高岳の項（P110）参照。

登山memo

槍ヶ岳は、早朝に新穂高温泉をスタートすると、その日の内に頂上直下の槍ヶ岳山荘まで登りきる事も可能だ。筆者は10月初旬にこのルートに挑戦した。山頂部に初冠雪したニュースを知りながらの、オッカナビックリの登頂であった。新穂高温泉からの登山路は槍平小屋まで、沢沿いに登っていく。急峻な区間も少なく小屋まで４時間半をかけて登った。新穂高から槍ヶ岳山頂までの標高差は2090mもあり、これだけの標高差を１日で踏破するには、脚に相当の自信が無いと挑戦はできない。途中の槍平小屋に１泊が無難である。小屋からが本格的な急登の連続となり、体力的にはかなり消耗するが、森林帯を抜けるので、真正面に槍ヶ岳とその両翼の長い稜線の日本離れした景観が望める。槍平小屋（標高1990m）から千丈分岐点を経て稜線上の飛騨乗越（標高3020m）までの標高差

1030mを、ほぼ４時間半かけて急峻なジグザグ道をひたすら登り切る。喘ぎながら飛騨乗越に辿り着くと、稜線上の槍ヶ岳山荘はすぐそこだ。山荘で身軽になって、後は槍の穂先の頂上を目指すのだが、ここはよく体力と相談してからにしたい。槍の穂先に立てると、本当に身震いするほどの感動を味わう事だろう。下山路は、同じ槍平経由の道でも可能だが、とても急峻な下りなので慎重に。時間に余裕があれば、西鎌尾根を通り、双六小屋を経由して下山すると良い。

新穂高温泉から笠新道までのルートは、ほぼ平坦な開けた道路である。問題はこの笠新道だが、北アルプスでも１、２を争う急峻なルートで、ひたすら稜線目指して真っすぐ登っていく。距離はわずかだが、登りに５時間、下りに３時間半は見ておきたい。稜線に取り付いてから頂上までの尾根歩きは実に爽快な山行で、槍・穂高を含めた北アルプスの峰々の眺望は、笠新道の急登の苦しさを忘れさせてくれるに十分。

下山後の楽しみ

おんせん 奥飛騨温泉郷

奥飛騨温泉郷は、道路事情の改善によりかなり身近な存在になった。**平湯温泉**は、旅館施設も多く、夏季シーズンは相当な人出である。喧騒を避けるには登山基地の新穂高温泉と平湯の中間にある山間の温泉がおすすめだ。**槍見**、**栃尾**、**新平湯**、**福地温泉**と続くが、いずれの温泉も小ぶりだが、個性的で人気の高い旅館が多い。時間が限られている場合は平湯の安房トンネルのすぐ近くにある３セクの**ひらゆの森**が良い。駐車場が広く、露天風呂もたくさん揃っているので、ひと風呂浴びて東京に向かうには格好の施設。飛騨牛の焼肉も安くて旨い。

問合せ先

高山市上宝支所	☎0578-86-2111
山岳遭難対策協議会(平日のみ)	☎0578-83-0099

筆者が選ぶ

登頂の難しい百名山トップ 10

筆者の経験した登行から、日本百名山の中で登頂の難しい山を10座紹介します。
ルートなどによって印象が変わりますので、参考として見てください。

	山の名称（標高）	登山基地（標高）	難易度	コメント
1	**黒部五郎岳** (2840m)	折立 (1365m)	👑👑👑👑👑	登山口の折立との標高差は1490m。この山は登山口からのアプローチがとてつもなく長い。途中で2泊しなければならないが、山小屋も少なく、体力勝負の山。危険箇所は少ない。
2	**飯豊山** (2128m)	川入御沢キャンプ場 (500m)	👑👑👑👑👑	登山口の川入との標高差は1605m。この山は登山口からのアプローチが長く、稜線には真夏でも残雪が極めて多く、危険度は高い。途中で2泊しなければならない。高い熟練度を求められる。体力勝負の山。
3	**聖岳** (3013m)	易老渡 (850m)	👑👑👑👑👑	登山口の易老渡との標高差は2163m。この差は全国一番。頂上まで急登の連続は完全な体力勝負。下山の急降下も極めて厳しい。途中で2泊しなければならない。山小屋も少ないが、危険箇所は少ない。
4	**北岳** (3193m)	広河原 (1530m)	👑👑👑👑	登山口の広河原との標高差は1663m。大樺沢の直登は雪渓あり、長いハシゴありで、かなり体力を消耗する。2泊の行程となる。
5	**穂高岳** (3190m)	上高地 (1504m)	👑👑👑👑	登山口の上高地との標高差は1686m。上高地からのアプローチが長い。途中で2泊しなければならない。涸沢の大きな雪渓渡渉、山頂部の岩峰と難所が多い。
6	**槍ヶ岳** (3180m)	新穂高温泉 (1090m)	👑👑👑👑	登山口の新穂高温泉との標高差2090mは最大級。これを一気に登り詰めるのは相当な体力を要する。頂上直下の槍ヶ岳山荘からの頂上アタックも危険度が高い。
7	**剱岳** (2999m)	室堂 (2450m)	👑👑👑👑	登山口の室堂との標高差は550mしか無いが、クサリ場の連続する岩峰登頂は難渋を極め、危険度が高い。初心者にはとても寄りつけない凄みを持った難山中の難山。
8	**幌尻岳** (2053m)	奥幌尻橋 (750m)	👑👑👑👑	登山口の奥幌尻橋との標高差は1300m。長い林道の先に、2時間の沢の徒渉がある。水量は多く、何度も徒渉を繰り返す。幌尻山荘からの登山路もハイマツの根に苦しむ。
9	**鷲羽岳** (2924m)	高瀬ダム堰堤 (1240m)	👑👑👑	登山口の高瀬ダム堰堤からすぐのブナ立尾根の急登が第一の難所。その後の稜線上のアプローチが長い。山中2泊の長丁場の山。
10	**宮ノ浦岳** (1936m)	淀川登山口 (1360m)	👑👑	標高差はあまり無いが、幾重にも峰が重なり、頂上到達に難渋。無人小屋のみ。寝具や自炊具は必携。登山路は常時ぬかるみ状態。

49 穂高岳（ほたかだけ）

百名山	標高 3190m
55	長野県・岐阜県

↑上高地から見る穂高連峰

岳人あこがれの山、穂高岳へは経験を積んでからのぞみたい

穂高連峰の最高峰・奥穂高岳は、我が国第３位の高峰である。北アルプスの盟主として君臨しており、岳人なら一度は登頂したい憧れの山となっている。しかし誰もが登れる山ではないので、相当な訓練と経験を積んでから挑戦するのが、無難である。何しろ登山基地の上高地（標高1504m）から奥穂高岳までのアプローチがとても長く、標高差も1686mもある。一般的には途中の山小屋で２泊し、３日目に奥穂高岳の頂上を目指す。上高地から横尾を経て涸沢に至るアプローチは、本格的な山行の楽しさを満喫できるロングコースだ。

穂高岳までのアクセス

東京都心 —首都高４号線 20km— 高井戸JCT —中央自動車道・長野自動車道 208km— 松本IC —国道158号 32km— 沢渡 —シャトルバス 30分— 上高地バスターミナル

アクセスプラン

松本ICから「高山・上高地方面」へ国道158号を進む。新島々駅周辺のコンビニで食料・飲料の調達を済ませたい。沢渡には約2.5kmにわたって左右に市営・私営の大型駐車場があり、バスに乗り換える。上高地への入山者の総量規制がなされていないため、８月のピークシーズンには登山者に加え上高地目当ての観光バスがどっと押し寄せ、到達時間の計算ができない程の混雑となっていた。ただ、観光バス乗り入れ規制も始まり、渋滞も改善に向かっている。沢渡〜上高地のシャトルバスは早朝５時から運行している。沢渡〜上高地は約30分。

Parking Information

沢渡駐車場（多数箇所に分散）

駐車台数	合計2000台
料金	すべて有料
整備状況	どこも良く整備されている
その他	トイレ、売店、自動販売機あり

※夏のピーク時は駐車場探しに苦労するので、早朝に駐車できる様に東京からの時間配分を上手にしたい。早い時間なら市営駐車場が無難。

登山memo

筆者は、昭和33年夏に、山中の涸沢で１週間のテント合宿をしながら、大学の正規の登山研修を受けた。山登りに開眼した懐かしい山でもある。

登山基地の上高地は、今や日本を代表する山岳観光地になっている。夏休みシーズンや、秋の紅葉期には大型バスが数珠繋ぎになって上って来る。昔の静寂で、凛とした雰囲気は全く望むべくも無い。

基点の河童橋から、正面に岳沢と岩稜の折り重なった穂高連峰を眺めると、誰もが身震いする程の美しさに打たれるだろう。上高地から美しい流れの梓川に沿って、横尾まで３時間ほどかけて登っていく。この間の登りは緩く、楽しい山行となる。横尾から狭い横尾谷に沿って穂高連峰のベースキャンプ・涸沢を目指す。いよいよ本格的な登山道。横尾から涸沢までは３時間は見ておく。涸沢（標高2300m）には有名な万年雪の大雪田があり、この周辺の山小屋に泊まり、頂上アタックをすることになる。これより主峰の奥穂高岳までのルートは、本格登山技術が必要なので、ルート案内等は専門のガイドブックに拠って頂きたい。熟練したリーダーに引率してもらう事も基本だろう。

下山後の楽しみ

おんせん♨ 坂巻温泉・中の湯温泉

上高地までの下山路が長いので、上高地でゆっくりしたいところであるが、銀座も顔負けの混雑にはまったく辟易してしまう。ここは奮発してタクシーを頼み、沢渡までの途中にある**坂巻温泉**（さかまきおんせん）か、手前の**中の湯温泉**（なかゆおんせん）への立ち寄り湯をおすすめしたい。いずれも釜トンネルを出て程近い１軒宿の静かな温泉。湯量も豊富で、あまりお客が押し寄せないので、のんびり汗と疲れを流すのに好適な隠れ秘湯だ。いずれも筆者推奨の穴場秘湯である。

×××××××××××××××××× 問合せ先 ××

松本市アルプス観光協会　☎0263-94-2221

50 焼岳（やけだけ）

百名山	標高 2455m
58	長野県・岐阜県

↑大正池から望む焼岳

大正池から美しい姿を見せる焼岳へは中の湯からのルートで登ろう

日本アルプスでは珍しい活火山の山。最高峰の南峰は、火山活動のため、立入禁止となっている。登頂可能な北峰の頂上周辺でも盛んに噴煙を上げており、噴煙を近くで見るともの凄い迫力がある。北アルプスの中では標高が低い方の山で、上高地からの登頂が容易な事から人気は高く、特に中高年の登山者が多い。上高地の河童橋から楽に日帰り往復の登山が可能。今回紹介するのは中の湯温泉からの新ルート。登山口（標高1500m）から焼岳北峰頂上までの標高差約900mの登りとなる。

焼岳までのアクセス

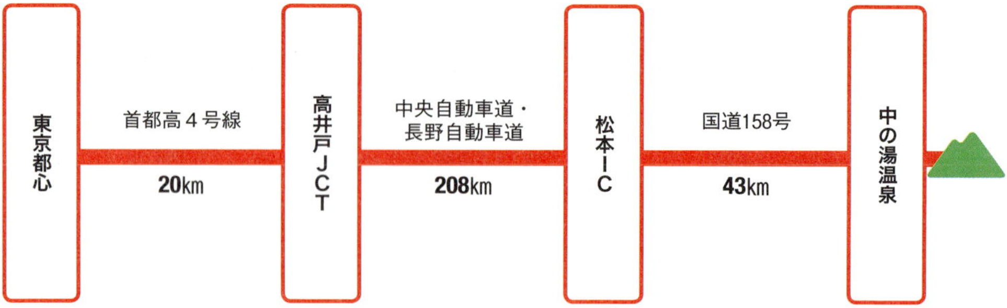

アクセスプラン

松本ICから「高山・上高地方面」へ国道158号を進む。途中、新島々駅周辺のコンビニで食料・飲料の調達を済ませたい。一般的な焼岳登山基地である上高地は、自家用車乗り入れは全面禁止なので「新中の湯ルート」を登るのがベスト。上高地への釜トンネル入口を右に見て国道158号は安房トンネル（有料）に続くが、安房トンネル直前で右に急カーブして上る旧国道を行く。この先、道路は急勾配のつづら折の上りで慎重な運転を要するが、路面は良く整備されており、問題は無い。

Parking Information

中の湯温泉旅館駐車場

駐車台数	50台
料金	宿泊者は無料
整備状況	舗装。良く整備されている
その他	トイレ、売店、自動販売機は旅館にあり

※駐車場は温泉旅館の敷地内。15分直登すると旧国道を横断して実質的な登山路が始まる。この旧国道路肩にも20台程度の駐車可能。

登山memo

北アルプスの登山ルートとしては、急登もあまり無く、最も楽な登山ルートだろう。このコースは日帰りで往復するお手軽コースである。朝早い出発の客は、前日のうちに弁当を頼んでおくこと。涼しい早朝６時には登り始める。前半の森林帯の登行は、直射日光が遮られ、快適な登行ができるが、このルートは途中、水場が無いので、水は下から必ず携行すること。釜トンネル中の湯売店コースとの合流地点（標高2000m）を過ぎると、森林帯は終わる。これより頂上までは、遮るものも無く、日光にジリジリやられるのはつらい。南峰と北峰の鞍部に辿り着くと、眺望が開けてくる。頂上からは、眼下の上高地、その先の穂高連峰の眺望が壮観。同じルートをゆっくり下っても、昼過ぎには下山可能だ。

下山後の楽しみ

おんせん 中の湯温泉

下山後と言うより、登頂前に**中の湯温泉旅館**に泊まることを第１におすすめする。この温泉は標高1500mの高地の一軒宿。元々は釜トンネルの入口にあった温泉旅館で、安房トンネル開通に伴い、この地に平成10年に移転新築された。源泉の湯量は豊富で、男女別の内風呂と露天風呂がある。男性露天風呂からは穂高の遠望が楽しめる。

たちより 上高地

上高地が好きな人には、下山路に上高地ルートを取る事をおすすめする。焼岳からは、3時間見れば、河童橋まで下れる。河童橋周辺で散策を楽しみ、中の湯温泉まではタクシーで帰る。上高地の混雑を我慢すれば、より変化に富んだコースを楽しむ事ができる。

問合せ先

松本市アルプス観光協会	☎0263-94-2221
中の湯温泉旅館	☎0263-95-2407

51 乗鞍岳（のりくらだけ）

百名山 59 | 標高 3026m 長野県・岐阜県

↑山頂への整備された登山道（村田）

山岳観光道路の乗鞍スカイラインでアクセスする3000mの山

乗鞍岳は、3000m級の本格的山岳ではあるが、早くから山岳観光道路、乗鞍スカイラインの開発が進み、標高2700mまでクルマで簡単に登れてしまう。この道路は、我が国で最も高所を走る観光道路である。そのため畳平から頂上まではわずか326mの標高差しかなく、頂上へは容易に到達できる。登山としてはつまらないとも言えるが、百名山踏破を目指す者にとっては、便利な山の一つだろう。また、何と言っても標高3000m級の雄大な山岳風景に直に触れるチャンスはそうそうある訳ではないので、山登り初級者には絶好の機会でもある。

エリア 中央自動車道・長野自動車道

乗鞍岳までのアクセス

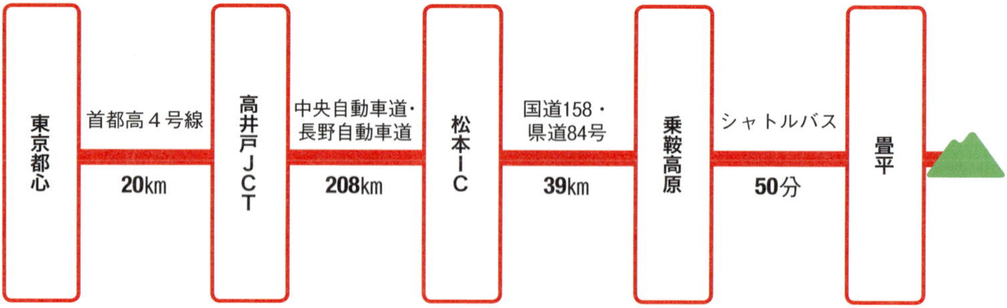

アクセスプラン

乗鞍岳は、頂上直下の畳平（標高2700m）までマイカーで登れるありがたい山であったが、2003年５月からマイカー乗り入れが全面禁止になった。現在の乗り入れ基地は長野県乗鞍高原か岐阜県平湯温泉である。ここではアプローチに優れた旧安曇村（現松本市）乗鞍高原を紹介する。松本ICから「高山・上高地方面」へ国道158号を進む。途中、新島々駅周辺のコンビニで食料・飲料の調達を済ませたい。前川渡トンネルを過ぎるとすぐ乗鞍高原方面の標示に従い左折する。乗鞍高原はシャトルバスの出発地の観光センター周辺に駐車すると便利。

Parking Information

乗鞍高原観光センター周辺

駐車台数	300台
料金	有料
整備状況	舗装
その他	トイレ、売店、自動販売機あり

※シャトルバスはこの観光センターが始発。これより上部にも駐車場は多い。ピーク時は駐車場探しに苦労するので、早朝に駐車できるようにしたい。

登山memo

出発地の広大な畳平の駐車場からは、遮るものも無いなだらかな山容の登山路を、２時間程かけてゆったりと登っていく。急峻な箇所は無く、途中、肩の小屋やコロナ（宇宙線）観測所の建物を眺めながら、頂上の剣ヶ峰に立つ。乗鞍岳の頂上一帯は多くの峰の連なりで、その一つが最高峰の剣ヶ峰である。頂上では、南に御嶽、北に穂高連峰の眺望を、十二分に堪能できる。復路も、同じ道を下ることになる。乗鞍岳はあまりにあっけない登頂なので、できれば近くの焼岳と一緒に制覇すると良い。

➡登山の起点となる畳平

下山後の楽しみ

とまる　乗鞍高原

乗鞍高原（のりくらこうげん）は清涼な高原で、休暇村もあるので、この高原に滞在して、その間の１日を使って乗鞍の頂上に立つのも一案だ。

おんせん　白骨温泉

乗鞍高原には本格的な温泉はないので、少し離れた**白骨温泉**（しらほねおんせん）の立ち寄り湯がおすすめ。乳白色の温泉で有名だが、近年、これが一部着色されている事が発覚して、「本物の温泉」論争の火付け役となってしまったのは遺憾だ。その事は措くとして、ここの白濁した大露天風呂は、山登りには誠に魅力的な山峡の温泉と言えよう。各旅館の立ち寄り湯の他にも、日帰り専門の公共野天風呂も人気が高い。

問合せ先

松本市アルプス観光協会　☎0263-94-2221

52 御嶽（おんたけ）

百名山 60

標高 3067m
長野県・岐阜県

↑王滝頂上からの剣ヶ峰（樋口）

山岳信仰の霊山へ 山岳道路でアプローチ

御嶽は、我が国有数の山岳信仰の山である。また、今も活動を続けるコニーデ型の火山でもあり、火口湖や荒涼たる山肌も雄々しい。3000m級の本格的山岳ではあるが、早くから御岳スカイラインの道路開発が進み、標高2200mの田の原までクルマで簡単に登れる。この田の原からの王滝ルートは山頂（剣ヶ峰）までの最短ルートとして人気が高い。頂上までの標高差は867mあるが、登山路も良く整備されているので登山はそれほど苦労しない。人気の山だけに、登山者が多いのが難点とも言えるかも知れない。

御嶽までのアクセス

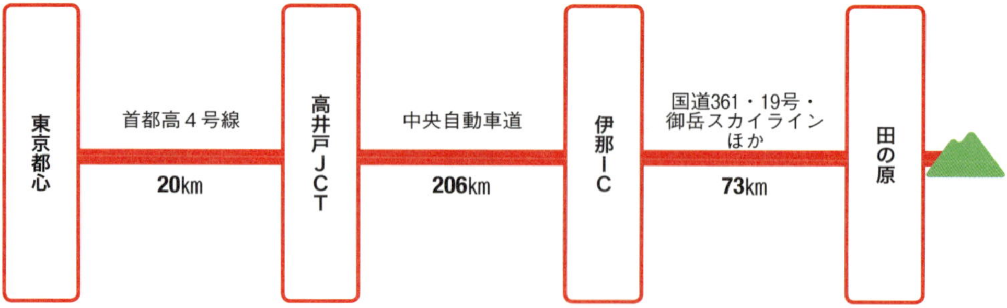

アクセスプラン

御嶽の登山基地は御岳スカイライン終点、田の原。2006年２月に伊那ICから木曽谷に抜ける権兵衛トンネル（4.5km）が開通して、30分強で通過できるようになり、御嶽登山はこれまでの塩尻IC経由に比べて、飛躍的に便利になった。途中、木曽福島周辺のコンビニで食料・飲料の調達を済ませたい。木曽町市街の上部をバイパスで抜けた先の元橋まで35km。ここから県道20号・256号を走り御岳湖に沿って王滝村に進む。標識に従い御岳スカイラインに入る。本格的な山岳道路だが、対向車も少なく、整備されているので、走行は比較的楽だ。

Parking Information

田の原駐車場（３箇所）

駐車台数	210台
料金	無料
整備状況	舗装。マーキンング区画。良い整備状況
その他	トイレ、売店、自動販売機あり

※夏のピーク時は観光客も多く、駐車場探しに苦労するので、早朝までに到着しておきたい。

登山memo

田の原から登り始めると、すぐ王滝頂上遥拝所にぶつかる。この山が山岳信仰の霊山である事を思い起こさせる施設である。遥拝所を過ぎると本格的な急登が始まる。森林帯を越えているので、登るに連れて大きな眺望が開けてくる。このルートからは主として、中央アルプス、南アルプスが視界に入る。王滝ルートから広い山頂部の一角である王滝頂上に登り切ると、山頂には多くの信仰のための施設が立っている。御嶽はコニーデ型の火山で、山頂部には剣ヶ峰を始め、いくつもの峰が連なり、一の池等のいくつかの火口湖があり、夏でも一部氷結している。頂上までの歩行には3時間を見ておきたい。下山路には、開田高原に下る御岳ロープウェイへの黒沢口コースもあるが、やはり同じルートを取り田の原まで下るのが良いだろう。

下山後の楽しみ

たちより 御嶽周辺

御嶽は、実に悠揚とした風格を備えた独立峰で、広大に開ける裾野から眺めるだけでも、十分に満足できる。春まだ残雪が多い時期の**地蔵峠**やその先の**開田高原**からの眺めは、気品に溢れ、誠に印象的である。ドライブコースとしても大変魅力的である。御嶽周辺には本格的な温泉は無いが、下山後の汗を流すのに適した温泉施設が2箇所ある。**王滝温泉**は近年開業の日帰り温泉。もう一つは村営の**御嶽温泉**で露天風呂は無いが、素朴な佇まいで登山者にも人気の隠れ湯である。この周辺は蕎麦処としても通人に知られている。王滝村、木曽町では小さな蕎麦屋を探して賞味するのも楽しみだ。決して失望させない手打ちの味だ。

問合せ先

王滝観光総合事務所 ☎0264-48-2257

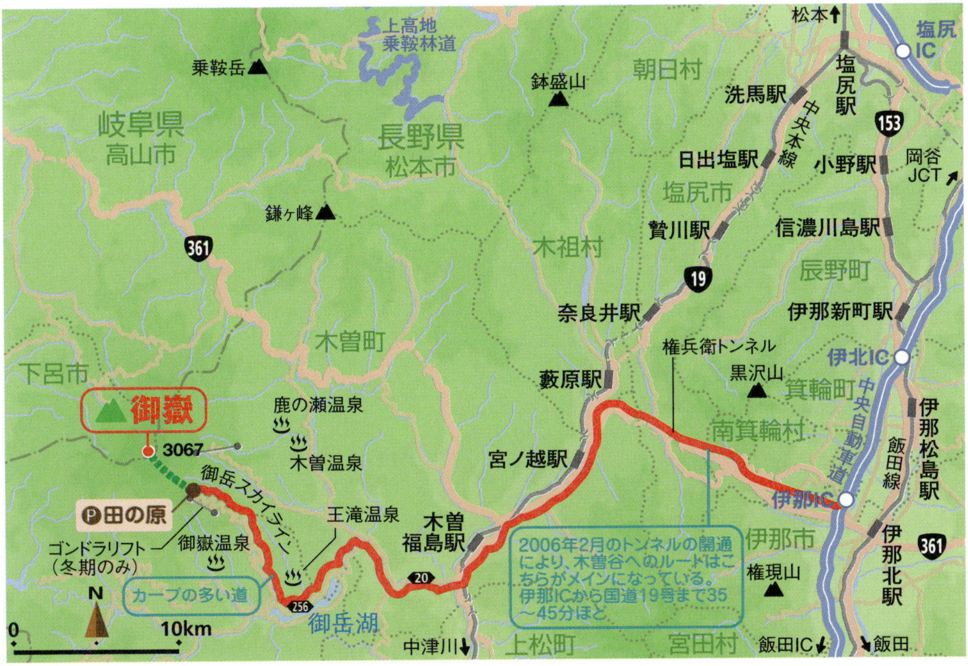

53 美ヶ原(うつくしがはら)

百名山 61 | 標高 2034m | 長野県

↑牧場の広がる美ヶ原

広々とした台地状の高原が広がるハイキング入門の山

美ヶ原は松本市の東に台地状に連なる山塊で、最高地点は王ヶ頭（標高2034m）であるが、山本小屋から見ると、ほとんどポコンと高い丘程度の盛り上がりしかない。登山基地の山本小屋（標高1950m）からもわずか84mの標高差だ。牧柵に囲まれた広大な美ヶ原牧場の中をのんびりと登っていくと、難なく頂上の標識に立つ。これが百名山かとも思うが、ここから眺める北アルプスの眺望こそが美ヶ原の大きな価値なのである。美ヶ原は「百名山入門の山」と言うより、「ハイキング入門の山」として推奨するのが適当だろう。

エリア 中央自動車道

美ヶ原までのアクセス

東京都心 →（首都高４号線 20km）→ 高井戸ＪＣＴ →（中央自動車道 172km）→ 諏訪ＩＣ →（国道152号・ビーナスライン 61km）→ 山本小屋

アクセスプラン

美ヶ原へはビーナスラインを利用して、山本小屋からのルートが便利だ。諏訪ICから諏訪バイパスを右折。茅野市方面に戻るとすぐ左折「ビーナスライン」の表示に従って進むと、国道152号「白樺湖・大門峠方面」へ抜ける事ができる。途中、茅野市内のコンビニで食料・飲料の調達を済ませたい。白樺湖手前の大門峠でビーナスライン（全線40km）に入ると、高原道路を道なりにドライブを楽しむ。標高1500m以上の山岳道路だが、きついカーブは少なく走行は楽だ。

Parking Information

山本小屋駐車場

駐車台数	100台
料金	無料
整備状況	未舗装。未整備状況
その他	トイレ、売店、自動販売機あり

※ピーク期間は駐車整理の人が出ている。満杯の場合はその奥の牧場へ続く砂利道の片側にも駐車できるので、駐車にはあまり苦労はしない。

登山memo

筆者は、美ヶ原の山歩きを容易にしてくれたビーナスライン開通の遥か昔に松本より入ったが、細い山道をバスで上っていくので、結構深い山に入るなあと思ったものだ。その頃はもちろん、日本百名山の存在にも無知で、山登りに行くというより、ハイキング気分で出かけたのだが、それにしても北アルプスの眺望は素晴らしかった。そんな大満足の経験が記憶に残っている。百名山の全山踏破を目指して、あらためて近年になって出かけて見たが、山上にあるTVのアンテナや、巨大なホテルの施設には、かなりがっかりした。それでもこの美ヶ原は日本百名山なのだ。雄大な穂高連峰を始めとする北アルプスの眺めは、今も変わらず素晴らしい。

下山後の楽しみ

たちより 美ヶ原周辺の見どころ

短時間で頂上往復が済み、登山的な苦労が無い分、前後の楽しみを満喫したい。山本小屋からすぐ下には箱根の彫刻の森美術館の姉妹館でもある**美ヶ原高原美術館**がある。ビーナスラインを大門峠方面に戻ると、八島ヶ原の湿原地帯があり、美ヶ原とは違った雰囲気のする一帯の散策も楽しい。

おんせん 蓼科高原の温泉

美ヶ原周辺では松本市に下りると**浅間温泉**や**扉温泉**があるが、むしろ**蓼科高原**に散在する温泉に立ち寄る事をおすすめしたい。大きな施設もあるし、昔ながらの鄙びたままの温泉宿も残っている。体力的には余裕がある山なので、途中の車山肩で駐車して、百名山の一つ霧ヶ峰（車山）を併せて踏破してしまうのが良いだろう。

問合せ先

長和町観光協会　☎0268-68-0006

54 霧ヶ峰（きりがみね）

百名山 62 | 標高 1925m | 長野県

↑草原の中にドライブウェイが延びる

気持ちの良い高原のハイキングコースへ ビーナスラインでアプローチ

霧ヶ峰は、諏訪市の北に台地状に連なる山塊で、最高地点は車山であるが、その直下を走るビーナスラインの車山肩からは、なだらかな起伏の続く先に気象レーダー観測所のある山頂がすぐ目の前に見える。駐車場から見ても小高い丘程度の盛り上がりでしかない。登山基地の車山肩（標高1800m）からもわずか125mの標高差だ。草原の中に延びている広い登山道を登っていくと簡単に頂上の標識に立つ事ができる。ハイキング入門の山と言えよう。車山周辺に咲くニッコウキスゲの群生の美しさがつとに有名で、開花シーズンは大混雑する。

霧ヶ峰までのアクセス

東京都心 —首都高４号線 20km— 高井戸JCT —中央自動車道 172km— 諏訪IC —国道152号・ビーナスライン 29km— 車山肩

アクセスプラン

霧ヶ峰の台地に取り付くアプローチはいくつかあるが、無料開放されたビーナスラインを利用して、車山肩に出るルートが便利だ。諏訪ICから諏訪バイパスを右折。茅野市方面に戻るとすぐ左折、「ビーナスライン」の表示に従って進むと、国道152号「白樺湖・大門峠方面」へ抜ける事ができる。途中、茅野市内のコンビニで食料・飲料の調達を済ませたい。大門峠でビーナスライン（全線40km）に入ると、高原道路を道なりにドライブを楽しむ。車山高原のリフト乗り場を過ぎると、車山（霧ヶ峰頂上）の肩はすぐだ。

Parking Information

車山肩駐車場

駐車台数	160台
料金	無料
整備状況	舗装
その他	周辺にトイレ、売店、自動販売機あり

登山memo

車山肩の反対側には車山高原から夏季営業のリフトが山頂付近まで延びていて、サンダル姿の観光客が登ってくる。手軽に登頂するのであればこのリフトを利用すると、ほとんど歩かずに山頂到達も可能だ。百名山の中でも、ほぼ登行無しに頂上まで登れる山は筑波山やこの霧ヶ峰などわずかしかない。それほど、この山は観光地化されているのだ。山登りを志す者としては、せめて車山登頂後は、縦横に整備されている散策路に沿って周辺の湿原地帯を歩く事をおすすめする。少し足を延ばして八島ヶ原湿原まで歩くのも良いだろう。草原の中のコースには木道が張り巡らされ、心地良い涼風に吹かれて、ハイキング入門コースを満喫している初老のご婦人も多い。観光客風の人々に混じって、ハイキングの服装の人が結構多く見掛けられる。高低差もほとんど無く、のんびり散策風なハイキングが楽しめるだろう。

下山後の楽しみ

たちより 白樺湖

短時間で頂上往復が済み、登山的な苦労が無い分、前後の楽しみを満喫したい。**白樺湖**に出ると、明るい高原の湖の雰囲気が楽しめる。ここには日帰りの大きな入浴施設もある。蓼科高原に散在する温泉に立ち寄る事もおすすめしたい。

おんせん 上諏訪温泉・下諏訪温泉

帰路は、直接、諏訪市内に下る道路を選択すると、街中の温泉**上諏訪温泉**がある。大型のホテルや旅館が多く、公共の立ち寄り温泉もある。**下諏訪温泉**と**諏訪大社下社**を組み合わせた立ち寄りもおすすめ。

この霧ヶ峰だけでは、体力的には余裕があるので、車山肩から先の百名山の一つ美ヶ原を併せて踏破してしまうのが良いプランと言えるだろう。

問合せ先

諏訪市観光課 ☎0266-52-4141

55 蓼科山（たてしなやま）

百名山 63　標高 2530m　長野県

↑蓼科山山頂からの八ヶ岳（中西）

秀麗な山容の蓼科山へは快適なドライブウェイでアクセス

蓼科山は、八ヶ岳連峰の最北端に位置しており、避暑地として開発された蓼科高原を山麓に控え、背後に聳える独立峰である。高原に集まる学生の夏季合宿では、１度はこの山に登るというほどによく親しまれた山である。そこそこの標高があるが、山岳道路やロープウェイもかなりの高所まで整備されている。幾筋もの登山口があるが、いずれを選択しても、標高差があまりないので、比較的容易に頂上に立つ事ができる。独立峰なだけに、八ヶ岳連峰を始め、南アルプスの山々、奥秩父の山々など抜群の眺望が得られる。

蓼科山までのアクセス

東京都心 ― 首都高４号線 20km ― 高井戸JCT ― 中央自動車道 172km ― 諏訪IC ― 国道152号・夢の平スカイライン 36km ― 夢の平スカイライン7合目

アクセスプラン

いくつもの登山ルートが整備されているが、クルマでのアプローチに便利な林道夢の平スカイライン７合目を紹介したい。諏訪ICから諏訪バイパスを右折。茅野市方面に戻ると、程なく左折、「ビーナスライン」の表示に従って進むと、国道152号「白樺湖・大門峠方面」へ抜ける事ができる。途中、茅野市内のコンビニで食料・飲料の調達を済ませたい。白樺湖を右折して県道40号に入り、白樺高原スキー場から林道夢の平スカイラインに入り、７kmで７合目駐車場に達する。この林道は有料で交通量は極めて少ない。

Parking Information

７合目駐車場（２箇所）

駐車台数	合計50台
料金	無料
整備状況	未舗装の空地
その他	周辺にトイレ、自動販売機はない

登山memo

筆者は何度かこの山を登頂しているが、今回選んだ夢の平スカイライン７合目の登山基地（標高1903m）からの標高差は、わずか627m。多くの登山路の中では、最も苦労をせずに頂上に到達できるルートである。登山口からは高い針葉樹林帯が続き、眺望を楽しむ事は期待できない。急傾斜も少ないので、将軍平までの登りは楽にこなせる。将軍平（標高2350m）の蓼科山荘で休憩をして、頂上までの標高差180mを一気に登る。かなりの急登で、頂上に近くなるにつれ、大きな石がゴロゴロした登山路となり、歩きにくい。山頂は石を敷き詰めたような広場風で、ここから眺める八ヶ岳連峰や、南アルプスの眺望は絶品だ。登りに１時間半、頂上での休憩を入れても往復３時間を見ておけば十分なので、高山の割には、比較的楽に制覇できる山である。

下山後の楽しみ

たちより 蓼科高原

標高が高い割には、短時間で登頂が可能なので、下山後の時間も大いに楽しめる。**白樺湖**に出ると、明るい高原の湖の雰囲気が楽しめる。ここには日帰りの大きな入浴施設もあり、ひと汗流すこともできる。**蓼科高原**に散在する温泉に立ち寄る事もおすすめしたい。大きな施設もあるし、昔ながらの鄙びたままの温泉宿も残っている。

おんせん 鹿教湯温泉

反対側の佐久平方面に下りても温泉は多い。そんな中でも**鹿教湯温泉**は、下山ルートから少々離れているが、静かな環境が好ましい鄙びた国民保養温泉である。大型旅館はなく、小ぶりで、素朴なもてなしが評判の宿がいくつかあるのも嬉しい。帰路の選択の一考に入れて計画を立てたい。

問合せ先

立科町観光案内所 ☎0267-55-6201

56 八ヶ岳（やつがたけ）

百名山 64　標高 2899m　長野県・山梨県

↑南八ヶ岳の山並み。右が赤岳（平川）

本格的登山を楽しめる様々な顔を持つ名峰群

八ヶ岳は、赤岳、硫黄岳、天狗岳、横岳など、いくつもの峰からなる連峰の総称で、最高峰は南八ヶ岳の赤岳である。佐久平と諏訪盆地を分つ南北30kmのこの山群は、日本アルプスに次ぐ高峰の集合体である。縦走路あり、それぞれの山の直登ルートありと、本格的な登山を楽しめる。主峰の赤岳はアルプスの高峰並の険しさで登山者に迫って来る。各登山口からのアプローチも長いので、山中で１～２泊の予定は欠かせない。技術的にもかなり高度なものを求められ、常に慎重な登行をしなければならない。南八ヶ岳エリアは岩峰が連なる荒々しい山稜なので、天候の変化にも注意が必要だ。

エリア　中央自動車道

八ヶ岳までのアクセス

東京都心 —首都高４号線 20km— 高井戸JCT —中央自動車道 161km— 諏訪南IC —八ヶ岳ズームライン 10km— 美濃戸口

アクセスプラン

クルマでのアプローチに便利なのは美濃戸口である。諏訪南ICを出てからコンビニは無いので、途中の双葉SAで食料・飲料の調達を済ませたい。ICを出たら国道20号方面とは反対の方向へ左折する。道路は八ヶ岳ズームラインと称するが、結構分かりにくいルートなので、道路標識を良く確認して進みたい。特に夜間走行時は分かりにくい。登山基地までの距離はわずか10kmなので、慎重に走れば問題は無い。勾配やカーブも緩やかで、全行程舗装され、概ね走りやすい道路だ。

Parking Information

八ヶ岳山荘駐車場

駐車台数	40台
料金	有料
整備状況	未舗装の空地
その他	トイレ、自動販売機、食堂あり

※先の美濃戸にも山小屋の経営する有料駐車場があるが、悪路なので注意。

登山memo

赤岳への２本の直登ルートは上級者向きで、かなり急峻な登りとクサリ場も多く、初心者は通常は取らない。

今回紹介する美濃戸口からの縦走ルートでは、熟練したリーダーと同行する方がいいだろう。美濃戸口（標高1490m）から赤岳頂上までの標高差は1409mあり、筆者が赤岳登頂３回目に取ったルートは、美濃戸口から赤岳鉱泉に入り、この山小屋をベースに行者小屋から阿弥陀岳経由で赤岳に登頂、これより横岳、硫黄岳と縦走して赤岳鉱泉に戻るルートだった。八ヶ岳は標高差こそ大して大きくないのだが、懐の深い山群なので、体力消耗はかなり大きいと覚悟しなければいけない。美濃戸口から赤岳鉱泉までのアプローチで、相当にくたびれる。その上、縦走路のアップダウンも厳しいので、長時間の登行に対する十分な耐久力が必要だ。縦走路にはスリリングな箇所も多いので、緊張することも少なくない。

この南八ヶ岳縦走路の楽しみは、稜線上からの眺望の雄大さである。富士山や秩父山塊、南アルプス、上信の山々、北アルプスと大展望が楽しめる。

下山後の楽しみ

おんせん♨ もみの湯

登頂後の、赤岳鉱泉からの下山路の長さは半端ではなく、これで相当に体力を消耗してしまう。下山後はひたすら休みたい気分にさせられる。登山基地の美濃戸口周辺の山小屋で休憩または宿泊するのが一番だろう。余裕が出たら帰京する前に、八ヶ岳農場近くの原村経営の日帰り温泉**もみの湯**(ゆ)の立ち寄り湯をおすすめする。広大な施設で、露天風呂、内風呂、サウナとも広々として、浴後には信州蕎麦や馬刺しも楽しめる。

××××××××××××××××××××問合せ先××

茅野市観光課 ☎0266-72-2101

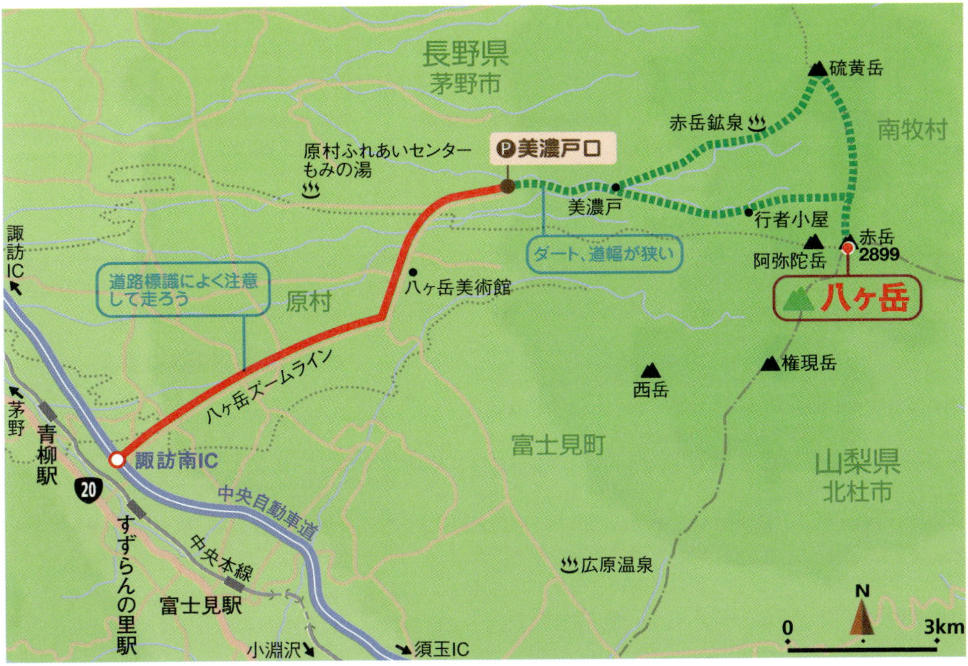

57 甲武信岳（こぶしがたけ）

百名山 67　標高 2475m　山梨県・長野県・埼玉県

↑原生林に咲くアズマシャクナゲ

奥秩父山系の盟主的存在の重厚な山へ 西沢渓谷からアプローチ

甲武信岳は、その名の通り甲州（山梨）、武州（埼玉）、信州（長野）の国境に聳える名峰である。秩父山塊を代表する山の一つで、標高が示す通り、そう簡単に登れる山ではない。最も楽に登れるのは長野県川上村から入る毛木平口であるが、首都圏方面からこの地点までのクルマでのアプローチはかなり難儀である。今回紹介する西沢渓谷からのルートは、登頂にやや長い時間を取られるが、登山基地を早朝に出発できれば、夜行日帰り登山が可能なので、首都圏からの健脚者にはおすすめルートである。

エリア 中央自動車道

甲武信岳までのアクセス

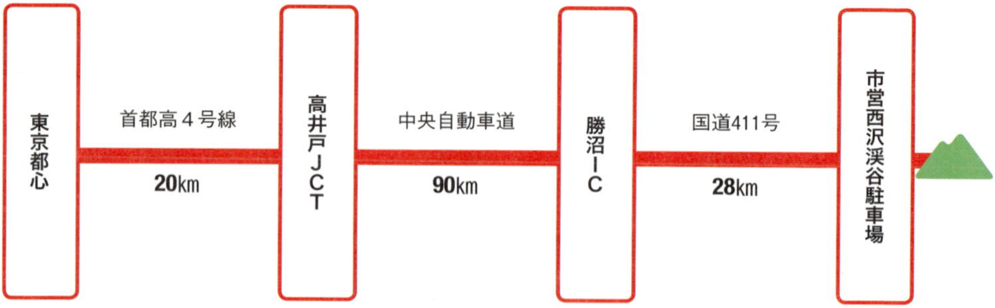

アクセスプラン

勝沼ICを出て甲州市塩山駅方面に進む（ICを出て左右どちらからでも行ける）。国道411号に入るまでは少々ややこしいので、道路標識で「塩山」方面を見失わない事。途中、塩山市街のコンビニで食料・飲料の調達を済ませたい。塩山市街でＪＲ線ガードをくぐり、恵林寺を目指す。その先、小屋敷の交差点で国道140号に入ると、あとは雁坂トンネルまでは１本道で到達できる。ループ状に進む国道のトンネル手前で国道と分かれた地点が終点の西沢渓谷入口。渓谷入口（これより一般車通行止）の手前に広大な公営駐車場がある。

Parking Information

市営西沢渓谷駐車場

駐車台数	200台
料金	無料
整備状況	マーキング区画された舗装駐車場
その他	トイレ、自動販売機あり

※バス停やみやげ店周辺の駐車場は狭くて有料。夏季シーズンは混雑するので、早朝までに市営駐車場到着が必須である。

登山memo

甲武信岳の難点は、ほぼ全山森林に覆われていて、登行途中で眺望がきかない事と、尾根筋に取り付くまで長時間の急登が続く事だ。登山基地の西沢渓谷入口（標高1100m）からの標高差が1375mと結構あり、下山後の疲労感の大きい山の一つである。西沢渓谷入口を出発し、しばらくは渓谷沿いの平坦な林道を進むと、近丸新道入口に出合う。これより、尾根筋の縦走路まで、長い長い急登の連続となる。稜線まで約５時間半を見ておかなければならない。この登りで1200m程度稼ぐので、稜線に出てからは、ぐっと楽になる。ほどなく甲武信小屋が現れる。山頂までは、ひと登りで20分もかからない。山頂近くまで森林帯が続くが、山頂では眺望が開けている。富士山、南アルプスを筆頭に、奥秩父の山々が折り重なって見える。帰路は同じ近丸新道を下っても良いが、雁坂峠まで尾根筋の縦走路を取る手もある。雁坂峠一帯はお花畑で有名だが、このルートはかなりの遠回りなので、体力と良く相談してからにしたい。

下山後の楽しみ

たちより 秩父

登山基地の西沢渓谷入口近くに雁坂トンネルがある。このトンネルは甲州から秩父に抜ける唯一の国道（1998年開通の有料道路）で、埼玉県西部方面からの登山者には便利な道路だ。このトンネルを抜けると**秩父**地方の最奥の山村に入れるので、三峯神社等の秩父地方の名所を見るには帰路このルートを取る事も一案だ。

おんせん 笛吹の湯

塩山までの途中には公営の日帰り温泉施設が数箇所あるので、利用に便利。一番手前の旧三富村営（現山梨市営）の**笛吹の湯**が手頃だ。素朴な施設でお湯もぬる目だが、のんびり長湯できる雰囲気が良い。

問合せ先

甲州市塩山地域総合局観光交流課　☎0553-32-2111

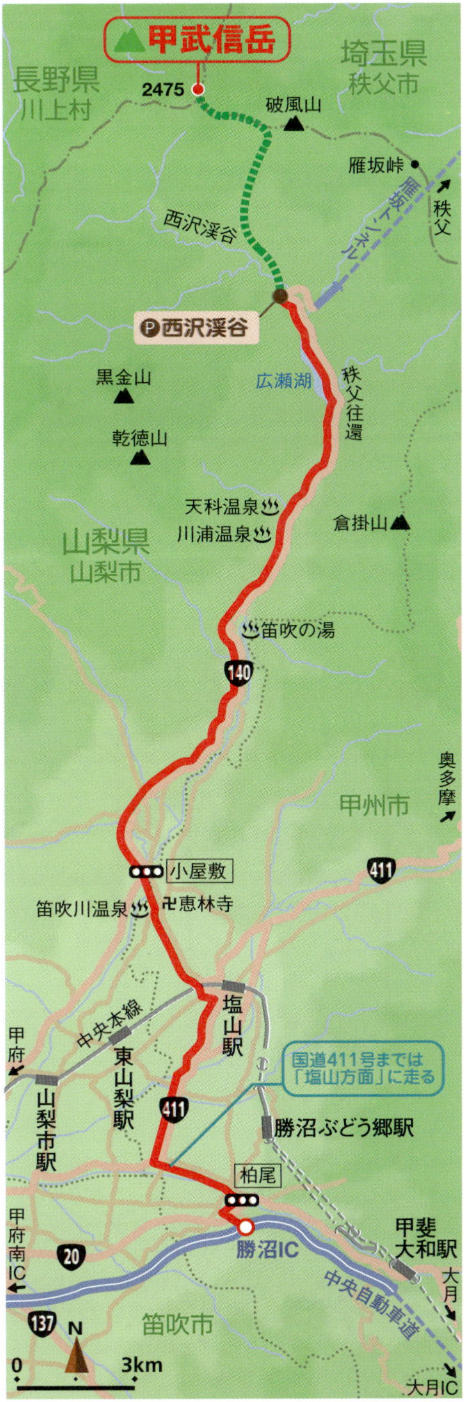

58 大菩薩岳

百名山 70 | 標高 2057m | 山梨県

⬆たおやかな大菩薩岳

中里介山の小説でも知られる大菩薩岳へ上日川峠からアプローチ

大菩薩岳は、関東近郊の登山入門コースの一つである。東京からの日帰り登山にも好適なので、小学生を含めた学生の遠足登山が盛んである。『日本百名山』では大菩薩岳と書かれているが、その名の山はなく、最高峰は大菩薩嶺である。上日川峠から大菩薩峠を経由して大菩薩嶺に登り、下山は上日川峠へ直接、唐松尾根を下るのが一般的だ。山稜部の草原地帯はお花畑も美しく、ハイキング気分でのんびり登れる。上日川峠(標高1590m)との標高差も467mほどである。

大菩薩岳までのアクセス

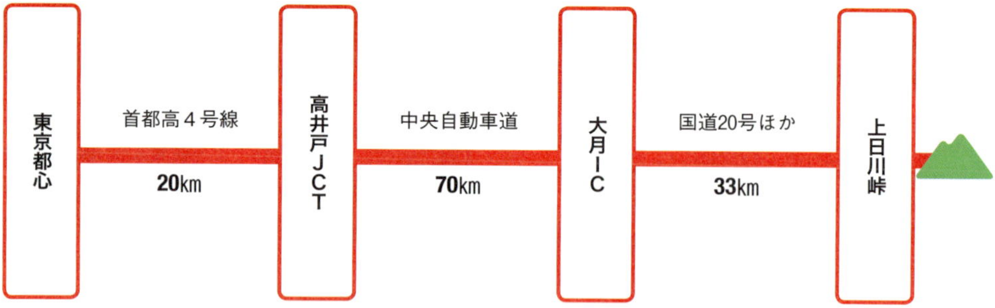

アクセスプラン

大菩薩岳へのクルマでのアプローチは、甲州市の奥の上日川峠が一番便利だ。交通量の多い塩山市街経由は避けて、静かな上日川ダム経由のルートを取る。大月ICを出て、国道20号（旧甲州街道）を笹子トンネル方面に向かう。途中、大月市内のコンビニで食料・飲料の調達を済ませたい。笹子トンネルを越えると初鹿野に出る。大月ICから17km。ここから右折して林道を進む。道路は一部細い区間もあるが、上日川峠までおおむね良好で、走りやすい。嵯峨塩温泉を過ぎると峠までの約10kmは民家も無い山道をどんどん上っていく。

Parking Information

上日川峠市営駐車場

駐車台数	100台
料金	無料
整備状況	未舗装
その他	トイレはない

※近くのロッヂ長兵衛にも無料の舗装駐車場があるが、わずかのスペースしかない。いつも満車状態なので、市営駐車場を利用したい。

登山memo

上日川峠から山小屋の福ちゃん荘まで、しばらく平坦な車道が続く。樹林内を平行して進む道もある。これより大菩薩峠まで緩やかな広めの登山道を行く。中里介山の小説のタイトルでも知られているこの峠には、介山荘という山小屋も立っており、文学碑も立っている。この山の名は小説によって全国区になったが、今やこの小説の存在を知っている世代も少なくなってきているのではないだろうか。大菩薩峠から尾根筋に入り、少々山登り的な雰囲気になるが、ハイカーが多くて静寂さは望むべくもない。この尾根筋からは富士山や南アルプス、奥秩父の山々を望む事ができる。周辺はお花畑になっていて、シーズンにはとても美しいルートとなる。ただし、肝心の頂上の大菩薩嶺は樹木が茂り、眺望がきかないのが残念だ。

下山後の楽しみ

おんせん♨ 大菩薩の湯

上日川峠から国道411号に下ると、甲州市営の日帰り温泉施設**大菩薩の湯**がある。登山後の汗を流すには最適な施設だ。大きな施設で露天風呂もなかなかだ。地元の農産品も販売しているのでありがたい。

おんせん♨ 嵯峨塩温泉

上日川峠から塩山へ下る林道は狭い道路でカーブもきつく、運転手泣かせのルートである。おまけに塩山市街経由の道路は混雑して時間が計算できない。そんな向きには上日川峠からもと来た林道を下り、途中の**嵯峨塩温泉**が手頃だ。静かな山峡の温泉で、秘湯の趣きのある大人向きの温泉だ。帰路の道路混雑状況も大月ICまで下りるこちらのルートの方が、笹子トンネルを避けられる分だけ、間違いなく時間が稼げる。

問合せ先

甲州市塩山地域総合局観光交流課 ☎0553-32-2111

59 雲取山（くもとりやま）

百名山 66

標高 2017m

東京都・埼玉県・山梨県

↑雲取山山頂部の尾根道

懐深い東京都最高峰の山へ 林道利用でアプローチ

雲取山は奥秩父山塊に位置する東京都の最高峰である。標高は2000mを超す程度だが、そう簡単に登れる山ではない。そのうえ、相当な山奥に鎮座しているので、長いアプローチに時間を取られる山だ。山中１泊は見て登山計画を立てたい。筆者は３度目の雲取山登頂で、今回紹介した三条の湯ルートを初めて選択した。後山林道の上りでどこまでクルマで入れるかにもよるが、三条の湯までのアプローチは相当に長い。しかし、途中のブナ林が実に美しいルートだ。

エリア 中央自動車道

雲取山までのアクセス

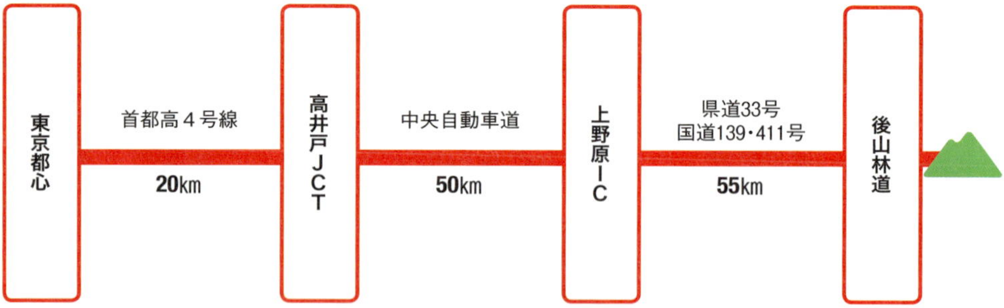

アクセスプラン

雲取山は、クルマでのアプローチは極めて厄介な山だ。クルマで便利なのは奥多摩のお祭からの林道である。上野原ICを出て国道20号を上野原市街方面に進む。上野原市内のコンビニで食料・飲料の調達を済ませ、市役所手前を小菅村方面へ県道33号を行く。小菅村から国道139号で奥多摩湖へ降りていく。深山橋を渡り国道411号とのT字路を左折する。まもなく林道入口のお祭に到着する。約10km先の林道終点まで入れる後山林道は全区間１車線の砂利道だが、低速で走れば問題は無い。

Parking Information

駐車場なし

駐車台数	
料金	
整備状況	林道の路肩に駐車
その他	

※林道に入ってからは、どこで通行止めになるか分からない。駐車場は無いので、行き止まりの地点の路肩に寄せて停めておくしかない。

登山memo

筆者は晩秋の11月初旬の山行であったが、アプローチが長い割にはあまり疲労感が残らないのも、この登山路の見事な森林美に因るところが大きい。特に紅葉期の登山は爽快で楽しい。登山口のお祭で標高570m。林道の中間点でも標高700m前後なので、山頂まで標高差は1300m以上ある。三条の湯までは、前半、広い林道を進む。行き交う登山者も少なく、勾配も緩やかなので、ゆったりと登れる。林道終点から三条の湯までは、少々傾斜が増すが、ほどなく到着できる。三条の湯からの登山路は、良く整備されており、危険な箇所は無いが、急傾斜の道が３時間続くので、良く事前の準備をして入山したい。雲取山頂には避難小屋もあるが、山中宿泊の場合には、さらに三峰山側に20分程下った所に、設備の良く整った雲取小屋がある。山頂からの眺望は、秩父山塊の山また山に囲まれた風景で、ここが本当に東京都なのかとさえ思える程の山中である。晴れていれば遥か東方の下界に関東平野が開けていて、その方向に東京都心があることが分かる。

下山後の楽しみ

おんせん♨ 三条の湯

登山路の途中の標高1100m地点に**三条の湯**（さんじょうのゆ）がある。往路か下山時にここに泊まるのに良い、絶好の中継基地である。温泉そのものは加熱したものである。ここは山小屋的なギュウギュウ詰めにはならないので、よく眠れるだろう。

おんせん♨ 小菅の湯

上野原ICへ戻る途中、小菅村に洒落た３セクの日帰り温泉**小菅の湯**（こすげのゆ）がある。村民のための施設だが、混雑も少ないので、ゆっくりできる。上野原ICまでの道中で地産の野菜も調達できる。山からクルマで帰る時の大きな楽しみの一つでもある。

問合せ先

丹波山村温泉観光課　☎0428-88-0026

60・61 金峰山・瑞牆山

個性的な魅力のある金峰山、瑞牆山は、それぞれが初級者向きの手頃な山である。また、山小屋泊まりで２峰を巡るのに向くコースでもある

Traverse.1 金峰山

百名山 68　標高 2599m　山梨県・長野県

↑瑞牆山から望む金峰山（寺田）

おおらかな山容とアクセントの五丈岩 遠くからも目立つ奥秩父の名山

金峰山は、南アルプスと対峙した、秩父山塊の雄たる名峰である。頂上には特異な岩塔（五丈岩）を持ち、その姿は周辺の山々からも見ることができる。その山容は実にゆったりとしており、登りもそれほど苦しくないので、初級者にも取り付きやすい山である。また、瑞牆山荘や富士見平小屋に１泊して瑞牆山も同時に登る計画を立てると良いだろう。登山基地の瑞牆山荘（標高1520m）からの標高差も1080mで、この程度の標高差は手頃なものと言える。

Traverse.2 瑞牆山

百名山 69　標高 2230m　山梨県

↑瑞牆山の岩塔群

奇岩が連なる 奥秩父では珍しい岩峰

瑞牆山は、標高が2000mを超す堂々たる山であるが、金峰山に隠れて地味な存在である。ただ、頂上付近は巨大な岩峰を形成しているので、初級者には取り付き難い印象を与える。実際に登って見ると頂上直下の岩場は慎重にならざるを得ない。ハシゴやロープも何箇所かあるが、危険箇所が多い訳でもなく、南アルプスや北アルプスの多くの岩峰に挑戦するためにも、早い時期に踏破しておきたい山である。登山基地の瑞牆山荘（標高1520m）からの標高差も710mしかないので、その点も気楽に挑戦できる山だ。

金峰山・瑞牆山踏破プランのアクセス

東京都心 —（首都高４号線 20km）— 高井戸JCT —（中央自動車道 131km）— 須玉IC —（国道141号・県道23号ほか 25km）— 瑞牆山荘

アクセスプラン

金峰山・瑞牆山へのクルマでのアプローチは、増富温泉の奥の瑞牆山荘が便利だ。この山荘を基地に２峰を踏破するのが一般的。須玉ICを出て国道141号を右折して清里方面に走り、すぐ旧須玉町に入る。旧須玉町内のコンビニで食料・飲料の調達を済ませたい。ここで右折して増富温泉方面に向かう。県道23号は増富温泉で終わり、その先は林道を進み金山峠を越えた終点が瑞牆山荘である。この先の林道は一般車通行止。須玉ICからの標識さえ注意していれば、難なく登山基地まで到達できる。

Parking Information

瑞牆山荘先の林道駐車場

駐車台数	100台
料金	無料
整備状況	簡易舗装のみ
その他	トイレはない

金峰山までのアクセス（大弛峠ルート）

東京都心 —（首都高４号線 20km）— 高井戸JCT —（中央自動車道 90km）— 勝沼IC —（国道411・140号ほか 40km）— 大弛峠

近年、山梨県の林道整備が進み、金峰山の東側の稜線にある大弛峠（おおだるみとうげ）（標高2360m）まで塩山から林道川上牧丘線が舗装整備されている。筆者には経験のないルートだが、このルートで行くと金峰山までの標高差もわずか240mで、初心者でも日帰り登山できるとの事。ハードな林道だが、道路状況はさほど悪くないという。熟練の運転者向きと言えよう。大弛峠は、林道脇に約50台の駐車スペースがある。

登山memo

金峰山へは、瑞牆山荘を出発してシラカバ、カラマツの樹林帯を進む。登山路は緩急を繰り返すが、瑞牆山への分岐点である富士見平小屋までは、楽な道だ。富士見小屋を出てしばらくすると原生林の中に踏み入り、大日小屋を過ぎると、かなり厳しい急登が始まる。この急登を乗り切ると森林帯も終わり、金峰山の眺望が開けてくる。この先はヤセ尾根や岩場の急登の連続となるが、頂上が見えるので、気は楽だ。それ程危険な箇所も無いので、慎重に進めば初心者でもクリアできる。大日小屋から２時間半を見ておけば、岩峰の頂上に立つ事が可能だろう。頂上は岩場なので、遮るものもなく、360度の眺望も抜群だ。富士山、南アルプス、八ヶ岳連峰が一望のもと。筆者は２回とも10月の紅葉シーズンに登頂しているが、冠雪に気をつければ、この季節が一番のおすすめで、山頂近くまで紅に染まった光景は正に絶品である。下山も同じルートを利用して、富士見小屋に戻る。なお、金峰山に最も楽に登れるのは大弛峠（標高2360m）からのルートと言われている。大弛峠まで塩山から林道が通じているが、山岳道路の運転に慣れた人の同行が必要な登山ルートであろう。このルート利用はJR塩山駅からタクシー利用が一般的。

瑞牆山は、金峰山への分岐点である富士見平小屋までは、金峰山と同じ道だ。金峰山登頂の帰途、瑞牆山も制覇する場合は、この富士見小屋に１泊して、身軽になって瑞牆山を往復すると良い。富士見小屋からはしばらくほぼ平坦な道だが、すぐに本格的な岩峰の急登が始まる。この間、ハシゴやロープの架かっている箇所で渋滞が生じる。慎重にならざるを得ない区間が頂上まで続くが、距離はそれ程長くはない。むしろ、この区間は下りも時間を取られるので、早めの下山を考えておきたい。富士見小屋から、登り２時間、下り１時間半を見ておくと大丈夫だろう。筆者は２回登ったが、季節は10月の紅葉期、金峰山と一緒に踏破した。２回目は軽い降雪で、瑞牆山の岩場が濡れていて、かなりてこずった経験を持つ。この山は、紅葉期がベストシーズンと言われているが、初冠雪も気がかりだ。

下山後の楽しみ

おんせん♨ 増富温泉

瑞牆山荘から林道を下っていくと、**増富温泉**がある。現代風には増富温泉だが、温度が低いので、筆者の世代では温泉と呼ぶより「増富ラジウム鉱泉」の方がなじみ良い。世界有数のラジウム含有量だそうだが、入浴すると気泡が身体に纏わり付くのが実感できる。瑞牆山荘から反対方向に下っていくと、黒森と言う鄙びた山村が現れる。道路沿いの小屋では、村の主婦が蕎麦打ちをしていたり、野菜を直売しているので、入浴よりこちらが目当ての人には喜ばれる。

問合せ先

北杜市須玉総合支所観光課 ☎0551-42-1113

62・63

木曽駒ヶ岳（きそこまがたけ）・空木岳（うつぎだけ）

木曽駒ヶ岳は、中央アルプスの名実ともに盟主であり、最高峰である。ぜひ隣の空木岳との組合せで、一気に縦走しておきたい

Traverse.1 木曽駒ヶ岳

百名山 74

標高 2956m

長野県

↑中岳から木曽駒ヶ岳山頂を望む

中央アルプスを代表する名峰へはロープウェイでアクセス

木曽駒ヶ岳は、中央アルプスの最高峰。駒ヶ根から山腹の千畳敷カールまでロープウェイが敷設されており、山岳観光地としても知られている。千畳敷カールは、お花畑が美しく、岩峰の宝剣岳の眺めも美しい。お花畑散策が目的の観光客で、夏季シーズンは非常に混雑する。カールからは木曽駒ヶ岳の本体は見えないが、それほど遠いわけではなく、比較的容易に山頂を踏むことができる。ただし、ロープウェイで一気に高山へと上がってしまうので、高山病には注意が必要だ。

Traverse.2 空木岳

百名山 75

標高 2864m

長野県

↑宝剣岳から空木岳を望む

木曽駒ヶ岳から稜線を辿り中央アルプス第二の名山へ

空木岳は、木曽駒ヶ岳の南にひっそりと聳える名山である。菅の台（標高850m）から標高差2000mの池山尾根経由で頂上を目指すのが表口なのだろうが、とてもきつい。そこで中級登山者は駒ヶ岳ロープウェイで千畳敷に立ち、木曽駒ヶ岳山頂から縦走する。ハードな行程だが、このルートの選択が無難だろう。木曽駒ヶ岳からの尾根の縦走路は岩場の連続で、体力的には相当に消耗する事を覚悟したい。特に、宝剣岳の登り下りは危険箇所の連続で、初級者には困難なルートである。切り立ったヤセ尾根が続き、クサリ場や足場の確保に苦労する箇所がある。

木曽駒ヶ岳・空木岳踏破プランのアクセス

東京都心 →（首都高４号線 20km）→ 高井戸JCT →（中央自動車道 221km）→ 駒ヶ根IC →（県道75号 2km）→ 菅の台バスセンター →（バス 40分）→ しらび平駅 →（ロープウェイ 8分）→ 千畳敷駅

アクセスプラン

木曽駒ヶ岳・空木岳へのアプローチは、同一の基地である駒ヶ根高原菅の台バスセンターである。駒ヶ根ICを出て右折して駒ヶ根高原方面に向かうと、すぐ菅の台バスセンターに着く。駒ヶ根ICを出てコンビニは無いので、中央道のSAで食料・飲料を調達しておくと良い。菅の台バスセンターから先は一般車通行止めになる。この先、定期バスで駒ヶ岳ロープウェイしらび平駅まで８kmの道のり。中央道は諏訪JCTを過ぎるとグッと交通量が少なくなり、緩やかなカーブで、駒ヶ根ICまで快適な走行が楽しめる。

Parking Information

菅の台バスセンター駐車場

駐車台数	250台
料金	有料
整備状況	舗装された広大な駐車場
その他	トイレ、売店、食堂等がある

※他にも周辺に臨時駐車場がある（３箇所総計460台、いずれも有料）。特に夏季シーズンはひどく混雑するので、早朝までに駐車場に到着しよう。

木曽駒ヶ岳までのアクセス

東京都心 →（首都高４号線 20km）→ 高井戸JCT →（中央自動車道 221km）→ 駒ヶ根IC →（県道75号 2km）→ 菅の台バスセンター →（バス 40分）→ しらび平駅 →（ロープウェイ 8分）→ 千畳敷駅

木曽駒ヶ岳単独で登る場合も、千畳敷カールが登山基地である。単独であれば、山頂周辺の山小屋で一泊し、翌日、濃ヶ池や駒飼の池といった小さなカールを巡り、美しい花々を愛でるのも面白い。となれば、ベストシーズンは夏と言えよう。稜線には、この山域でしか見られないヒメウスユキソウ（別名コマウスユキソウ）も咲く。ただし、ロープウェイの混雑は覚悟しなくてはならない。

空木岳までのアクセス

東京都心 →（首都高４号線 20km）→ 高井戸JCT →（中央自動車道 221km）→ 駒ヶ根IC →（県道75号 2km）→ 菅の台バスセンター

空木岳単独での登頂には２つの道がある。木曽駒ヶ岳を経由せずに千畳敷から極楽平の稜線に取り付くか、または駐車場から長大な池山尾根を登るかである。どちらにしても基地は菅の台バスセンターであることに変わりはない。池山尾根は、山頂直下の空木駒峰ヒュッテ以外は無人小屋しかなく、かなりハードな登行となる。やはり千畳敷からのルートを選ぶのが賢明だろう。

登山memo

登山連絡バスと駒ヶ岳ロープウェイでいきなり2645mの千畳敷カールに降り立つと、ここがまぎれもない高峰だと実感する。山頂との単純な標高差は311mしかない。すぐ千畳カールを巻いて乗越浄土に取り付く階段の急登は相当にきつい。乗越浄土を越えると宝剣山荘で、ここからは緩やかで、広い稜線を1時間少々で木曽駒ヶ岳山頂に立てる。木曽駒ヶ岳頂上より空木岳への縦走路は急峻な狭い尾根の連続で、長時間の登り下りは技術的にも高度なものが求められる。それ相応の登山技術が必要だ。特に、宝剣岳の登り下りは危険箇所の連続で、初心者には困難なルートである。なお、最シーズンの盛夏や紅葉期には、ロープウェイの待ち時間が計算できないので、極力、菅の台を朝一番の連絡バスで出発する事をおすすめする。

木曽駒ヶ岳から宝剣岳まで1時間。その先、空木岳まではざっと8時間は見ておきたい長丁場。この縦走路の楽しみは静寂な事である。宝剣岳から先の縦走路では、人影を見る事は少ない。空木岳から下山路の池山尾根はつらい長い下りだが、この尾根を直登するよりは遥かに助かることが実感できる。

下山後の楽しみ

おんせん♨ 早太郎温泉こまくさの湯

木曽駒ヶ岳や空木岳から下山しての楽しみは、残念ながらあまり多くは無い。この伊那谷には温泉が少ないのだ。菅の台バスセンター近くには2箇所の日帰り温泉施設があるので、汗を流すにはここが良い。その内の一つ**早太郎温泉こまくさの湯**(はやたろうおんせんこまくさのゆ)は大規模な施設で、大浴場の他、サウナ、露天風呂もあり、露天からは宝剣岳を見ることができる。食堂や休憩室も整っているので、利用価値が高い。

問合せ先

駒ヶ根市商工観光課	☎0265-83-2111
駒ヶ根観光協会	☎0265-81-7700

64 恵那山

百名山 76
標高 2191m
長野県・岐阜県

↑恵那山頂の筆者

東美濃の名峰、恵那山へは中津川からアプローチ

恵那山は、中央アルプスの南端に聳える山である。長野県側よりむしろ中京地区で知られた山である。冬の空気の澄んだ日には名古屋市内からも乗鞍岳や御嶽に続いて白く輝いた恵那山が遠望できる。登山口も岐阜県中津川市からの２ルートがある。古来この山は山岳信仰の山として栄えて来た。恵那山の北側に、信濃と恵那を結ぶ峠道があり、その途中の神坂峠から恵那山頂を目指す修験者の道が唯一の登山道であった。今回紹介するこの黒井沢ルートは昭和34年に開かれた新しいルートで、深田久弥もこのルートから登っているそうだ。

エリア 中央自動車道

恵那山までのアクセス

東京都心 → 首都高４号線 20km → 高井戸JCT → 中央自動車道 288km → 中津川IC → 国道363号・恵那山林道 18km → 黒井沢登山口

アクセスプラン

登山基地は中津川最奥の黒井沢登山口。中津川ICを出て右折して中津川市内方面に向かう。途中、中津川市内のコンビニで食料・飲料の調達を済ませたい。市役所手前で国道363号を右折する。恵那神社前宮で左折して恵那山林道に入ると路面は悪くなり、一部に未舗装区間もある。終点のゲート前、黒井沢登山口まで林道を10. 7km走行する。林道の状況は地元に最新情報を確認して入山したい。この林道は崩落等で閉鎖される事が多い。最近では2000年秋の豪雨で閉鎖され、2005年４月から再開している。

Parking Information

黒井沢登山口駐車場

駐車台数	30台
料金	無料
整備状況	未舗装の空地
その他	なし

登山memo

黒井沢ルートは、クルマで入山でき、比較的楽に登れるルートである。しかし、途中の林道の路面状況が悪く、山崩れ等で閉鎖される事も多い。現地の道路事情を良く確認してから登山計画を立てたい。この黒井沢ルートが閉鎖している場合は、古道の神坂峠ルートの選択肢しかないが、アップダウンがきつく崩壊している箇所もあるそうだ。初心者にはとても困難なルートのようなので、黒井沢ルートが再開するまで、恵那山登山は控えて、開通を待つ方が無難と思われる。黒井沢登山口（標高1180m）から頂上への標高差は1000mそこそこなので、登りとしては適当なところであろう。登山口からはしばらく林道を登る。林道終点に営林署の小屋があり、ここから尾根に取り付くまでは暗い沢筋の急登が続くが、１時間程度で野熊の池避難小屋のある稜線に着く。その後は、稜線の楽な登行が楽しめる。２時間程度で山頂に着く。山頂部は樹木でさえぎられて眺望がきかない。下山路も同じルートを使う。

下山後の楽しみ

みどころ 中津川市

中津川市は岐阜県東部の古い町だが、この上の**妻籠宿**の方が、東京人には名が通っている。時間が許せばぜひ立ち寄り、往時の雰囲気が良く残されている宿場町を散策するのも良いだろう。温泉としては市内から少し離れたところに日帰り温泉施設中津川温泉**クアリゾート湯舟沢**がある。

おんせん 昼神温泉

中央道恵那山トンネルで長野県側に戻ってすぐの園原ICを降りたところにある**昼神温泉**がおすすめだ。中央道の工事で湧出した温泉で歴史は浅いが、旅館街もゆったり造られているので落ち着く。ここは中京圏からのお客さんがほとんどだそうだ。旅館も整っている。

問合せ先

中津川市商工観光課	☎0573-66-1111
駅前観光案内所	☎0573-62-2277

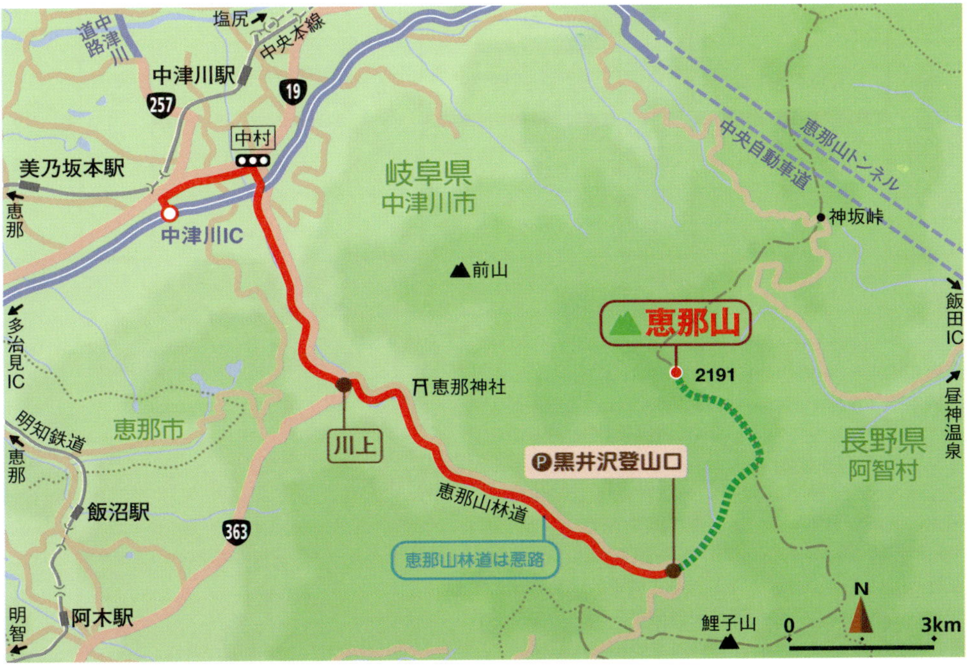

65 塩見岳（しおみだけ）

百名山 82

標高 3052m
長野県・静岡県

↑悠然と聳える塩見岳

南アルプスの中央に位置し 大展望の得られる山

塩見岳は、長野県、静岡県の県境に位置し、南アルプスの最奥にあるだけにアプローチが長く、途中の三伏峠（標高2607m）までの長い登りにひと苦労する。行程の計画には余裕を持ちたい。塩見岳の一般的な登頂ルートは、定期バスも運行している塩川土場ルートである。しかし、この塩川土場は標高1328mで、鳥倉林道ゲートより270mも低い。その上、尾根に取り付いてから約1000mの標高差を持つ急登の尾根登りが待っている。今回は、クルマで登る場合は圧倒的に有利な鳥倉林道ルートを紹介する。

塩見岳までのアクセス

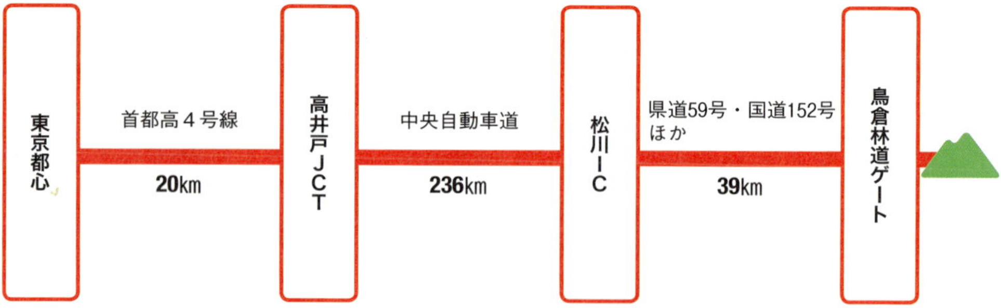

アクセスプラン

松川ICを出て県道59号を松川町に下りていくとJR飯田線伊那大島駅に出る。この周辺のコンビニで食料・飲料の調達を済ませておくと良い。左折してすぐ踏切を渡り、国道153号を横断する。さらにこの県道59号は小渋ダム湖方面へ伸びている。ダム湖辺りからは山峡に入り道路は曲折が激しくなる。大鹿村で右折して国道152号（秋葉街道）を南下、3kmで小渋橋が現れる。ここから左折していよいよ鳥倉林道に入る。林道入口を確認してから入るように。この林道は全線舗装しているがゲートまで16kmもあり、うんざりするほどの山道が続く。

Parking Information

鳥倉林道ゲート駐車場

駐車台数	30台
料金	無料
整備状況	未舗装
その他	なし

登山memo

鳥倉林道ルートは、標高差で優れているだけではなく、塩川土場ルートのような、急登区間もほとんどない。登りで約１時間半ほども節約できる。そうは言っても、鳥倉林道ゲート（標高1600m）から山頂までの標高差は1452mもあり、たっぷりと汗をかかされる。ゲートから三伏峠小屋まで３時間半は見ておく必要があるだろう。三伏峠は、日本一の高所にある峠だ。これより森林帯のアップダウンに入り、本谷山からは塩見岳の眺望が開けてくる。本谷山から塩見小屋までは高低差もあまりなく、この２時間の行程は快適な登行を楽しむことができる。塩見小屋から頂上までは本格的登山であり、岩礫帯の急登では、慎重な歩行が求められる。三伏峠小屋から登りに５時間、下りに４時間程度を見ておくと良いだろう。山頂周辺部は、岩がゴツゴツ盛り上がったような男性的な山容をしているが、登頂にはそれほどの困難はない。下山路は同じルートを辿り、三伏峠に下りる。なお通常、三伏峠小屋に前後２泊することになるが、筆者が宿泊したときの山小屋の劣悪な対応には辟易した経験がある。現在は改善されているようだが、下山時はなるべくこの小屋には泊まらず、登山口まで直行下山することをおすすめする。

下山後の楽しみ

おんせん 小渋温泉

三伏峠小屋に泊まらずに下山して、鳥倉林道を小渋橋に下り、ここから小渋川沿いに別の林道を上ると、ほどなく**小渋温泉**がある。静寂な一軒宿の名は赤石荘。ここは山の幸中心の食事が魅力だ。また柔らかい泉質の温泉も素敵で、露天風呂からは中央アルプスの雄大な眺望が素晴らしい。従業員のみなさんの素朴なもてなしも嬉しい。ここは断然おすすめの穴場宿だ。

問合せ先

大鹿村産業建設課 ☎0265-39-2001

66・67 聖岳・光岳

ひじりだけ　てかりだけ

赤石山脈の奥深いところに位置する為に、熟練した中高年登山愛好家でも、難しい地域。聖岳と光岳を１度の行程で踏破したい

Traverse.1 聖岳

百名山 85　標高 3013m　静岡県・長野県

↑小聖岳からの聖岳

最南端の3000m峰へは困難なアクセスと登山路が待ち受ける

聖岳は、日本アルプス最南端の3000m峰であり、風格と威厳のある山容でも知られている。山頂部は奥聖岳と前聖岳からなっており、前聖岳の方が高い。アプローチは静岡側からで、非常に長いアクセス路である。登山口までは一般車では行けず、東海フォレストの送迎バスか、徒歩で18kmの道程を歩くかの選択になる。東海フォレストのバスは、１泊２食で関連の山小屋を予約した場合のみ乗車できる。これを利用して、少しでも山に近づき、登行に備えたい。

Traverse.2 光岳

百名山 86　標高 2591m　長野県・静岡県

↑光岳山頂の筆者

訪れる人も少ない南アルプス南部の名峰

光岳への登山ルートは静岡県椹島ルートと長野県易老渡ルートの２本あるが、今回紹介するのは、聖岳から縦走路で光岳に登頂して、易老岳から易老渡に急降下するルートで、筆者も登った「聖岳・光岳縦走路」。聖平への急登と聖岳頂上アタックで、体力を相当消耗してから光岳を目指す縦走は、老いの身には相当に応えた。ただ、前泊の聖平小屋から稜線に取り付いてからは、光岳への縦走路はアップダウンの繰り返しは続くものの、危険箇所もなく比較的楽な行程である。

聖岳・光岳踏破プランのアクセス

東京都心 —首都高４号新宿線 20km→ 高井戸JCT —中央自動車道 252km→ 飯田IC —国道153号・県道83号 47km→ 易老渡

アクセスプラン

登山基地は飯田市（旧南信濃村）易老渡である。飯田ICを出て右折。国道153号を飯田市内へ。市内のコンビニで食料・飲料等を十分に調達しておくと良い。JR飯田線を横断し、上溝交差点を右折して県道83号に入り、天竜川を渡る。この先、標識に従い三遠南信自動車道方面へ進む。矢筈ダムを過ぎると高速道規格の長大な矢筈トンネル（無料）に入る。国道152号にぶつかるので、右折して旧上村を南下する。本谷口で国道と分かれ、左折し村道に入る。この村道入口も分かりにくいので、良く確認して進む。これよりかなりの急斜面の狭い道を上る。山村の民家が続き、くねくね道は枝道も多くルート選択に難渋する。途中で舗装も切れることがある。

Parking Information

駐車場なし

駐車台数	路肩の狭い空地を見つけて駐車する
料金	無料
整備状況	
その他	

※易老渡からさらに10分走った奥の便ヶ島にも駐車できるが、光岳からの下山路が易老渡に降りて来ることを考慮すると、易老渡に駐車する方が便利だ。

聖岳までのアクセス（静岡県側）

東京都心 —首都高３号渋谷線 22km→ 川崎料金所 —東名高速道路 155km→ 静岡IC —国道１号ほか 88km→ 畑薙第1ダム —東海フォレスト送迎バス 1時間→ 椹島

単独で聖岳を目指すのであれば、静岡側の椹島から聖平小屋を経由して聖岳を往復するプランもある。2000m近い標高差を登らなければならず、なかなか手強いコースである。椹島まではクルマでは入れず、畑薙第１ダムまで乗り入れ、東海フォレストの送迎バスを利用するか、18kmほどの道を歩くしかない。バスは、東海フォレストの施設を1泊2食以上で予約した人のみの利用なので注意。このアクセスについては、悪沢岳の項（P161）を参照のこと。

登山memo

聖岳と光岳を踏破するにあたっては、他の難山をこなしてみて、体力・気力に十分自信を付けてから、しっかりしたリーダーに従い、挑戦する方が無難だろう。筆者も選択した易老渡〜聖平〜聖岳〜聖平小屋〜上河内岳〜茶臼岳〜易老岳〜光岳〜光小屋〜易老岳〜易老渡（いろうど）が良いと思う。万全な体調で挑戦したい。登山口の易老渡（標高850m）から聖岳山頂（標高3013m）までの標高差は2163mもある。しかもこのルートの急登はただひたすら登り詰めるといった感じで、「つらい」の一言だ。易老渡を出て西沢渡までの約3km

は、遠山川沿いに広い道を歩く。この西沢渡で対岸に渡る。筆者の登った平成12年夏には、ここに谷川を渡る籠が架かっており、1人ずつこの籠に乗って、対岸に渡った。渡渉してすぐ、尾根筋までの急登が始まる。標高差1300m。これを４時間半かけて登る。易老渡を出て６時間半から７時間かけて、稜線上の聖平小屋に落ち着く。聖岳の頂上はさらに700mの上部に、悠然と聳えている。稜線上をゆっくりゆっくり時間をかけて登ると、意外とあっさり頂上に立てる。聖平小屋から登り３時間半、下り２時間少々見ておくと良い。

光岳への縦走路には、途中に上河内岳、茶臼岳、仁田岳、易老岳と高山が続き、結構時間を要する。聖平から光岳直下の光小屋まで、おおよそ８時間から９時間の長時間登行。光小屋から光岳までは往復１時間見ておけば十分。最後の行程は、易老岳（標高2354m）から一気に登山基地の易老渡（標高850m）まで標高差1500mを下山するのだが、疲労しているのでこの下山路は相当に厳しい。下山に要する時間は、光小屋から易老渡まで５時間半が標準だ。このルートでは、途中の山小屋に最低２泊は必要になるが、その山小屋も少ないので早めに予約を入れておきたい。

下山後の楽しみ

おんせん♨ かぐらの湯・やまめ荘

易老渡に下山して来ると、残念ながら飯田ICまでのルートには汗を流せる適当な温泉施設がない。反対に旧南信濃村方面に下っていくと旧南信濃村営の温泉施設が２箇所ある。日帰り施設の**かぐらの湯**と宿泊施設**やまめ荘**である。できればやまめ荘に泊まり、疲労を癒してから帰りたい。

問合せ先

飯田市南信濃自治振興センター	☎0260-34-5111
遠山郷観光協会	☎0260-34-1071

68・69

北岳・間ノ岳

（きただけ・あいのだけ）

日本第２の高峰北岳と、それに連なる間ノ岳は、農鳥岳と共に白峰三山と呼ばれる。２峰踏破にも向いており、できれば一度に登っておきたい

Traverse.1 北岳

百名山 80

標高 3193m

山梨県

↑北岳山頂

日本第２の高峰へはバスに乗り換えてアプローチ

我が国第２の高峰である北岳は、農鳥岳、間ノ岳と白峰三山を形成する南アルプスの盟主である。登山基地の広河原への最短ルートである南アルプス林道は崩落で林道が閉鎖され、伊那谷から北沢峠を通って遠回りして入山する不便な山と化していたが、2004年のシーズンから芦安温泉から路線バスとタクシーで広河原まで入山できるようになった。広河原（標高1530m）からの標高差は1663m。南アルプスにはもっと厳しい山が多いので、北岳は早めに踏破して力をつけておきたい。

Traverse.2 間ノ岳

百名山 81

標高 3189m

山梨県・静岡県

↑北岳から見る間ノ岳

北岳から連なる大きな山容の国内第４の高峰

間ノ岳は、北岳から稜線で続いており、白峰三山の中央に悠然と構える我が国第４位の標高を持つ名山である。間ノ岳の名前はあまり知られていないが、北岳とはわずか4mしか低くない、優美な姿の高峰である。「北岳登頂のついでに」とは、この山に大変失礼なのだが、北岳踏破の後に3000mの稜線歩きで、比較的容易に山頂に立つことができるので、ぜひ挑戦したい。悪天候の場合を除けば楽しい南アルプス展望コースだ。同じコースを往復するのが無難だろう。

北岳・間ノ岳踏破プランのアクセス

東京都心	首都高４号線 20km	高井戸JCT	中央自動車道 113km	甲府昭和IC	国道20号・県道20号ほか 19km	芦安温泉

アクセスプラン

北岳・間ノ岳へのアプローチは、かつては北岳直下の広河原だったが、林道崩落で長い通行止め期間を経て、南アルプス林道が一般車乗り入れ禁止となったため、現在の駐車基地は南アルプス市芦安温泉駐車場である。この駐車場を基地に、その先は定期バスかタクシーを利用して広河原まで入る。甲府昭和ICを出て左折して国道20号に入り韮崎方面に向かう。甲府昭和ICを出た国道20号沿線のコンビニで食料・飲料の調達を済ませておくと良い。すぐの竜王交差点で左折して県道20号に入って芦安方面に進む。１本道なので分かりやすい。

Parking Information

芦安温泉市営駐車場（３箇所）

駐車台数	合計700台
料金	無料
整備状況	舗装。整備進行中
その他	トイレ、売店、食堂等の施設あり

北岳・間ノ岳までのアクセス（伊那経由）

東京都心	首都高４号線 20km	高井戸JCT	中央自動車道 206km	伊那IC	国道361・152号ほか 25km	戸台口市営バス駐車場	伊那市営バス 1時間	北沢峠	南アルプス市営バス 25分	広河原

広河原へは、伊那谷側からもアクセスできる。「甲斐駒ヶ岳・仙丈ヶ岳」の項も参照のこと。戸台口の駐車場からバスに乗り、北沢峠へと向かう。さらに南アルプス市営バスに乗り換えて、広河原へと下りる。バスに乗る時間が長く大変ではあるが、車窓の自然も美しく、時間に余裕があれば使ってみたいルートではある。また、６～７月中の入山を考える場合には、こちらを選択することになる（2006年現在）。

登山memo

北岳の行程としては、山中の山小屋に２泊することになる。一般的には、広河原から尾根筋に取り付き、白根御池から小太郎尾根を経て頂上を目指す白根御池ルートが入門コースであろう。白根御池小屋から小太郎尾根に取り付くまでの急登区間が難所だが、危険箇所も無いので、しっかりしたリーダーに付いて登れば、初心者でも問題はあまりない。

大樺沢直登ルートは、やや中級向きのルートと言える。大樺沢二股（標高2207m）まで、広河原から650m程度を２時間半かけて登る。大樺沢二股から最後の難所、八本歯のコル（標高2838m）までは、標高差630mの急登の連続で、真上に北岳頂上とその左右に北岳バットレスと呼ばれる大きな壁を見ての直登コースである。この壁の威圧感は相当なものだ。最後の壁はハシゴの連続で、これをよじ登り切ると八本歯のコルに飛び出る。このルートの所要時間は、広河原から八本歯のコルまで４時間半。北岳の稜線沿いに百名山の仲間、間ノ岳がある。北岳頂上の小屋に泊まって、北岳から間ノ岳往復はあまり苦労をしなくても日帰りできるので、何とか余力を残して挑戦したい。

間ノ岳への登山ルートとしては、早川下流の奈良田から白峰三山の一つ農鳥岳へ直登して、農鳥岳経由で間ノ岳に至るルートが主流である。さらには南方の塩見岳からの縦走で間ノ岳に至るルートもある。これらのルートはいずれも本格的な縦走コースで、山のベテラン向きのルートばかりと言える。筆者の選択した北岳登頂との組み合わせが、一番ポピュラーでおすすめルートと思われる。まず、大河原から大樺沢ルートで八本歯コルに取り付き、コルからは、北岳と間ノ岳の稜線上にある北岳山荘に１時間かけて登る。この北岳山荘に１泊すると良い。翌朝、山荘にザックを預けて、早い時間に山荘を出て、間ノ岳山頂の往復をする。この間は、ほぼ3000mクラスの稜線が続き、アップダウンも少ない実に快適な稜線歩きが楽しめる。北岳山荘と間ノ岳の往復には、休憩を入れても４時間見れば良い。

下山後の楽しみ

おんせん 芦安温泉

広河原から芦安まで路線バスかタクシーで戻ると、駐車場近くに**芦安温泉**があるので汗を流すのに好適である。旧村営（現南アルプス市営）の日帰り温泉施設が４箇所もあり、それぞれの好みで選べる。その中でも夜叉神トンネルから一番近い**南アルプスロッジ**は宿泊設備もあり、一番大きな施設で登山客には利用価値が高い。もう１箇所、南アルプス市芦安支所の近くにある**山渓園**も登山客に人気の立ち寄り湯だが、露天風呂は無い。山梨と言えば、ほうとうである。道路に面して「ほうとう」のノボリのあるお店に寄って、素朴な味も楽しみたい。

問合せ先

南アルプス市観光商工課 ☎055-282-6294

ほう　おう　さん
70 鳳凰山

百名山 79	標高 2840m
	山梨県

↑観音岳からの地蔵岳のオベリスク

白砂奇岩と展望の稜線歩きを楽しみに 夜叉神峠からアプローチ

薬師岳、観音岳、地蔵岳の三山を総称して、通常鳳凰三山と呼ばれる。標高は観音岳が最も高いので、この観音岳登頂を目指すことになる。鳳凰三山への登山口は韮崎市から入る青木鉱泉口が知られている。このルートは地蔵岳までの1660mの標高差を６時間かけて登る急峻なルートである。よりなだらかな山行を望む人向きなのが、今回紹介する夜叉神ルートである。夜叉神峠登山口（標高1380m）から尾根伝いに登る夜叉神峠（標高1770m）は南アルプスの展望台として名高く、手頃なハイキングコースが整備されているので人気が高い。

エリア 中央自動車道

鳳凰山までのアクセス

東京都心 —首都高４号線 20km— 高井戸JCT —中央自動車道 113km— 甲府昭和IC —国道20号・県道20号 27km— 夜叉神峠駐車場

アクセスプラン

甲府昭和ICを出て左折して国道20号に入り韮崎方面に向かう。すぐの竜王交差点で左折して県道20号に入って芦安方面に進む。甲府昭和ICを出た国道20号沿線のコンビニで食料・飲料の調達を済ませておくと良い。中部横断自動車道をくぐり、南アルプス街道をどんどん上っていく。鳳凰三山への登山客はトンネル手前の夜叉神峠バス停まで通行可能との事だが、事前に確認してから入山して欲しい。なお、高速道路は双葉JCTから南下する中部横断道増穂ICまで開通しているが、最寄りの白根ICはかなりの遠回りで利用価値は少ない。

Parking Information

夜叉神峠駐車場

駐車台数	100台
料金	無料
整備状況	舗装。良く整備されている
その他	トイレ、売店、食堂等の施設あり

登山memo

　鳳凰三山は、夜叉神峠からの縦走が一般向きで、縦走登山入門コースとしても人気がある。登山口からの標高差は1460mあるが、厳しい急登区間も少なく、安全なルートである。夜叉神峠登山口からのアプローチが長いので、途中の山小屋に１泊することになる。入門コースとはいえ、登山口から夜叉神峠までの標高差380mの登りは、結構きつい。このあとは道中が長いが、尾根筋のルートを坦々と進む。薬師岳あたりから、北岳を始め、主峰の観音岳や地蔵岳を見ながらの尾根歩きなので、快適な区間である。観音岳の頂上から地蔵岳を望むと、下界からもそれと分かる岩塔オベリスクが見えている。鳳凰三山のシンボルだ。コースタイムは最初の夜叉神峠登山口から薬師岳小屋まで７時間半を見ておきたい。薬師岳小屋から薬師岳、観音岳を経て地蔵岳までは、２時間半もあれば良いだろう。

下山後の楽しみ

おんせん　芦安温泉

　夜叉神峠に下山して、ここから甲府方面に下ると**芦安温泉**があるので汗を流すのに好適である。旧村営（現南アルプス市営）の日帰り温泉施設が４箇所もあり、それぞれの好みで選べる。その中でも夜叉神峠から一番近い**南アルプスロッジ**は宿泊設備もあり、一番大きな施設で登山客には利用価値が高い。もう１箇所、旧芦安村役場の近くにある**山渓園**も登山客に人気の立ち寄り湯だが、露天風呂は無い。

たべる　ほうとう

　山梨と言えば**ほうとう**である。帰路の道路に面して「ほうとう」のノボリが立っているお店に寄って、素朴な味を楽しみたい。山梨では、山の帰りには何故か食べたくなるメニューだ。

問合せ先

南アルプス市観光商工課　☎055-282-6294

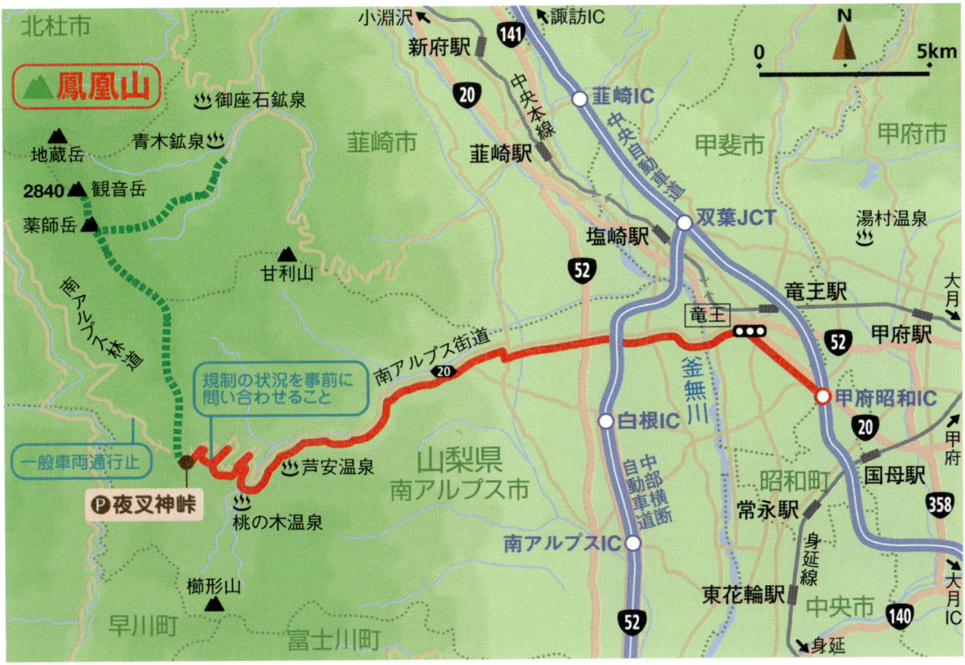

71・72 甲斐駒ヶ岳（かいこまがたけ）・仙丈ヶ岳（せんじょうがたけ）

南アルプス北部にそれぞれの威風を持って聳える甲斐駒ヶ岳と仙丈ヶ岳は、どちらも北沢峠からの登山となる。できれば一度に登っておきたい

Traverse.1 甲斐駒ヶ岳

百名山 77

標高 2967m

山梨県・長野県

↑鳳凰山からの甲斐駒ヶ岳

真っ白な花崗岩を輝やかせる南アルプス北部の名峰

甲斐駒ヶ岳は、北沢峠を挟んで仙丈ヶ岳と相対する南アルプス北端の名山である。甲斐駒ヶ岳を山梨県から登る表ルートとしては、JR中央線沿線の白州町白須口から登る黒戸尾根が有名である。この黒戸尾根は日本三大急登の一つにも数えられている。登山口から標高差2200mもあり、上級者にのみ許された最難関のルートだ。今回紹介する北沢峠ルートは、標高2030m地点までバスで運んでくれるため、中級者には手頃。今日ではこの便利さが知られて、このルートからの入山者が圧倒的に多くなった。

Traverse.2 仙丈ヶ岳

百名山 78

標高 3033m

山梨県・長野県

↑小仙丈尾根からの展望（中西）

どっしりとしたおおらかな山容の花の名山

仙丈ヶ岳は、里からはなかなか見ることができないが、甲斐駒ヶ岳の南に悠然と聳える名山で、実に風格のある山容である。北岳から眺めるどっしりとしたその姿には、山の大きさを実感させられる。頂上には氷河の跡であるカールが刻まれており、お花畑が広がっている。北沢峠からの標高差もそれほど大きくはなく、山容の割には容易に登れる山だ。山小屋も多く、周回ルートも取れることから、南アルプスでは人気のある山の一つである。

甲斐駒ヶ岳・仙丈ヶ岳踏破プランのアクセス

東京都心 →（首都高4号新宿線 20km）→ 高井戸JCT →（中央自動車道 206km）→ 伊那IC →（国道361・152号ほか 25km）→ 戸台口市営バス駐車場 →（伊那市営バス 1時間）→ 北沢峠

アクセスプラン

甲斐駒ヶ岳・仙丈ヶ岳へは、長谷の戸台口市営バス駐車場からのアクセスとなる。この市営バス駐車場を基地に２峰を踏破するのが一般的だろう。伊那ICを出て左折して伊那市方面になだらかな坂道を下り、標識に従い国道361号に入り高遠に向かう。高遠の町の手前で国道152号にぶつかるので、この国道を右折して旧高遠町をバイパスして旧長谷村に向かう。旧高遠町の国道筋のコンビニで食料・飲料の調達を済ませておくと良い。戸台口まで右に美和湖を見ながら進む。戸台口で標識に従い左折すると、1.8kmですぐ市営バス駐車場に着く。

Parking Information

戸台口市営バス駐車場

駐車台数	110台
料金	無料
整備状況	舗装。良く整備されている
その他	トイレ、売店、食堂等の施設あり

甲斐駒ヶ岳・仙丈ヶ岳までのアクセス（南アルプス市側）

東京都心 →（首都高4号新宿線 20km）→ 高井戸JCT →（中央自動車道 113km）→ 甲府昭和IC →（国道20号ほか 19km）→ 芦安温泉 →（南アルプス市営バス 1時間）→ 広河原 →（南アルプス市営バス 25分）→ 北沢峠

旧長谷村から入るルートは距離的にはかなり遠回りだが、高速道走行が中心で時間的にはむしろ早く利便性が高い。南アルプス市側は、かつて北岳の登山口である広河原までクルマで入れた時代には東京からのメインの登山基地であり、北沢峠まではバスが連絡していて便利であった。現在は広河原への一般車両乗り入れ禁止措置に伴い、芦安温泉からバスに乗り、広河原で北沢峠行きに乗り換えることになり、不便である。

登山memo

北沢峠へは長野県伊那谷からと、山梨県広河原からも市営登山バスの便がある。北沢峠に何軒かある山小屋に泊まって、甲斐駒ヶ岳と仙丈ヶ岳を一緒に登る行程を組む人が多くなっている。

山梨県側から眺める甲斐駒ヶ岳は急峻で人を寄せ付けない厳しい山容だが、北沢峠（標高2030m）からの登りは日帰り登山ができるレベル。それでも北沢峠と甲斐駒ヶ岳との標高差は937mあり、相当に体力を消耗する。北沢峠を出て仙水峠までの１時間強は、高低差もあまりない。仙水峠から本格的な急登が開始され、尾根筋の駒津峰まで500m近くの高低差を一気に登る事になり、これで相当にへばる。真正面に甲斐駒を眺めながら頂上を目指す。頂上直下には、岩盤をよじ登る直登コースと巻き道コースがあるが、残された体力を考えてコースを選ぼう。頂上からのパノラマは、それは見事なものだ。筆者の登った６月末はまだ登山者も少なく、静かな山頂で思う存分眺望を楽しめた。下山ルートはいったん駒津峰まで下り、ここからは尾根筋の双子山経由で北沢峠に下るルートを取る。

仙丈ヶ岳と甲斐駒ヶ岳を同一行程で登頂する場合には、北沢峠の山小屋に１泊すると良い。筆者もこの選択をして、甲斐駒ヶ岳登頂後に北沢峠の山小屋に１泊した。翌早朝に登頂を開始し、昼には北沢峠に下山する。これだと旧長谷村戸台に下る午後１番のバスに悠々間に合う。おおよそ頂上往復には７時間強の時間を見ておきたい。甲斐駒ヶ岳は急峻だが、仙丈ヶ岳はどっしり構えている山で、北沢峠からの登頂は標高差1003mだが、登山路はゆったりとしており、甲斐駒ヶ岳より多少は楽とも言える。危険な箇所はほとんどない。北沢峠からは２本の登山路が整備されているので、往路と復路で分けた選択をすると、変化に富んだ山行を楽しめる。登りには馬ノ背ヒュッテに取り付くルートで行く。ヒュッテを出ると正面に仙丈ヶ岳と仙丈カールの眺望が開け、山容の大きさを体現しながら登頂する。登りに４時間半を見ておくと良い。頂上では、南側の眺望が凄い。北岳、塩見岳はすぐだ。下山路には、小仙丈ヶ岳ルートを選ぶ。なだらかな尾根筋の道を、アップダウンを繰り返しながら北沢峠へ下る。下りには３時間半を見ておきたい。下山のバスの時間を確認して、下山時間を決めておくと良い。

下山後の楽しみ

おんせん♨ 仙流荘

甲斐駒ヶ岳・仙丈ヶ岳から下山して、市営バスで終点まで下りると市営の**仙流荘**（せんりゅうそう）がある。小奇麗で旅館風な建物だが、リーズナブルな料金で宿泊できる。温泉は小瀬戸鉱泉と呼ばれる温度の低い鉱泉だが、加熱したお風呂も鄙には稀な素晴らしい設備だ。ぜひ入浴だけでも立ち寄り、汗を流していきたい。

問合せ先

伊那市長谷総合支所産業振興課　☎0265-98-3130

東名高速道路
利用の山

東名高速道路

東名高速道路は首都高速3号渋谷線に接続して、世田谷区環状8号線の東京ICから始まる長大な高速道路で、東海道を縦断して名古屋方面へ至り、小牧ICで名神高速道路に接続する我が国を代表する347㎞の高速道路だ。この東名道は山登りファンにとっては、あまり馴染みのない産業中心の大動脈で、交通量も非常に多い。東京ICから御殿場ICまでは、3車線で走りやすい。また、夏休み中は湘南の海水浴シーズンと登山のピークシーズンとも重なり、常に渋滞に遭遇する覚悟が必要。全路線を通じて、走りやすい。御殿場ICを過ぎると、交通量も減り、カーブも少なくなるので、快適な走行が楽しめる。東名道を利用して登る名山はそう多くは無い。東京から一番近い丹沢山や富士山それと静岡県大井川源流域の南アルプスの名山は、東名道を利用すると便利な山だ。

73 丹沢山（たんざわさん）

百名山 71
標高 1567m
神奈川県

↑塔ノ岳からの山並み

首都圏のハイカーに人気の山域。丹沢山から蛭ヶ岳まで足を伸ばしたい

丹沢山を盟主とする丹沢山系はそれほど高い山があるわけではないが、個性的な山が多い大きな山塊で、首都圏から近い事もあり、かねてより多くのハイカーに慣れ親しまれた山域である。筆者も高校２年の頃からこの山塊に入り、尾根の縦走、沢登り等の本格的な登山訓練を受けた場所で、特別な愛着を持っている。おそらくそのような人も数多いことだろう。この山には、多くの登山路が整備されている。その中から、主峰の丹沢山を目指すルートを紹介する。最高峰の蛭ヶ岳（標高1673m）も組み入れたプランも良い。

丹沢山までのアクセス

東京都心 —首都高３号線 22km— 東京IC —東名高速道路 44km— 秦野中井IC —県道71・62号ほか 10km— 大倉

アクセスプラン

丹沢山は首都圏から最も近い山群の一つである。クルマでのアプローチに便利なのは秦野市大倉のバスターミナルである。秦野中井ICを出て「国道246号秦野市街」方面の道路案内看板に従い左折。１km先の最初の信号（西大竹）を左折。後は道なりに直進。1.5km先で小田急線をくぐり、国道246号を横断する。この秦野市内通過中に、コンビニで食料・飲料は調達すると良い。そのまま新規開通の県道を真っすぐ4.5km進むとT字路（右セブンイレブン）の信号を右折、大倉方面へ。ほどなく「大倉入口」を左折。T字路から2.5kmで大倉に着く。

Parking Information

大倉公共駐車場

駐車台数	200台
料金	有料
整備状況	舗装。区画されている
その他	トイレ、売店も設備

※夜間の駐車はできない。山小屋１泊等の場合は、近くの24時間営業の民間駐車場を利用する。すぐそばにビジターセンターも立つ。

登山memo

大倉から塔ノ岳への通称「バカ尾根」はよく知られている。何故バカ尾根と呼ぶか定かではないが、尾根筋の登山路をただひたすら登るからと思われる。それほど単調な登りの連続なのだ。その昔、小田急線の最終電車で渋沢駅下車。大倉までの桑畑の中を、先輩とトボトボ歩き、このバカ尾根を夜中に登った事もある。大倉からバカ尾根を登り、まず塔ノ岳（標高1491m）に登る。この間の標高差は実に1200mもあるので、まさしくアルプスの高山並の登りと言える。この間は３時間半を見ておきたい。登山路は良く整備されており、歩きやすい。この塔ノ岳から丹沢山までは、わずかな標高差しかない稜線歩きで１時間も見ておけば大丈夫だろう。通常、百名山登頂はこの丹沢山で良しとするが、最高峰の蛭ヶ岳が近いので行ってみたい。丹沢山塊もこのあたりまで来ると、相当に深山の趣きを見せている。アップダウンの稜線を１時間半かけての蛭ヶ岳登頂であり、ハイキング気分は慎まなければならない。さらに蛭ヶ岳を越えて、道志川筋の青根に抜ける縦走路は、変化があって登山訓練に向くコースなのだが、クルマなので登って来た登山路を引き返すルートを取る。蛭ヶ岳まで登る場合は、山中の山小屋で１泊する事をおすすめする。

下山後の楽しみ

おんせん 丹沢温泉郷

首都圏から至近距離の山なので、下山後、真っすぐに帰路につく登山者がほとんどだろう。日帰り登山が一般的な山なので、午後の下山が遅くなると、上りの東名道が渋滞するからである。丹沢周辺にも温泉は多いが、いずれも厚木から奥の東側に集中している。代表的な山麓の**七沢温泉**（ななさわおんせん）、**広沢寺温泉**（こうたくじおんせん）等は首都圏に近いのに、素朴な雰囲気が残った静かな温泉である。いずれも加熱している。

××××××××××××××××××× 問合せ先 ××

秦野市観光課　☎0463-82-5111

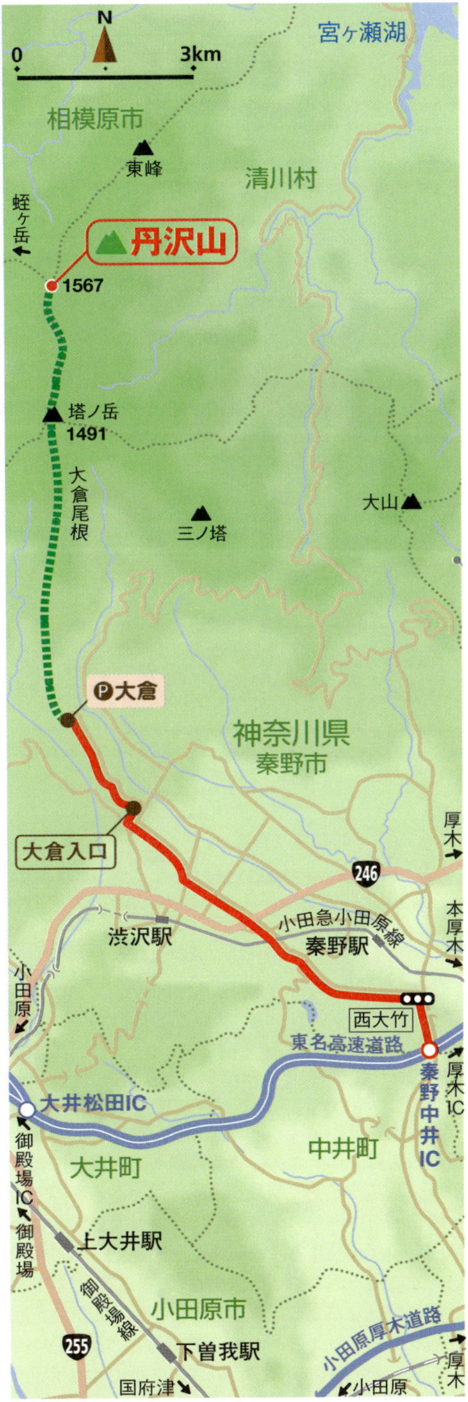

74 富士山（ふじさん）

百名山 72 | 標高 3776m | 山梨県・静岡県

↑岩がゴロゴロ露出した登山道

誰もが憧れる日本一の頂
最短の富士宮口から登ろう

富士山に登る。これにはなかなか踏ん切りがつかない人も多いだろう。山好きの仲間でも意見が分かれる。日本一の御山に違いないのだが、登山の対象としては若干躊躇する人も多いのではなかろうか。筆者もこの山が百名山に入っているので登ったと言う消極派である。富士山は信仰の山、観光の山としての比重の方が強いのではないだろか。登山に興味の無い人でも、富士山には一度ぜひ登りたいと言うのをよく耳にする。実際、夏のシーズンに登ると登山者の群れが頂上まで数珠繋ぎである。高山病対策もしっかりして登りたい。

富士山までのアクセス

東京都心 —首都高3号線 22km— 東京IC —東名高速道路 77km— 御殿場IC —県道23号・富士山スカイライン 40km— 富士宮口新五合目

アクセスプラン

富士山はクルマでのアプローチが極めて容易な山だ。便利なのは、静岡県側の富士宮口新五合目と山梨県側の富士スバルラインの河口湖口五合目である。東京からのアプローチは帰路の高速道路の渋滞を考慮すると東名道経由に軍配が挙がる。御殿場ICを出て左折して御殿場市内方面に出る。御殿場市内を通過中にコンビニで食料・飲料は調達すると良い。国道246号との交差点を左折して程なく右に県道23号が伸びており、「富士山登山道」の標識に従い右折する。この道は富士山スカイラインに繋がり、途中右折して表富士登山道へと導かれる。

Parking Information

富士宮口新五合目駐車場

駐車台数	500台
料金	無料
整備状況	舗装。区画されている
その他	トイレ、売店、食堂も設備

※新五合目駐車場は夏のシーズン中、登山道路はクルマであふれる。この混雑を避けるためには、午後の遅い時間に現地に到着すると駐車場を確保できる。

登山memo

シーズン中は人、人の波で、登山を楽しむ雰囲気はまるでない。他にこのような雰囲気の山は少ないだろうと思うので、一度経験してみる事だ。クルマで登るルートとしては、①富士スバルラインで登る河口湖口新五合目ルート、②富士山スカイラインから登る富士宮口新五合目ルート、のどちらかを選択するのが良い。富士宮口新五合目は標高2400m。富士山の登山口としては最も標高が高く、1376mの標高差なので、頂上へは最短距離で到達できる。一番人気は早い時間帯に登りはじめ、６合目から上部の山小屋に半泊して、夜中に頂上目指して登り、山頂で御来光を拝む「山岳信仰的登山」だ。御来光にこだわらなければ、往復８時間から９時間見ておくと良いので、自分の好みの時間帯に登り始めれば良いだろう。この山の登山で注意したいのは、①日本一の高山帯を一気に登るので、高山病におちいる危険性があること、②登山路は主として溶岩砂礫のジグザク路なので、落石の危険を伴うこと、③天候不順な時には、この溶岩砂礫の登山路を外すと極めて危険なこと、の３点。特に夜行登山では、懐中電灯またはヘッドランプが必携だ。

下山後の楽しみ

おんせん ♨ 御殿場市温泉会館

首都圏から近距離の山なので、下山後真っすぐに帰路につく登山者が多い。河口湖口の山麓には温泉施設あり、手打ち蕎麦の有名店あり、富士吉田市内にはうどん屋がわんさとあってお楽しみが多い。富士宮口で、せめて立ち寄り湯としておすすめできるのは、御殿場ICを通り過ぎて箱根に向かう高台にある日帰り温泉施設**御殿場市温泉会館**（ごてんばしおんせんかいかん）くらいである。風呂から、先ほど登ってきた富士山が真正面に眺められる。

問合せ先

富士宮市観光協会	☎0544-27-5240
富士吉田市富士山課	☎0555-22-1111

75 天城山（あまぎさん）

百名山 73
標高 1405m
静岡県

↑木の根の張り出した道を下る

伊豆半島最高峰の万三郎岳に天城高原から登る

天城連山は伊豆半島の中央に位置する山並みで、主峰は万三郎岳である。一般的に天城山とはこの万三郎岳を指す。天城山を楽しむにはさらに西に向かい八丁池経由で天城峠に下る縦走路が良いだろう。ビギナーでも十分楽しめるコースだ。筆者はこの天城峠旧道周辺から湯ヶ野温泉にかけての南伊豆の雰囲気が大好きで、最初の天城山はこの縦走コースを３月にトライした。また、天城山の特色は、シーズンが長いので、真冬を除けばいつでも登山できる事だ。今回は、より楽な天城高原ゴルフ場から主峰の万三郎岳を往復するコース紹介する。

天城山までのアクセス

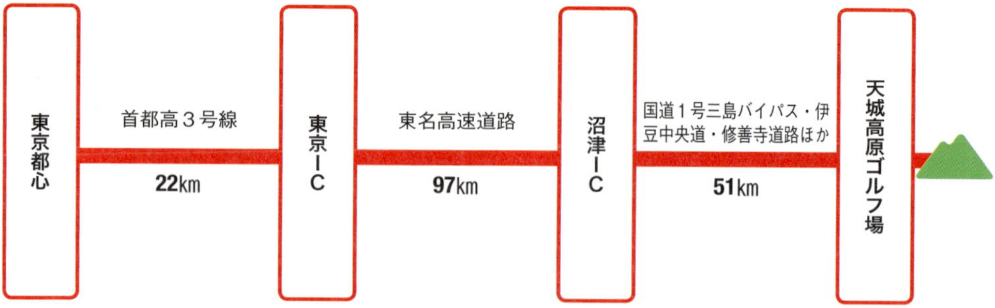

アクセスプラン

主峰の万三郎岳のみを目指す場合は、伊豆スカイライン終点の天城高原ゴルフ場が便利。沼津ICを出て三島市方面に下りる。国道１号に接続して三島バイパスに入る。三島市中央部で国道136号（下田街道）に入る。三島市内を通過中に、コンビニで食料・飲料は調達すると良い。下田街道を3.6kmで伊豆中央道に入り、修善寺道路（有料）に接続し修善寺ICまで行く。修善寺から県道12号で10km程走ると冷川に出る。ここで伊豆スカイライン（有料）に入り終点の天城高原ゴルフ場に到着する。全線整備された良いドライブウェイだ。

Parking Information

天城高原ゴルフ場駐車場

駐車台数	100台
料金	無料
整備状況	舗装。区画されている
その他	トイレも設備

登山memo

伊豆高原ゴルフ場からのコースは、歩行時間が短く、伊豆の温泉巡りにも時間を割きたい方にも向く。この天城高原ゴルフ場の登山口は標高1040mの高さに位置しているので、万三郎岳までの標高差は366mしかない。駐車場を出て、天城高原ゴルフ場の縁に沿って、登っていく。ゴルフ場特有の開放的な風景が楽しめる。ゴルフ場上部から樹林帯に入り、急に高度を上げてまずは万二郎岳（標高1300m）を目指す。1時間少々で万二郎岳に登れる。山頂はアセビに覆われて、眺望はきかない。万二郎岳と万三郎岳の間は、さほど標高差もない稜線で、アセビのトンネルや、アマギシャクナゲの群生に出会うことができる。万三郎岳も樹木に覆われて眺望はあまり望めない。山頂は広い台地で、登山客の休憩で賑わう。下山路は同じルートを戻る。万三郎岳山頂から北へ向かい直接、天城ゴルフ場に下るルートがあったが、土砂崩れの影響で一時通行できなくなっている。計画時に現地に問い合わせるようにしたい。

下山後の楽しみ

おんせん 伊豆の温泉

伊豆は湯の国。下山後の楽しみは温泉に尽きる。天城高原から東に下ると**伊東温泉**（いとうおんせん）、**熱海温泉**（あたみおんせん）と歓楽的な温泉が続く。伊東の手前の伊豆高原には最近多くの洒落た温泉付きプチホテルやペンションが増えて人気が高い。昔ながらの素朴ないで湯をご希望なら下田街道筋が、断然良い。**湯ヶ島温泉**（ゆがしまおんせん）、天城トンネルを越えた**大滝温泉**（おおだるおんせん）、**湯ヶ野温泉**（ゆがのおんせん）と続く。この中では「伊豆の踊り子」に登場する湯ヶ野温泉がおすすめだ。川沿いに小さな旅館が並び、今でも伊豆の踊り子の舞台風景が思い浮かぶ雰囲気が色濃く残る、のどかで素朴な温泉場だ。

問合せ先

伊豆市観光商工課 ☎0558-85-2600

76・77 悪沢岳・赤石岳

わるさわだけ・あかいしだけ

赤石山脈の奥深いところに位置するために、できれば２度、３度と入山したくない難しい地域の２峰。１度の行程で双方を踏破しておきたい

Traverse.1 悪 沢 岳

百名山 83 ｜ 標高 3141m ｜ 静岡県・長野県

↑大きな山容の山

大きなスケールで登山者を圧倒する東岳とも呼ばれる赤石山脈の名峰

悪沢岳は、荒川三山の一山をなす名峰である。荒川三山とは、西から前岳、中岳、悪沢岳を指す。通常は東岳と呼ばれることも多いようだが、あくまでも悪沢岳という言葉にこだわった深田久弥の記述により、悪沢岳の名も通るようになった。山頂からの展望は、赤石山脈の主脈に位置することからも想像できるように素晴らしく、南アルプスの高峰や富士山が一望できる。

Traverse.2 赤 石 岳

百名山 84 ｜ 標高 3120m ｜ 長野県・静岡県

↑尾根道を行く

雄大な山容で知られる南アルプスの3000m峰

赤石岳（標高3120m）は、実に風格に満ちた山で登山者を圧倒する。南アルプスの最奥に位置するため、登山基地へのアプローチが長く、登山者泣かせの山でもある。その分、未だに静寂が保たれ、登山者の数も限られた地域だ。椹島（標高1123m）から山頂まで標高差がほぼ2000mもある。これを登山基地から山頂までの急登を、一気に登り切るのはビギナーには無理。畑薙第1ダムからの一番の送迎バスで椹島に入り、すぐに登り始めても、赤石小屋に泊まるのが無難な選択であろう。

悪沢岳・赤石岳踏破プランのアクセス

東京都心 →（首都高3号渋谷線 22km）→ 東京IC →（東名高速道路 155km）→ 静岡IC →（国道1号・県道27・60号ほか 88km）→ 畑薙第1ダム堰堤 →（東海フォレスト送迎バス 1時間）→ 椹島

アクセスプラン

クルマでのアプローチは、静岡市畑薙第1ダム堰堤である。この先の登山基地、椹島へは乗り入れはできない。静岡ICを出て右折。国道1号に出て静岡駅を右に見て左折。静岡市内のコンビニで、食料・飲料は調達すると良い。県道27号に入り静岡市中心部を通過して安倍川沿いに北上する。17kmで油島に至り左折して玉川橋に向かう。ここで県道27号と分かれて左折し、山道に入っていく。笠張峠、富士見峠を越えて井川ダムへ降りる。この区間は迷わないように慎重に標識を確認しながら走る。畑薙第1ダム堰堤を越えた所にバス停があり、一般車はここまで。この先の椹島までは東海フォレストの無料マイクロバスが運行している。東海フォレスト経営の山小屋に宿泊する人しか乗せてくれない。山中の山小屋に食事付きで宿泊予約しよう。

Parking Information

畑薙第1ダム堰堤駐車場

駐車台数	30台
料金	料金
整備状況	舗装。未整備
その他	トイレも設備

※上記以外にも、夏季シーズンには臨時の駐車場が利用できる。

➡悪沢岳山頂

登山memo

登山基地の椹島から赤石岳に登り悪沢岳を回って椹島に下るか、その逆のルートで、一度に2峰を踏破するのが一般的だ。いずれのルートも、登山口から頂上までは長時間の登行の連続で健脚者に限られた山だ。体力的にはかなり消耗を強いられるので、万全な体調で挑戦したい。筆者は、この2峰を踏破するにあたり、いつもの3人の仲間に加え、大学山岳部出身の屈強な若者のサポート隊の同行を得て、何とか予定の行程をクリアする事ができた。途中の山小屋に最低2泊は必要になるが、早めにこの一帯の山小屋を経営する東海フォレストへ予約を入れておきたい。

赤石岳は、赤石小屋までの標高差は実に1450mもあり、この高さを約5時間半かけて登る。椹島ロッヂを出て登山路はすぐに尾根に取り付き急登が始まる。朝一番の急登は誠にしんどいが、とにかくリーダーに黙々と付いて行くしかない。3時間ぐらいで急登も終わり、後半の2時間半は次第に緩斜面に変わり始める。赤石小屋のベランダからは赤石岳のどっしりした山頂を間近に望見できる。赤石小屋からはしばらく楽な登りだが、最後の稜線に取り付く区間はまた猛烈な急登が待っている。これをクリアすると稜線の分岐点に出て、これより赤石岳山頂はひと登りである。赤石小屋から4時間を見ておきたい。赤石岳山頂から南アルプスの最深部の山々が一望だ。北に悪沢岳と南に聖岳がそれぞれ個性的な雄姿を見せ、北側の先には塩見岳、仙丈ヶ岳、北岳と続く。何とも豪勢な眺めである。

赤石岳から悪沢岳への縦走路は思いのほか、あまり難しくない。赤石岳から分岐点には15分もあれば戻れる。これより小赤石岳を越え、悪沢岳への稜線に取り付いてから、アップダウンの繰り返しは続くものの、危険箇所も少なく、快適な雲上の逍遥が楽しめる。出来れば無理をせずにこの日は荒川小屋に泊まりたい。赤石小屋から途中の休憩を入れても７時間を見ておけば荒川小屋まで行ける。最後の日は、荒川三山の稜線を越え、悪沢岳（標高3141m）に登頂する。この間は、標高差も少ない3000mクラスの稜線歩きだ。３時間半もかければ悪沢岳の頂上に立てる。この一帯は強風地帯で、すぐガスがかかりやすいので、登山路を踏み外さないように注意したい。筆者の経験でも、ガスと強風に巻かれて、登山路を一時見失うアクシデントに遭ってしまった。悪沢岳からは、一気に登山基地の椹島（標高1123m）まで標高差2000mを下山するのだが、疲労しているので、この延々と続く下山路はかなり厳しい。この下山路の救いは、急降下の区間が少なく、千枚岳からの長い下りを体力勝負でこなせば良い事だろう。悪沢岳頂上から椹島まで、８時間は見ておきたい。

下山後の楽しみ

とまる　井川ダム周辺の民宿

椹島に下山して来ると、疲労度は極に達している。しばらく休憩して生ビールのイッパイでも飲みたいところ。畑薙第１ダムまでの送迎バスの時刻を確認してから、ゆっくりイッパイやりたい。残念ながら静岡ICまでのルートには、汗を流せる適当な日帰り温泉施設もない。途中の井川ダム周辺に民宿が多いのでこの辺りで１泊して、山菜料理で英気を養ってから帰る方が、安全運転上は良いだろう。静岡ICまでの一般道の走行距離が長いので、あまり無理はしたくない。

問合せ先

静岡市中山間地振興課　☎054-294-8806
東海フォレスト南アルプス予約センター　☎0547-46-4717

北海道の山

女満別空港

女満別空港は晴天確率が高く、羽田からはAIRDOも就航し、便数もそこそこあるので、利用しやすい空港である。各登山基地までのアプローチ道路も良く整備されていて問題は少ない。阿寒岳は釧路空港の方が近いが、就航便数が少なく、霧の発生等で欠航率も高いので、登山計画には向かない空港であろう。

旭川空港

旭川空港は、大雪山や十勝岳に至近の空港で大変便利である。羽田からはAIRDOも就航して便利になった。新千歳空港からは高速道路が旭川鷹栖ICまで170kmで直結しており、2時間弱で楽に走れるので、スケジュールによっては、往路か復路のどちらかで新千歳空港を利用する手もある。

新千歳空港

新千歳空港は、幌尻岳や後方羊蹄山の登山に便利な空港である。全国各地から多数の便が就航している。早朝から夜遅くまで多数の便が離発着しているので、登山計画を作るにあたっても自由度が増し、実に便利な空港である。問題はトムラウシ登山に千歳空港を使うのが良いか、至近のとかち帯広空港を利用するかだが、便数が少なく、時間的な制約を受ける事から新千歳をおすすめする。また、トムラウシと十勝岳や旭岳を同一行程で登りたい場合は、旭川空港の併用も便利だ。トムラウシ温泉から十勝岳望岳台への最短ルートを走ると160kmの行程となる。

アドバイス

旭岳と十勝岳を同一行程で登る事はそう難しくはない。旭岳温泉から望岳台へは、通常は旭川空港に戻るルートを取るが、旭岳温泉から美瑛町への短絡道路もある。旭岳ロープウェイ山麓駅から旭川市に戻る道路の途中22.7kmに志比内という集落がある。そこで信号を左折する。低い山越えをすると美瑛町内に入り、下流へどんどん下りていくと13.3kmで美瑛町市街に着く。ここで標識に従い左折して道道十勝岳温泉美瑛線に入り、通常ルートに合流する。路面は良く、時間短縮が大幅だ。旭岳温泉から望岳台までの総走行距離は60kmで、ほぼ20km短縮できる。なお、利尻岳だけは、離島の山なのでクルマ利用は難しい。

78 利尻岳（りしりだけ）

百名山 1

標高 1721m

北海道

↑9合目から見下ろす登山道（村田）

海から立ち上がる利尻富士へは フェリーとタクシーでアプローチ

利尻岳（利尻山）は、我が国最北の名山である。稚内港からフェリーで島に近づくにつれて、その秀麗な裾野を引いた山容に接し、その美しさに誰もが感激するだろう。その上、鋭角に伸びる尖塔のごとき山頂付近に目をやると、この山に登るのは容易ではないことを悟らされる。いくつかの登山道が開かれているが、アプローチに楽な利尻北麓野営場（標高225m）が一般的。それでも山頂まで標高差は1500m近くもあるので、かなりハードな登山となる。ゆっくり楽しむ時間はないかも知れないが、花も美しい山である。

エリア 北海道

利尻岳までのアクセス

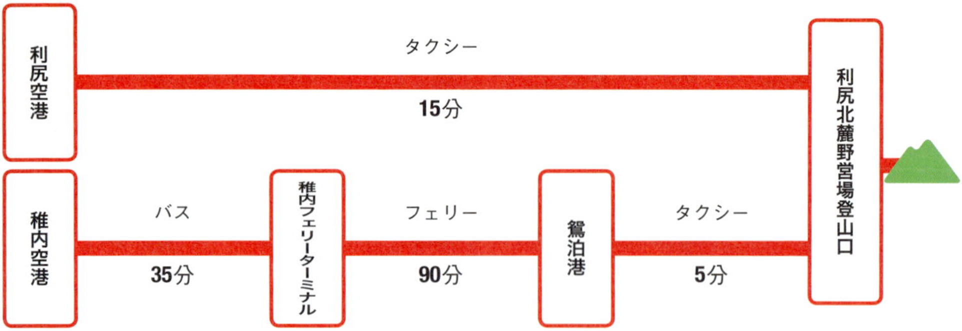

アクセスプラン

最果ての島、利尻島にある利尻岳は利尻空港を利用するとタクシーで15分も走ると登山口に着く。通常は稚内空港から稚内フェリーターミナルに出てフェリーで利尻島に向かう。利尻島の鴛泊港から4㎞で登山口だ。したがってレンタカーを借りる必要は全く無い。登山基地は利尻富士町の利尻北麓野営場である。食料・飲料等の調達は鴛泊港ターミナルか、近くのコンビニで済ませる。鴛泊港および利尻空港から登山口へはタクシー利用が良いが、島に泊まる場合には宿で登山口まで送迎してくれるので、宿の方に相談すると良い。

Parking Information

タクシーを利用

駐車台数	
料金	
整備状況	
その他	

登山memo

登山道の途中に利尻山避難小屋があるが、通常の宿泊には適さないので、この山は日帰り登山の日程が一般的である。往復9時間の日帰り登山は、相当に厳しい行程なので、登山にあたっては早朝の出発が必須。野営場を出発すると、しばらく平坦な登山道を進む。程なく北稜の尾根筋に取り付くと、あとはひたすら針葉樹林帯の急斜面の登行が続く。標高1000mを越えるとハイマツ帯となり、日本海の強風をまともに受ける厳しい局面となってくる。天候急変にも注意しなければならない。避難小屋から山頂までの登りは、急峻で狭い尾根を登るので、相当に神経を使う。特に山頂直下は崩壊が進んでいるので、無理をせずに最高峰の南峰（標高1721m）の手前の北峰（標高1719m）で引き返す事にしたい。避難小屋から1時間半の頂上アタックとなる。筆者は、正直、山頂部の危険箇所の歩行では、かなりの恐怖心を覚えた。本当にすごい最北の名山である。

下山後の楽しみ

とまる　利尻島・礼文島

登山基地の鴛泊港周辺には多くの旅館や民宿があり、予算に合わせて選択できるが、総じて高めの料金である。設備もそれ程整っていなくても都会並みの料金を請求される。島で取れたての魚介類は感動ものだ。特に生きている「殻付き雲丹」をぜひ試して欲しい。きっと感激するだろう。港に面した屋台風の漁協の店でも、殻付き雲丹を含め焼き魚等を原価並みで賞味できる。この島は登山だけが楽しみではないことが実感できると思う。ぜひとも余裕を持ったスケジュールで最果ての島の雰囲気を味わっていただきたい。隣の**礼文島**（れぶんとう）は花の島。この島は荒涼として寂しい島だが、高山植物や野花の見事な、不思議で、魅力的な島なのだ。

問合せ先

利尻富士町商工観光課　☎0163-82-1111
利尻富士町観光案内所　☎0163-82-2201

79 羅臼岳（らうすだけ）

百名山 2

標高 1660m

北海道

↑羅臼岳山頂から知床の山々を望む（村田）

世界自然遺産知床の最高峰。山頂からの雄大な眺望も格別

羅臼岳は、世界自然遺産に登録された知床半島の最高峰である。近くにある斜里岳よりも標高が高く、網走から海岸線を知床方面に走ると、左のオホーツク海を隔てた知床連山の中でひと際高く聳えて見える山が羅臼岳である。頂上部分がどんと盛り上がっているのですぐそれと分かる。優美な稜線を描く知床連山の中でも盟主らしく、一人見事に屹立している。山頂からの眺めは格別で、硫黄山へと続く知床連山の山並みや、遠く海を隔てた国後島も望むことができる。

羅臼岳までのアクセス

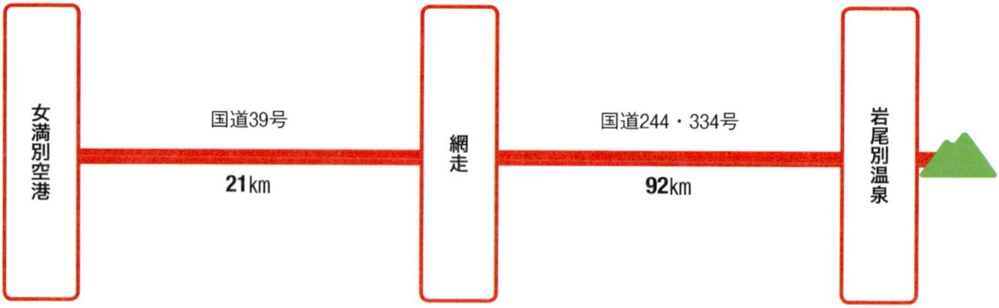

アクセスプラン

クルマに便利な登山基地は斜里町岩尾別温泉である。女満別空港からは113km。順調に走れると２時間強で到達できる。空港から国道39号に出て、網走市内を抜け国道244号に入り、海岸線を40km走り斜里町。斜里町の国道筋にコンビニがあるので、食料・飲料はここで調達する。さらに国道334号を進んでウトロまで37.2km。これより知床自然センターまで6.5km。国道と分かれ左折して知床五湖方面へ進む。岩尾別温泉への標識に従い右折する。この先、終点まではほぼ路幅は１車線。良く整備された舗装道路。途中、エゾシカの群れに注意。

Parking Information

ホテル地の涯駐車場

駐車台数	50台
料金	無料
整備状況	舗装
その他	トイレ、売店はホテル内

※駐車場は宿泊客専用で、世界自然遺産ブームで訪れる人が多く、駐車には相当苦労する。旅館に泊まり、駐車場を確保した方が無難だ。

登山memo

羅臼側と斜里側の双方から登山道が開かれているが、アプローチに楽な岩尾別温泉口(標高210m)が良いだろう。それでも標高差は1450mもあるので本格的登山となる。岩尾別温泉を出て、羅臼平までの登りはやや単調な登山路が続く。正面に知床連山の稜線を見ながら、谷筋を登り詰めると稜線の鞍部である羅臼平に至る。この間には真夏でも雪田が残っているので、事前に登山路の状況を必ずチェックしておくことが肝要。羅臼平まで岩尾別温泉から４時間を見ておくと良い。頂上へは登り１時間、下り40分で羅臼平に戻る。頂上への登山路は前半ハイマツ帯、後半は岩石のゴロゴロした急登となるが、あっさりと頂上に立てる。晴れていれば、根室海峡を隔てて、大きな国後島が見える。ただし、くっきり見えることは滅多にない。羅臼平からの下山路は３時間ほど。この山は近年、百名山ブームに加え、世界自然遺産登録で、登山客が相当増えている。ヒグマの出没にも注意。山麓の岩尾別温泉に前泊して、早朝日帰り登山をすると行程は楽だろう。

下山後の楽しみ

おんせん♨ 岩尾別温泉

登山基地の**岩尾別温泉**(いわおべつおんせん)の旅館の名はホテル地の涯。正に地の涯の１軒宿だ。露天風呂も多く、この温泉目当ての観光客も多い。ぜひ、ここに前後泊して、最果ての温泉をゆっくり味わってもらいたいもの。

おんせん♨ カムイワッカ湯の滝

岩尾別温泉よりさらに知床半島の奥には**カムイワッカ湯の滝**(ゆのたき)があり、深い滝壺が温泉の湯船となっている。一般車は通行規制で入れず、夏季のみシャトルバスが運行しており、終点からカムイワッカ湯の沢（これも温泉の川）をジャブジャブ登る。自然の滝壺の露天風呂体験は苦労を厭わず楽しみたい。

問合せ先

斜里町商工観光課 ☎0152-23-3131

80 斜里岳（しゃりだけ）

百名山 3　標高 1547m　北海道

⬆熊見峠への尾根道から山頂を望む（村田）

美しい山容を見せる道東の名山 周遊コースで登ろう

斜里岳は、裾野が優美に延びる実に印象的な名山である。標高はそれほど高くはないが、網走地方をクルマで走るとどこからでも良く眺められる。頂上部分は双耳形をなしているのが特徴だ。登山基地の清岳荘は近年、火事で消失したが、旧施設の1km手前の岡に立派な建物が新築され、駐車場（有料）も整備された。斜里岳はクルマでのアプローチが容易な山なので人気が高く、北海道でも登山者が多いほうの山だろう。清岳荘（標高670m）からの標高差も877mで手ごろな標高差も人気の一つだろうと思う。

斜里岳までのアクセス

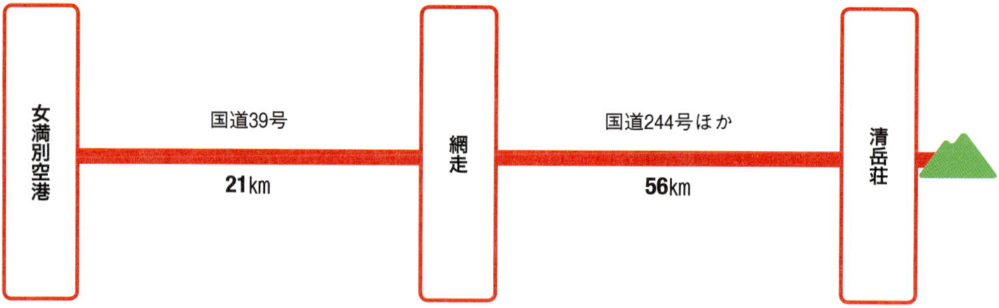

アクセスプラン

クルマでのアプローチに便利な登山基地は清里町清岳荘である。順調に走れると２時間で到達できる。女満別空港から国道39号に出て網走市方面に21.3km走る。国道244号に入り、海岸線を20km走り、道路標識「斜里岳登山口まで22km」に従い右折。町道を清里町に進んで市街を真っすぐ抜けていくと、江南で「斜里岳登山口」の標識を左折。清里町市街にコンビニがあるので、食料・飲料はここで調達する。この先の登山口の案内板からは砂利道となる。砂利道7kmを注意しながら上っていくと終点の清岳荘に辿り着く。

Parking Information

清岳荘駐車場

駐車台数	50台
料金	100円
整備状況	未舗装
その他	トイレあり

登山memo

清岳荘からの登山ルートは沢登りの旧道と、熊見峠へ迂回する新道に分かれているが、登りに沢登り、下りに熊見峠回りのルートを取ると良い。清岳荘からの登りは水量の多い沢伝いに登る。途中、下二股で熊見峠への分岐を右に見て、そのまま沢を直進する。沢水はどんどん少なくなり、沢登りが始まる。この沢登りは、危険箇所はわずかで、あまり心配しなくても良い。飛び石伝いに登れる区間が多いので、足元は結構濡れても、登山靴で大丈夫。沢水が細く切れそうになった頃、上二股に着く。この間、沢登りは標高差で450m。時間にして１時間半を見たい。ここからは急登して双耳峰の鞍部に辿り着く。あとは斜里岳頂上へ30分の直登。頂上からは知床連山の山並みとオホーツク海がおおらかに広がり、最果ての山とは思えない穏やかな風景が展開している。斜里岳は、全区間を通じて危険箇所もなく、適度にスリルも味わう事のできる変化に満ちた登山路である。合計３時間少々で頂上に達することが可能だ。下山は熊見峠経由で下山する。２時間半を見れば、登山基地の清岳荘に戻れる。

下山後の楽しみ

おんせん♨ 清里温泉

登山基地の清岳荘を下っていくと清里町市街がある。この街はずれに**清里温泉緑清荘**がある。３セク経営で、広々した浴室は清潔で、山の汗を流すには格好の施設だ。また、清里町は蕎麦の栽培が盛んな町で、隣の斜里町を含めて美味しい手打ちの蕎麦屋さんが多い。なお、この清里町から羅臼岳の登山口となる岩尾別温泉までは70km程度しか離れていない。クルマで１時間30分もあれば到達できる。斜里岳を下山後、知床に足を延ばして羅臼岳も同一行程で登るのも良いアイデアであろう。

×××××××××××××××××× 問合せ先 ××

きよさと観光協会 ☎0152-25-4111

81 阿寒岳（あかんだけ）

百名山 4
標高 1499m
北海道

⬆山頂より阿寒富士を望む（村田）

荒々しい火山の姿を見せる雌阿寒岳。神秘的な風景を楽しみながら登る

阿寒岳とひと口に言うが、雄阿寒岳、雌阿寒岳と対照的な２つの山がある。雌阿寒岳は今なお火山活動が続く活火山である。2006年３月に小噴火があり、引き続き警戒態勢がとられている。登山にあたっては、立ち入り禁止措置が解除されているかどうかの確認をする必要がある。雌阿寒岳は、阿寒湖を挟んで雄阿寒岳（標高1370m）と対峙する。一般的に百名山踏破には標高の高い雌阿寒岳が選ばれる。雄阿寒岳は全山森林に覆われた地味な山のためか、雌阿寒岳に人気があるようだ。深田久弥は雌阿寒岳が火山活動をしていたため、雄阿寒岳に登頂した。

エリア 北海道

阿寒岳までのアクセス

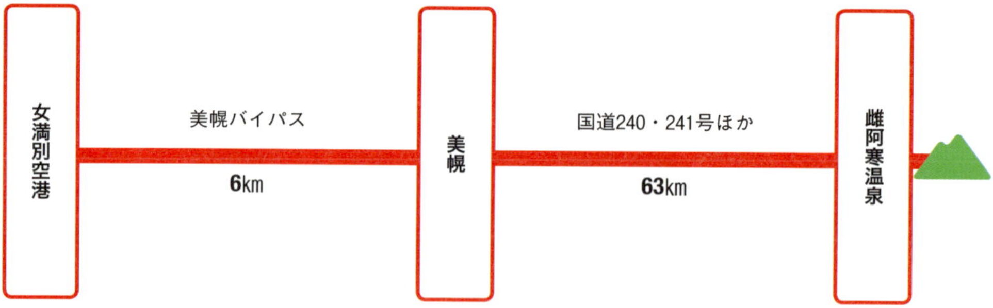

アクセスプラン

雌阿寒岳は、天候が良ければ女満別空港からも頂上が眺められる。クルマでのアプローチは実に容易で、登山基地は足寄町雌阿寒温泉である。空港正面から始まる高速規格の美幌バイパスに入る。最初の美幌ICで降りて国道39号を横断して直進する。ここまで６km。道なりに美幌町内に入る。美幌町内の国道筋にコンビニがあるので、食料・飲料はここで調達する。美幌町から国道240号を阿寒方面に南下する。高低差の無い釧北峠を越えると、右折して国道241号に入る。さらに国道241号を７km走ると、左に雌阿寒温泉の標示がある。

Parking Information

雌阿寒温泉野中別館前駐車場

駐車台数	80台
料金	無料
整備状況	未舗装。未整備
その他	旅館のトイレあり

登山memo

山麓の雌阿寒温泉にクルマを停めて少し国道方面に戻ったところに登山口（標高700m）があり、ここから標高差は800m、苦労の少ない楽な登山だ。登山口から２時間30分くらいで頂上に立てる。はじめは深い針葉樹林帯を進むが、標高950mからハイマツ帯に入り、程なくこれが火山礫の登山道に変わる。ジグザグ道を登り詰めると外輪山の縁に達する。頂上付近は火口の外壁上にあり、登山路は火山礫で歩きにくい。火口壁上の狭い登山路を登ると、頂上はすぐだ。外壁から見下ろす火口は、不気味に噴気を上げている。2006年の噴火では、この頂上火口の他に、中腹からも水蒸気を上げたと報道されている。入山の際は、的確な現地情報を入手してからにしたい。また、火山ガスの噴出などの危険もあるので注意して登行するようにしたい。

下山後の楽しみ

おんせん 国民宿舎野中別館

登山基地**雌阿寒温泉**に下っていくと鄙びた温泉宿が３軒ある。その中の**国民宿舎野中別館**の風呂は山のいで湯としては、出色だ。歴史を感じさせる木組みの内風呂は最近建替えられて新しいが、源泉が滔々と注ぎ込んでいる雰囲気はとても良い。洗い場の蛇口も無く、石鹸、シャンプーの類も無い。この宿では、登山時間中に不要な大きな荷物を、玄関脇の休憩室で預かってくれる。うれしい優しさだ。

おんせん 阿寒湖温泉

賑やかな雰囲気が好きな人は、ここから17km先の**阿寒湖温泉**が良い。霧のかかった阿寒湖は幻想的である。この温泉には大型ホテルが湖畔に密集している。夏季には観光団体が多く、かつての雰囲気は失われてきた。

問合せ先

足寄町商工観光課	☎0156-25-2141

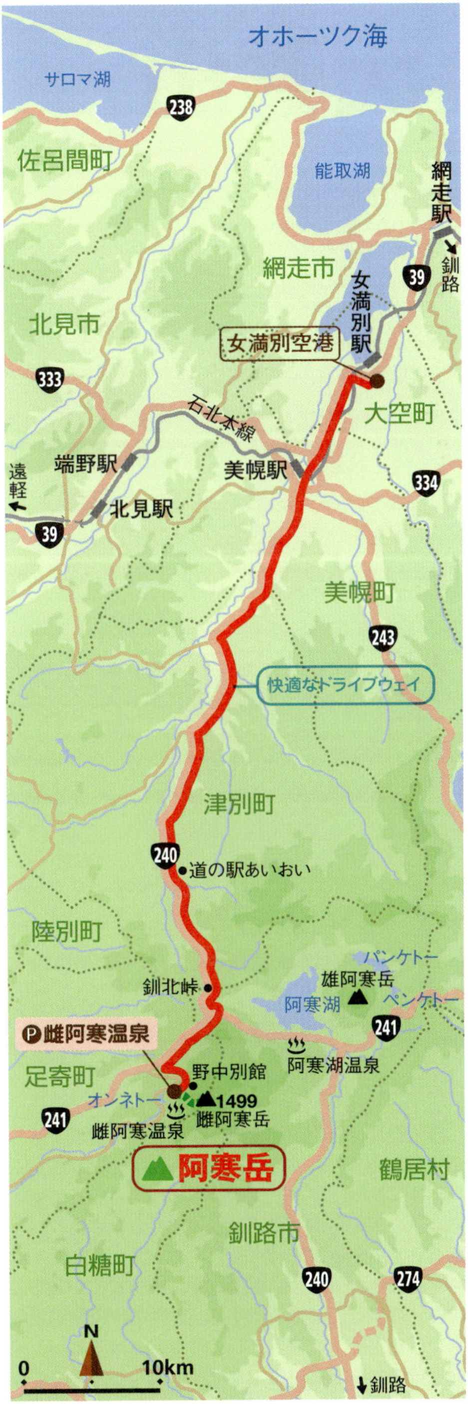

82 大雪山（たいせつざん）

百名山 5　標高 2291m　北海道

⬆姿見ノ池から見る旭岳

雄大な自然を満喫できる 北海道の最高峰、旭岳を目指す

大雪山の主峰、旭岳は北海道の最高峰であり、大雪山群の盟主でもある。ロープウェイで姿見駅（標高1600m）まで一気に運んでくれるので、山頂までの標高差690mの登山はすこぶる楽である。登山路は良く整備され、登山者も大変多く賑やか。全行程が森林限界を超えているので眺望も良くきく。7月中旬でも、ロープウェイを降りてしばらく登った姿見ノ池周辺には氷が張り、雪田がたくさん残る。この季節は、登山路だけでなくこの姿見ノ池一帯の遊歩道でもお花畑が展開しており、この山の美しさや雄大さを十分満喫できる。

エリア 北海道

大雪山までのアクセス

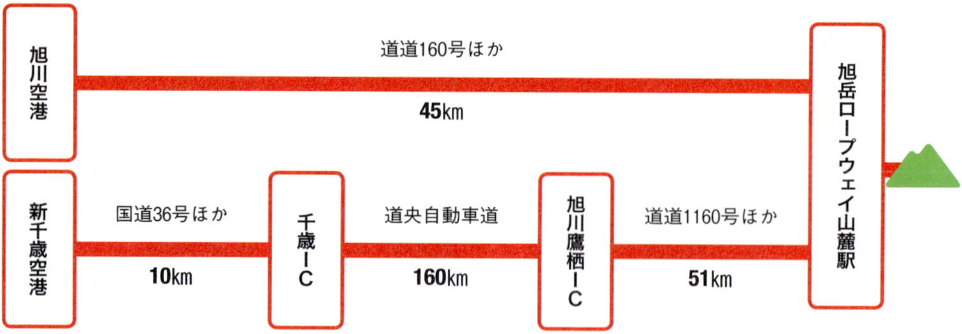

アクセスプラン

登山基地は東川町旭岳ロープウェイ山麓駅である。旭川空港正面から連絡道路を左折、旭川市内方面に下りる。すぐ標識に従って稲荷神社の横を右折して東川町へ向かう。東川町市街で道道旭川旭岳温泉線にぶつかる。空港から12km。ここで右折して旭岳温泉方面に真っすぐな道を上っていく。東川町内にコンビニがあるので、食料・飲料はここで調達する。途中の天人峡温泉分岐点までの道路はよく整備されており、走りやすい。天人峡温泉分岐から旭岳温泉までは本格的な山岳道路になる。

Parking Information

旭岳ロープウェイ山麓駅駐車場

駐車台数	200台
料金	有料／無料
整備状況	舗装。整備されている
その他	山麓駅にトイレ、売店、食堂あり

※無料駐車場は常に混んでいるので、山麓駅正面の有料駐車場に入れるのが無難。

登山memo

筆者の最近の旭岳登頂では、妻は登頂には同行せず、一人山麓のお花畑を逍遥して、初夏の花々をカメラに収めて満足していた。その間に、筆者は頂上を踏破して下山し、姿見駅で、時間を決めて落ち合う。そんな事が可能なほど、この旭岳の登頂は短時間で済むのだ。姿見駅を出発するとすでにハイマツ帯で、頂上まで一望の中を登行開始する。しばらく起伏の少ない木道を進むと姿見ノ池がある。ここまでは観光客も気軽に登って来る。姿見ノ池を過ぎると急に高度を上げ始め、本格的な登山が始まる。登り２時間半、下り１時間20分を見ておけば十分であろう。ただし、この山は、荒れると厄介な山に化ける。くれぐれも慎重に。晴れていれば山頂からの眺望は実に圧巻だ。すぐ目の前に白雲岳、左右も山並みが続き、大雪山の雄大さをあますところなく実感できる。

下山後の楽しみ

おんせん 旭岳温泉

登山基地旭岳温泉(あさひだけおんせん)はロープウェイが開通してから山岳観光の基地として、大発展した。大きなホテルも営業している。この温泉はかつて湧駒別温泉と呼ばれていた。その頃からの老舗湧駒荘(ゆこまんそう)のお風呂は大変人気が高い。ぜひここに泊まるか、立ち寄り湯をして欲しい。ロビーやレストランもスイスのシャレー風で落ち着ける。宿泊料金も北海道としてはリーズナブルである。ここの浴室は大きく、泉質の異なる温泉がそれぞれ湯船に分かれて注がれていて、時間をかけて楽しむことができる。露天風呂を含めて温泉好きには堪えられない宿だ。

問合せ先

旭岳ビジターセンター ☎0166-97-2153

83 十勝岳（とかちだけ）

百名山 7　標高 2077m　北海道

⬆富良野岳からの十勝岳（村田）

荒々しい山肌を見せる活火山の十勝連峰の主峰

十勝連峰の主峰、十勝岳を富良野方面から眺めると、悠揚としていて巨人の風格だ。十勝岳を中心に右の富良野岳から左の美瑛富士へと続く山並みは、分厚い壁のように聳える。この山は噴火を繰り返している正真正銘の活火山で、最近でも平成元年に噴火している。いつなんどき噴火するか分からない山でもあるので火山情報を充分に確認してから入山することをおすすめする。山はまさに荒涼とした砂礫で覆われた火山独特の雰囲気。悪天候時には注意が必要だ。

エリア 北海道

十勝岳までのアクセス

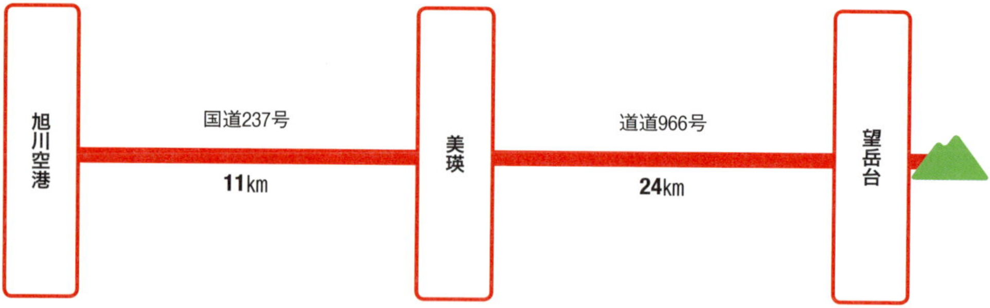

アクセスプラン

登山基地は美瑛町望岳台である。旭川空港正面から右、富良野方面に進む。3.5kmで国道237号に立体交差で進入していく。美瑛町に入り、十勝岳方面の標識に従い左折する。ここまで旭川空港から10.5kmである。美瑛町内にコンビニがあるので、食料・飲料はここで調達する。美瑛町市街を抜けて真っすぐの白樺林に囲まれた快適な道路、道道十勝岳温泉美瑛線を白金温泉方面へ上っていく。白金温泉を過ぎて急な坂道を上っていくと、程なく左への分かれ道があり、左折してすぐ望岳台の広い駐車場に到達する。

Parking Information

望岳台駐車場

駐車台数	30台
料金	無料
整備状況	舗装。整備されている
その他	トイレ、売店あり

登山memo

登山基地の望岳台（標高930m）から、火山礫に覆われた登山道は始まる。途中の十勝岳避難小屋までの起伏は少ない。避難小屋から本格的な登りが始まる。火山礫の歩き難い登山道が続くが、急斜度のこの区間を乗り切ると、昭和噴火口のある稜線に出る。この辺りから頂上までは、荒涼とした火山特有の光景を呈する中を進む。右側の噴火口からは、現在も噴煙が上がり、風向きではその有毒ガスが登山道に押し寄せてきて、息苦しくなる事もある。頂上周辺は、もっこりと盛り上がり、少々の急登で山頂に達する。火山礫帯の登山道は晴天時には眺望も良くきくが、逆に霧が出ると道に迷う危険性を持つ。望岳台から頂上までの標高差は1147mで手頃な登りである。登りに３時間、下りに２時間少々を見ておきたい。

下山後の楽しみ

おんせん♨ 十勝岳周辺の温泉

登山基地の望岳台から少し下ると**白金温泉**がある。白金温泉とは逆方面を上っていくと、右側に**上富良野町営吹上温泉露天風呂**がある。管理人もいない完全な無人露天風呂で脱衣小屋もない混浴温泉。大自然に抱かれた露天風呂なので、登山客のみならず温泉好きマニア垂涎の露天風呂である。温泉は高温なので気を付けよう。この道路を下っていくと左側に**上富良野町営吹上温泉保養センター白銀荘**がある。テント場があり、自炊の宿泊棟もあるが、ここが評判なのは、男女別の大規模な入浴施設があるためだ。露天風呂も大きく、実に爽快な山の湯だ。この先にワイルドな露天風呂を持つ**十勝岳温泉**凌雲閣もあるが、筆者はその無神経な営業姿勢をあまり評価しないので、おすすめしない。

問合せ先

美瑛町商工観光課　☎0166-92-4321

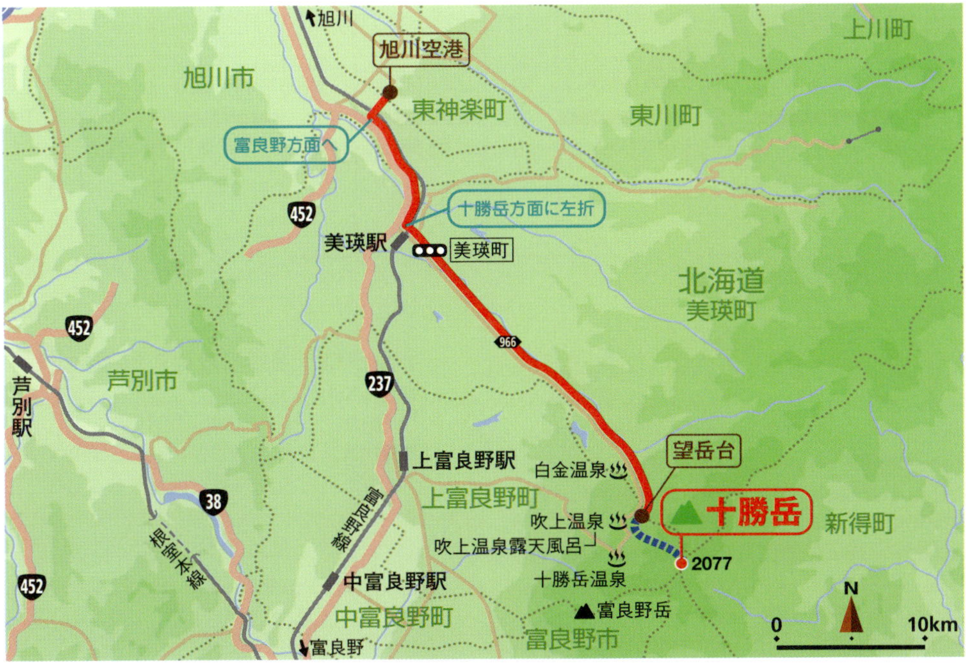

84 トムラウシ

百名山 6
標高 2141m
北海道

エリア 北海道

↑トムラウシ公園からの山頂（村田）

大雪山の奥部に位置し 美しい花々でも知られる難山

トムラウシは大雪山系の一部であるが、観光開発の手が伸びておらず大変に奥深い山だ。十勝川の源流を遡ってトムラウシ温泉への長いアプローチが難点だが、トムラウシ温泉は登山には便利な基地だ。この山は登山者も少なく、静かな登行が楽しめる。大自然の真っ只中に深く入りこむ実感を得ることができよう。登山路は湿地を含め水が多いので足元を固めて登りたい。登行時間も長く、かなりハードな登山となるので、十分な余裕を見ての計画で挑戦したい。

トムラウシまでのアクセス

新千歳空港 →（道央新道 13km）→ 千歳東IC →（道東自動車道 111km）→ 十勝清水IC →（道道718号 64.4km）→ トムラウシ温泉 →（林道 8km）→ 短縮登山口

アクセスプラン

登山基地はトムラウシ温泉。道央新道と道東道利用により、十勝清水ICまでのアクセスは格段に改善され、便利になった。千歳空港から千歳市内方面へ向かい、直進して道央新道（無料）に入り、千歳東ICから、道東道に乗入れる。十勝清水ICまで111キロの快適な山岳ルート。清水町のコンビニで、食料・飲料はここで調達する。清水町でいったん国道38号を左折して、程なく右折する国道をさらに直進して7. 5kmで人舞、標識に従いトムラウシ方面へ左折する。登山シーズンには、トムラウシ温泉からさらに８km上部まで林道が開放されて短縮登山口があり、一般車も入れるので、この林道を利用する。

Parking Information

トムラウシ温泉駐車場／短縮登山口

駐車台数	80台／50台
料金	どちらも無料
整備状況	舗装、マーキング区画／砂利敷き
その他	どちらもトイレあり

登山memo

トムラウシ温泉（標高660m）からだと標高差が約1500mあるが、さらに上部の短縮登山口（標高1000m）からでは標高差も1141mとなり、ほぼ１時間半の時間短縮が可能だ。ぜひ、この１時間半の短縮を活用したい。短縮登山口からあまり傾斜もきつくない登山道を進む。カムイ天上と呼ばれる辺りまで登るとトムラウシが見え始める。登山路は沢沿いの道となり、ぬかるみで足を滑らせるので、気をつけよう。この先、ひと登りすると山上の楽園が展開している。小沼や湿地が多く、季節には綺麗なお花畑が目を楽しませる。大きく盛り上がった山頂部への最後の登りは、岩礫地帯をほぼ１時間半の急登である。この区間が一番つらい。頂上からは西に十勝連峰、東に大雪山と雄大な山岳風景が展開する。登りに５時間、下りに４時間を見ておきたい。

下山後の楽しみ

おんせん トムラウシ温泉

登山基地の**トムラウシ温泉国民宿舎東大雪荘**は、登山の前後泊にぜひ利用したい山奥の１軒宿だ。豊富な湯量の温泉で、広大な内風呂、露天風呂とも実に気分爽快。ただし、食事は期待しない方が良い。シーズン中はかなり混雑するので、事前に予約しないと泊まれない。

たべる 新得蕎麦

下山して下界に戻る途中の畑中に蕎麦屋が何軒かある。この一帯は北海道でも有名な**新得蕎麦**の産地。土・日曜のみ営業の田舎風の蕎麦屋で手打ち蕎麦を賞味してはいかが。日勝峠手前の清水町まで戻ると、この町にも旨い手打ち蕎麦を出している蕎麦屋がある。なかなか洗練された味で、昼時間には待たされるお店もある。

問合せ先

新得町商工観光係　☎0156-64-5111
国民宿舎トムラウシ温泉東大雪荘　☎0156-65-3021

※夕張IC～占冠ICは2011年10月29日開通予定

85 幌尻岳（ぽろしりだけ）

百名山	標高 2053m
8	北海道

↑奥深い山並みが続く

日本百名山の中で最も難しい山の一つ 慎重な計画で登りたい

幌尻岳は日高山脈の最高峰。孤高の山である。全国の日本百名山の中でも、トップクラスに入る登頂の難しい山だ。山麓から奥深く林道を分け入らなければ登山口に到達できないばかりか、途中から幌尻山荘までかなりの水量の沢を何度も徒渉する。2011年７月マイカー規制が始まり、シャトルバス終点の登山口から歩き始める。この山の登頂は体力勝負とも言えるので、常に体調をチェックして慎重に登行する事が大切。登山シーズンも限定されており、綿密な登行計画を立てて挑戦しよう。

エリア 北海道

幌尻岳までのアクセス

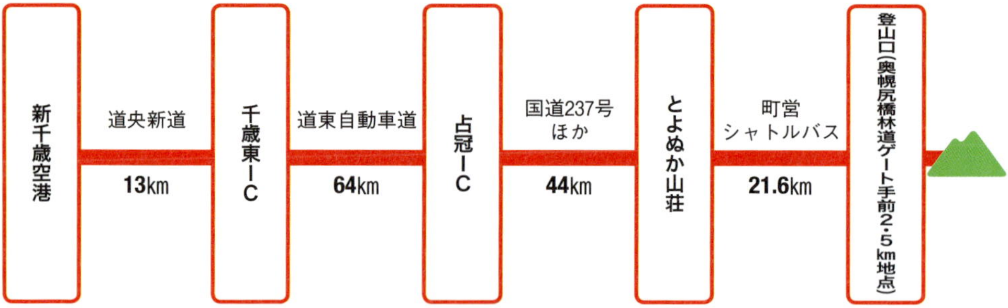

アクセスプラン

2011年７月から、平取町は多発する遭難事故を回避するため、林道へのマイカー規制を始めた。現在の登山基地は、登山口21.6km手前の「とよぬか山荘」。登山口は、奥幌尻橋ゲート手前2.5km地点のシャトルバス終点となる。千歳空港からは、道央新道と道東道利用により、占冠ICまで高速道が利用でき、便利になった。空港から千歳市内方面へ向かい、直進して道央新道（無料）に入り、千歳東ICから、道東道に乗入れる。占冠ICから国道237号に入り、途中日高町の交差点右側のコンビニで、食料・飲料を調達する。さらに国道237号を直進して、21.5km南下。振内橋手前を左折、9.4kmで「とよぬか山荘」。占冠ICより１時間20分。なお、距離的には、日高道日高富川ICも便利。

Parking Information

とよぬか山荘駐車場

駐車台数	50台
料金	無料
整備状況	未舗装の砂利敷き
その他	７～９月の夏季のみ営業

登山memo

奥幌尻橋林道ゲート（標高750m）から歩きやすい平坦な林道を２時間ほど進むと取水施設があり、ここで地下足袋等、沢登りに適した靴に履き替える。これより断続的に沢の徒渉が２時間ほど続く。沢と言っても、流れは早く強い。幌尻山荘(標高950m)近くでも、この沢はかなりの川幅と水量を維持しており、徒渉はかなり神経を使う。幌尻山荘は夏に管理人が常駐しているが、寝袋持参・自炊となる。幌尻山荘から山頂往復（標高差1100m）は朝早く出発すると、足に自信があればその日のうちに林道ゲートまで下山できる。山荘から急登の連続で、ハイマツ帯は枝や根が大きく延びており、歩行は困難を極めるので、時間を多めに見ておくと良い。やがて北カールの縁に取り付くと眺望が開け、山頂が見えるようになる。このあたりからは、それは見事なお花畑の連続となり、爽快感を味わえる。登山者にもほとんど出会わないし、静寂さの中で、日高の山奥深く入ってきたことが実感できる。幌尻山荘からの帰路も同じルートを下るので、再度の徒渉があり、最後まで気の抜けないハードな登行の連続である。

下山後の楽しみ

おんせん♨ 沙流川温泉

下山後、千歳空港に帰る途中、日高町の町外れにある**沙流川温泉ひだか高原荘**のお風呂に入り汗を流すと良いだろう。

たべる 千歳市

千歳市内に戻り、ビール大手３社直営のビール工場のレストランで、生ビールとジンギス鍋を賞味するのが洒落ている。また、千歳空港ビル３階のラーメン横丁も面白い。道内の有名ラーメン店の出店で、お好みの店のラーメンを選べるのが嬉しい。いつも混んでいるので、時間に余裕をもって行こう。

問合せ先

平取町幌尻登山案内所　☎01457-3-3838

※夕張IC～占冠ICは2011年10月29日開通予定

86 後方羊蹄山（しりべしやま）

百名山 9　標高 1898m　北海道

↑岩が露出する山頂にて

蝦夷富士の名にふさわしい端正な姿の名山

後方羊蹄山は、実に美しい裾野を引いた端正な山である。その姿が富士山と似ている事から「蝦夷富士」とも呼ばれている。洞爺湖やニセコ山麓から眺める姿は実に優美で印象的だ。独立峰のため登山路も四方から開かれている。今回紹介する真狩コースを含め、山容からして登山路は単調にならざるを得ない。頂上付近まではひたすら直登の連続である。山中には、水場が無いので、山麓の羊蹄山自然公園の「吹き出しの水」を携行する事を忘れないようにしたい。一般的には羊蹄山（ようていざん）と呼ばれている。

エリア 北海道

後方羊蹄山までのアクセス

新千歳空港 ―（道道支笏湖公園線・国道276号 80km）― 喜茂別町尻別 ―（国道230号・道道66号 19km）― 羊蹄山自然公園

アクセスプラン

登山基地は羊蹄山自然公園である。新千歳空港から2時間を見ておきたい。新千歳空港から5.3kmのJR千歳駅に出て左折する。ここから支笏湖手前まで快適なドライブが始まる。支笏湖手前まで21kmで信号と標識に従い国道276号に入り美笛峠に向かう。美笛峠の長いトンネルを抜けて喜茂別町尻別まで53km。ここで左折、国道230号に入り、ルスツリゾートを通過して留寿都村市街を右折。この先の真狩村市街のコンビニで食料・飲料を調達すると良いだろう。「倶知安・ニセコ方面」に走行すると、右側の羊蹄山自然公園に到達できる。

Parking Information

羊蹄山自然公園登山者駐車場

駐車台数	50台
料金	無料
整備状況	舗装。若干未整備の感あり
その他	トイレ、自動販売機あり

登山memo

後方羊蹄山の真狩登山口は、新千歳空港からのアプローチに優れ、山麓に登山者用の駐車場が整備されているので、おすすめの登山口である。羊蹄山自然公園の上手から真狩登山道（登山口の標高399m）が始まり、頂上までの標高差1500mは半端なものではない。単調なうえに、相当にハードな登山となる。

登山口から樹林帯の中を緩やかに登っていくが、ダケカンバが目立つようになる頃から斜度もきつさを増してくる。７合目を過ぎると、次第に展望も開き始め、急登を凌ぐと頂上部の火口縁に着く。頂上部には大きな火口があり、その縁を右に辿っていくと山頂に到達する。早朝に登り始められれば日帰り登山でも十分だろう。山頂までの登りに５時間、下りに３時間半を見ておきたい。山頂からはニセコ連峰の眺望が印象的だ。

下山後の楽しみ

おんせん♨ 真狩村温泉保養センター

登山口から至近距離に村営の日帰り温泉施設**真狩村温泉保養センター**がある。露天風呂には囲いが無いので、周囲の広大な農村風景と真正面に後方羊蹄山の雄姿が余すところ無く眺められ、行楽客にも人気が高い。

おんせん♨ ニセコ温泉郷

ここまで来ると**ニセコ温泉郷**も30分圏内。ニセコは冬のスキーで有名だが、四季折々に人気の高いリゾート地帯で、近年は海外からの観光客の滞在が目立っている。高原地帯には、随所に温泉が湧出しており、近代的な大ホテルから、温泉旅館、ペンションと施設が揃っている。筆者の推奨するのは、昆布温泉の奥の鯉川温泉旅館。一軒宿で、源泉100%の掛け流し温泉もさりながら、素朴なサービスと食事もとても好評だ。

問合せ先

真狩村産業商工観光課 ☎0136-45-2121

フライ＆ドライブを楽しむためのアドバイス

利用空港の選択にあたっての留意点

「フライ＆ドライブ」で利用する空港は、運航する便数の多い大きな空港を選択することが基本となる。登山には、天候急変や怪我等の予測し難いアクシデントに対する対策が必要であり、運航便数の少ない空港を利用すると、登山スケジュールの立て方や突発的な変更には大きな制約が生ずる。1日に2〜3便しか運航していない空港や欠航の多い空港の利用は極力避けたい。本書ではなるべく利用しやすい空港を中心に選択してある。そうは言っても、利尻岳と宮ノ浦岳の場合は他に選択肢が無いので、双方とも多少の不便は覚悟で稚内空港・利尻空港と屋久島空港を利用せざるを得ない。この両山の登山計画に当たっては日程に十分余裕を持った計画が望ましい。

割安航空券購入の知恵

通常、航空運賃はそれなりに高額な料金を設定している。しかしこの高額な航空券もちょっとした工夫をすると、ビックリするほど安い運賃でゲットする事が可能。決してバカ高い料金を払わないために、いくつかの手法をご案内してみたい。

1 究極の割安運賃、マイレージ特典

JAL、ANA共にマイレージ制度に力を入れている。これは、自社便搭乗ごとにポイント（マイル）が付与され、これを貯めて特典を得る仕組みで、特典の中には航空券も含まれている。普段、航空便利用の多いビジネスマン等は、絶対利用したい制度だ。搭乗距離で付与マイル数が違うが、国際線などに乗ると大きいマイルが付与される。中には提携している海外航空会社の便でもマイルが貯められるケースや、利用カードによっては市中でのカードによる買物にもマイルが付与される等、多くのチャンスがあるので、ぜひ活用したい。強力な援軍である。詳細は各航空会社に問い合わせのこと。

2 期間限定割引き運賃の活用

JALの「バーゲンフェア」、ANAの「超割」と名称は違うが、両社とも毎月期間限定で、10,000円前後の超割安な航空運賃を設定している。ただし、この制度は2ヶ月前の限定発売であることや、取消料が高いとか、かなりの制約がある。事前にインターネット等で十分検討してから利用したい。抜群に利用価値がある。

3 新興航空会社の路線

大手2社に対抗して、近年かなりの新興航空会社がローカル線を中心に進出している。これらの運賃は、おおむね大手より大幅に安い運賃を売り物にしており、個別の路線では大いに利用価値がある。例を挙げると、羽田/札幌、羽田/旭川のAIRDO、羽田/熊本のスカイネットアジア航空等である。早めの予約をすると、さらに「割引加算」もあるので研究して欲しい。ただし、運賃には変動があるので注意を。

4 格安パッケージ

インターネット等で丹念に探してみると、特定の路線で非常に安い格安パッケージが設定されていたりする。例を挙げると羽田/女満別の往復航空運賃と現地ホテル泊込みで30,000円台の設定のようなものだ。零細な旅行会社の設定もあるので、不安感もあるが、利用した人によると、問題は無かったそうだ。窮余の一策として検討価値ありだろう。

5 セット料金の活用

航空便の予約と同時にレンタカーの予約をすると、セット料金の設定があり、レンタカー料金が格安で借りられるケースがある。航空会社に確認しよう。また、JAL、ANA共に系列のチェーンホテルを経営している。こちらも航空便と同時に予約すると割引料金で泊まれるケースがあるので、チェックするとお得な情報が入手できる。

6 レンタカーを借りるにあたっての留意点

今回案内しているすべての空港には、レンタカー会社がデポを置いている。トヨタ、日産、ニッポンのレンタカーの大手3社はほぼ揃っているので、選択肢が大きい。車種の選択に当たっては、ローカル空港では希望車種が入手できない事も多いので、早めの予約をしたい。最近は「カーナビ付」のクルマも多くなっている。見知らぬ土地の山奥に入る事の多い山行では、カーナビは大きな威力を発揮するので、なるべくカーナビ付を借りると良い。また、多くの空港では、実際のレンタカー受け渡しの際、空港最寄りにデポがあり、時間を取られる事はない。注意したいのは、関空・新千歳等の大空港。これらでは実際乗車するまで、結構な時間を取られる。特に関空は本土側に行かなければならず、時間も多くかかり、極めて利用勝手が悪い。できるだけ関空利用は避け、伊丹空港を利用したい。

小松空港
利用の山

小松空港

小松空港は羽田からの便数も多く、大型機材を使うので利便性の高い空港である。羽田からの発着便は早朝から夜便まで就航時間帯が長く、選択肢が大きい。JAL、ANAの2社就航である。荒島岳は、できれば白山登頂後に越前大野に出て1泊。翌日、荒島岳登頂して福井市経由で小松空港から帰京の2泊3日の行程がおすすめだ。

87 白山（はくさん）

百名山 87	標高 2702m
	岐阜県・石川県

↑色づく山並み

北陸随一の名山、白山は雄大な展望とお花畑が魅力

白山は標高2702mの堂々たる高峰であり、北アルプス以西の最高峰である。信仰の山として古来より崇拝の対象となっていた山でもある。小松空港からも春秋の晴れた日には、白雪に覆われた美しい山容が遠望できる。標高が高いだけに登行は容易ではないが、危険な箇所はほとんどなく、花の美しい山なので、シーズンには老若男女の群れが山道を埋め尽くすほどの人気の山である。健脚の方は別当出合（標高1260m）からの標高差1442mは、日帰り登山もできる行程である。

エリア 小松空港

白山までのアクセス

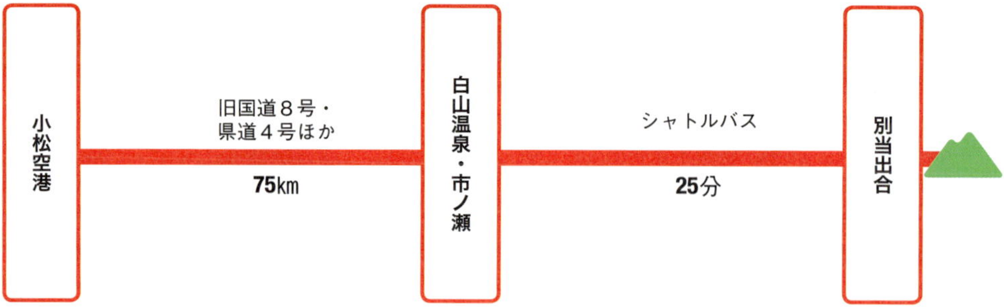

アクセスプラン

白山へは手取川渓谷を遡って白峰から入る別当出合が登山口であるが、夏季シーズンは手前の白山温泉までしか一般車は入れずシャトルバスに乗ることになる。小松空港から小松市内に向かい旧国道８号に入り、3.5kmで大長野交差点を右折して県道４号を鶴来に向かう。13.5kmで鶴来に出て、ここで国道157号を手取川沿いに南下する。鶴来町内のコンビニで食料・飲料の調達を済ませよう。旧白峰村で国道と分かれて白山温泉に向かう。白山温泉まで13.5kmの山道だが、道路は整備されている。全行程で２時間を見たい。

Parking Information

白山温泉周辺の駐車場

駐車台数	500台
料金	無料
整備状況	一部舗装
その他	

登山memo

別当出合からは２本の登山路が延びている。砂防新道と観光新道と呼ばれ、一般的には登りに砂防新道を利用し、下山に観光新道を利用するようだ。砂防新道からの登り道はそれほど急峻な箇所もなく、標高差1000mを登る事ができ、黒ボコ岩で観光新道と合流する。この間、２箇所に水場とトイレが設置されているのがありがたい。これより緩斜面に入り室堂平と呼ばれる台地に取り付く。季節によっては、途中まだ雪渓が残っているが、危険箇所はほとんどない。登山口から室堂平まで、４時間半を見ておく。室堂平から、広大な山頂部を形成しており、主峰の御前峰までは雄大な高山帯を40分程かけてゆっくりと登る。山頂部には、いくつかの沼や池があり、周遊路も何本か整備されているので、お花畑巡りを楽しむ事ができる。下山には観光新道を利用する。この観光新道は傾斜が結構きついが、ほぼ一方通行なので、初心者でも心配するほどではない。室堂平から３時間を見ておくと、別当出合まで戻れる。通常、室堂平や南竜ヶ馬場で宿泊する１泊２日の行程で登るが、白山温泉を始発バスで出発すると、無理なく日帰りで下山できる。

下山後の楽しみ

おんせん♨ 白山温泉

登山口にある**白山温泉**（はくさんおんせん）には山小屋風の１軒宿の永井旅館がある。この温泉は山のいで湯然としている素朴さが魅力だ。建物も年季の入った古い木造で、70年の歴史を持つという。木造の浴室、木組みの湯船、どれもが好ましい雰囲気である。料理は山菜が中心で、白山登山の前後泊にぜひ泊まってみたい親しみある宿だ。計画を早めに立てて予約を入れないと、予約が取れないほどの人気である。立ち寄り湯も可能なので、入浴だけでもおすすめしたい。露天風呂はない。

問合せ先
白山観光協会 ☎076-273-1001

88 荒島岳（あらしまだけ）

百名山 88

標高 1523m

福井県

⬆山麓から眺める荒島岳(津口)

深田久弥の故郷に聳える越前を代表する名山

荒島岳は、日本百名山に入っていなければ、全国各地からあえて登りに来る程の山ではなかろうと思ってしまう。『日本百名山』の著者深田久弥の故郷に近い山なのだそうである。しかし、百名山踏破を目指すのであれば、一度は登頂しなければならない。さすが登ってみると、そう馬鹿にしてはならない山だと納得できる。名山の名に恥じぬ風格で、峰を何度も越えるが、なかなか目的の頂上には届かない不思議な山なのだ。勝原スキー場からは1260mの標高差があり、そう簡単に頂上には辿り着けない訳である。

エリア 小松空港

荒島岳までのアクセス

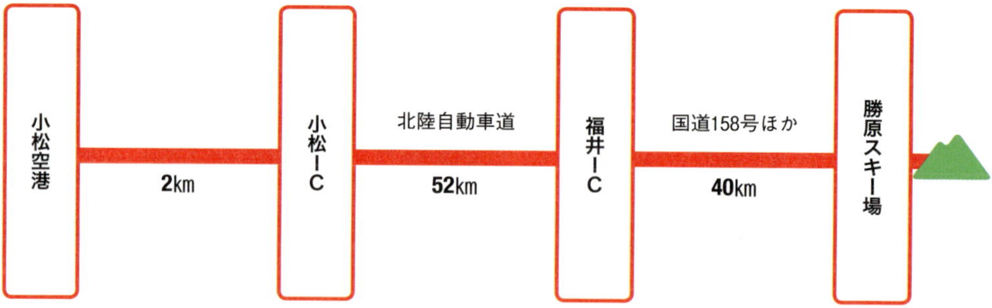

アクセスプラン

小松空港からクルマでのアプローチに適している荒島岳の登山基地は大野市勝原スキー場である。小松空港から勝原スキー場まで総走行距離は94km。２時間を見ておきたい。小松空港から北陸道小松ICに入り福井方面に進む。福井ICまで52km走り、ここで国道158号に降りて大野市方面に進む。北陸道は交通量が少ないのでスムースに走行できる。国道158号も整備されており、大野市内はバイパスで抜ける。大野市内のコンビニで食料・飲料の調達を済ませよう。なお、白山登山の帰路、大野市で１泊し、荒島岳を登頂する行程も良い。

Parking Information

勝原スキー場

駐車台数	３箇所で数百台
料金	無料
整備状況	未整備の広い空き地
その他	トイレあり

登山memo

登山口を出て、１時間ほどは勝原スキー場のゲレンデの中を登っていく味気ない道だ。スキーリフトの鉄塔が切れる頃から傾斜がきつくなり、深い樹林帯の登山路に変わる。登山路は良く整備されており、土止めの多い階段状の道が続く。やがてブナ林の斜面に入り、この先「しゃくなげ平」と呼ばれる稜線上の分岐点に着く。このしゃくなげ平には他の２本の登山路が集まり、急に登山者が増え始める。これより頂上部へ標高差320mの急な登りが始まる。頂上までにはいくつもの峰があり、目指す荒島岳の頂上にはなかなか辿り着けない。途中にはクサリ場もあり、やや気が焦る区間でもある。筆者が登ったのは10月のやや季節外れの時季であったが、なぜかご婦人グループにいくつも出会った。皆さんお元気で、賑やかなこと。不思議議な山の不思議議な現象であった。下山も同じルートを下り、往復６時間半は見ておきたい。この山は、白山と同一行程で踏破することをおすすめする。白山温泉から旧白峰村に下り、国道157号を南下して大野市に向かう。荒島岳登山口まで白山温泉からの走行距離も48.2kmなので負担にならない距離だ。

下山後の楽しみ

たちより 大野市

下山してクルマで10km少々走ると**大野市**に戻れる。この地方には温泉が無いので、宿泊を含めて休息できるのは大野市である。大野市内には国道筋に銭湯的な、ヘルスセンター的な大きな日帰り入浴施設がある。割り切ってここで汗を流そう。大野市は小京都と呼ばれる越前の山間の静かな地方都市で、朝市が有名。古い家並みが残り、城跡もあるので、途中下車にはおすすめの街である。おまけに名物の越前蕎麦の老舗も何軒かあるので、楽しもう。

問合せ先

大野市観光課　☎0779-66-1111

筆者が選ぶ

アプローチの難しい百名山トップ10

日本百名山の中から、東京在住の筆者の経験にもとづく
アプローチの難しい山トップ10を紹介します。
今後道路状況などで変わってきますので、ひとまずの目安としてください。

	山の名称(標高)	登山基地(標高)	難易度	コメント
1	**聖岳**(3013m) **光岳**(2591m)	易老渡(850m)	👑👑👑👑👑	東京からの総走行距離は300km強。飯田ICから本谷口までのルート選択は分かりにくい。本谷口から易老渡までは全国でも最悪なルート。迷路の如し、悪路の連続。しかも駐車場なし。
2	**幌尻岳**(2053m)	奥幌尻橋(750m)	👑👑👑👑	マイカー規制で林道乗り入れ禁止となり、アプローチは若干楽になったが、幌尻岳登山へのアプローチの困難度は変わらない。新千歳空港から登山基地の「とよぬか山荘」まで121km。
3	**薬師岳**(2926m) **黒部五郎岳**(2840m)	折立(1365m)	👑👑👑👑	東京からの総走行距離は460km強の長距離走行。有峰林道は前半急峻で、部分的に未舗装の山岳道路。夜間通行止。駐車場は完備。
4	**悪沢岳**(3141m) **赤石岳**(3120m)	畑薙第1ダム堰堤(椹島1123m)	👑👑👑👑	東京からの総走行距離は260km強。静岡市を抜けた油島から井川までは山越えルート。ルート選択に難渋する。その先は畑薙ダムサイトまで狭い舗装の県道。工事中の箇所も多い。
5	**塩見岳**(3052m)	鳥倉林道ゲート(1600m)	👑👑👑👑	東京からの総走行距離は300km弱。小渋橋から林道ゲートまでの16kmの長い林道走行に難渋。舗装路。
6	**トムラウシ**(2141m)	短縮登山口(1000m)	👑👑👑👑	新千歳空港から197km。トムラウシ温泉手前9kmは砂利道、路面良好。トムラウシ温泉〜短縮登山口間8kmは急峻なダート。要慎重運転。
7	**朝日岳**(1870m)	朝日鉱泉(550m)	👑👑👑	東京からの総走行距離は430km強。朝日鉱泉手前6kmは完全ダートの悪路。腹を擦るので低速運転が条件。駐車スペースはごくわずか。
8	**飯豊山**(2128m)	川入御沢キャンプ場(500m)	👑👑👑	東京からの総走行距離は350km弱。最後の20kmが悪路。一部未舗装。最終の2kmは狭い砂利道。
9	**恵那山**(2191m)	黒井沢登山口(1180m)	👑👑	東京からの総走行距離は320km強。恵那山林道は路面悪く、一部未舗装。閉鎖される事あり。
10	**大峰山**(1915m)	行者環トンネル西口(1094m)	👑👑	伊丹空港から120km。天川村から先15kmの国道は狭くて急峻な悪路。駐車場なし。

関西・中国地方の山

伊丹空港

関西の百名山は、関西空港からの方が距離が遥かに短い。しかし、レンタカー利用には大変不便な空港である。レンタカー会社は、すべて高額な通行料を請求される空港有料道路橋を渡った本土側の対岸にある。行きはまだしも、帰路は返車しても空港までは送ってくれず、実に不便である。その点、伊丹空港は、レンタカーはすぐ近くにあるし、アクセスは中国道豊中ICがすぐ近い。各方面への高速道にもすぐ繋がっており、大変使い勝手が良い空港だ。伊丹空港はJAL、ANAの航空会社別にターミナルビルが分かれているので、注意したい。関西の百名山の中で、伊吹山に関しては、東京からであれば新幹線利用も便利だろう。

米子空港

大山登山に利用する米子空港は、それほど便数が飛んでいる空港ではなく、羽田からで日に5便程度なので、行程企画には就航ダイヤを良く確認して欲しい。大山登山そのものはきつくないので、無理すれば東京から日帰り登山も可能である。レンタカーは空港のすぐ近くにあるので、クルマの受け渡しも楽である。

89 伊吹山（いぶきやま）

百名山 89 | 標高 1377m 滋賀県

↑お花畑が広がる山頂部(津口)

山上のお花畑で知られる伊吹山 関ヶ原から山岳道路でアクセス

伊吹山は、東京ー新大阪間の新幹線の車窓から良く眺められる山である。京都を出て米原を過ぎると、山肌が荒々しく削られて醜い山容が見えるが、冬に通過すると真っ白に雪化粧され、どっしりとした姿で、なるほど日本百名山の山と納得できる。石灰岩を削り自然を破壊する様を見ると、資本主義の醜い部分が垣間見える。その上、伊吹山には早くから観光山岳道路が開発され、頂上直下まで簡単にクルマで登れる。日本百名山踏破を目指す者としては、内心忸怩たる思いではある。

伊吹山までのアクセス

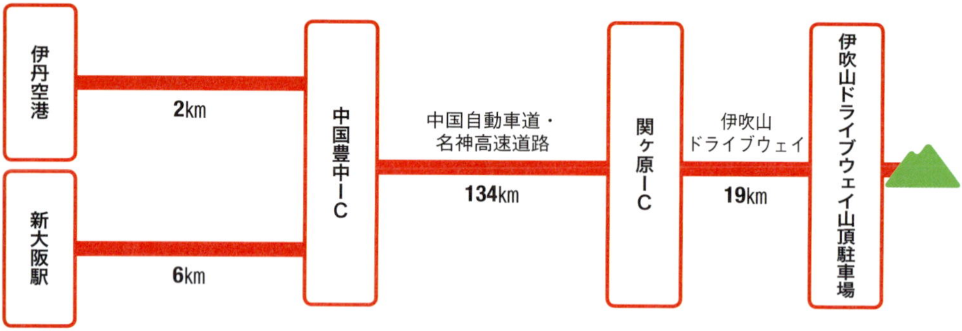

アクセスプラン

伊吹山へは名神道関ヶ原ICから接続する伊吹山ドライブウェイを走り、山頂下まで簡単に到達する事ができる。伊丹空港から中国豊中ICに入り、吹田JCTから名神道へ。伊丹空港から山頂駐車場までの総走行距離は156㎞。名神道は高槻〜京都間が渋滞の名所であったが、3車線の新線が開通して、スムースに走れるようになった。関ヶ原ICを出て2㎞直進すると伊吹山ドライブウェイ(有料)の伊吹山口に出る。あとは17㎞の快適な山岳道路を山頂直下まで走る。関ヶ原ICを出てからコンビニは無いので、名神大津SAで食料・飲料の調達を済ませよう。

Parking Information

伊吹山山頂駐車場

駐車台数	600台
料金	有料（通行料金に含まれている）
整備状況	舗装。マーキング区画で整備されている
その他	トイレ、売店あり

登山memo

この山は山頂まで開通している観光道路のため、関西方面からの観光客が大型バスでわんさと押しかけている。頂上直下の駐車場から山頂を仰ぐと、まさしく指呼の内にあり、「仰天する」とはこの事だ。駐車場(標高1250m)から山頂までわずか130m弱の標高差なので、駐車場から30分弱で山頂に立てる。山頂は広い台地状になっていて、伊吹山測候所や5軒の山小屋もある。この山頂へは駐車場からの周遊歩道もあるので、バスで来た観光客が登ってきて、賑やかなことこの上ない。こんな登り方を、登山と言わないと思われる方は、伊吹山スキー場の登山口から標高差1150mを3時間かけて登る事になる。

下山後の楽しみ

たちより 彦根・長浜

伊吹山はクルマで登る限りは、もはや登山とは言えず、観光と割り切るしかないだろう。筆者同様にクルマで登る向きには、下山してから**彦根**(ひこね)や**長浜**(ながはま)の湖東地方の観光ドライブをおすすめする。両市とも名城があり、城下町として琵琶湖と一体の雰囲気が良い。特に長浜市は古い街並みの保存・再建に熱心で、ゆっくりと散策を楽しむには心地良い地方都市である。この一帯には温泉は出ないし、伊吹では汗をかくヒマもないので、今回、ひと風呂は我慢しよう。

↑山頂部のシモツケソウ群生(津口)

××××××××××××××××××× **問合せ先** ××

米原市伊吹庁舎商工観光課 ☎0749-58-2227

90 大台ヶ原山（おおだいがはらやま）

百名山 90

標高 1695m

奈良県・三重県

⬆牛石ヶ原の歩道

原生林の美しい紀伊半島の名山へ ドライブウェイでアクセス

大台ヶ原山は、紀伊半島の中央に台地状に聳える山群で、日出ヶ岳が主峰である。日本でも有数の多雨地帯であり、大台ヶ原山を水源とする３本の大河の源流が流れ出している。南下して太平洋に流れる熊野川、東流して伊勢神宮を潤す宮川、それと下流で紀ノ川となる吉野川である。この山は、それほどにスケールの大きい山塊なのである。それほど奥深い山ではあるが、山頂近くまで大台ヶ原ドライブウェイが通じているので、登山としては、容易に頂上に立てる山である。

大台ヶ原までのアクセス

伊丹空港 —2km— 中国豊中IC

新大阪駅 —6km— 中国豊中IC

中国豊中IC —中国自動車道・近畿自動車道・阪和自動車道・南阪奈道路 59km— 新庄IC

新庄IC —国道169号ほか 64km— 大台ヶ原山頂駐車場

アクセスプラン

2005年に阪和道美原JCTから南阪奈道路が新庄ICまで17km開通したので、かなり便利になった。伊丹空港から中国豊中ICに入り吹田JCTから近畿道に走り込み南下する。さらに阪和道から南阪奈道へと走る。伊丹空港から大台ヶ原ドライブウェイ山頂駐車場までの総走行距離は125km。新庄ICから3.5km直進すると橿原市の中心部に入る。小房交差点の標識に従い右折して国道169号に入る。橿原市内の国道筋のコンビニで食料・飲料の調達を済ませよう。この国道を40km進むと大台ヶ原ドライブウェイの入口に出る。

Parking Information

大台ヶ原山頂駐車場

駐車台数	170台
料金	無料
整備状況	舗装
その他	トイレ、売店、食堂、宿泊設備あり

登山memo

駐車場ですでに標高1570mあり、頂上との標高差はわずか125mしかない。伊吹山より楽なのである。1961年開通したこの大台ヶ原ドライブウェイの建設には、大変な賛否両論の議論があったそうだが、今となってはこのドライブウェイを活用するしかない。駐車場から山頂の日出ヶ岳の単純往復だけなら、片道40分の水平移動で済む。折角この奥山まで来たのだから、せめて台上の周遊登山路を回るのが、一般的だ。すなわち駐車場から西にシオカラ谷、大蛇嵓、正木ヶ原をぐるりと周遊して日出ヶ岳に出るルートを取ると、ほぼ３時間。これより駐車場まで40分で１周できる。このルートは高低差こそほとんどないが、大台ヶ原山の持つ深山の雰囲気はとくと味わえる。この山では、「年400日雨が降る」の例えがあるほどで、雨具は必携だ。この山は簡単に踏破して、時間に余裕があれば、近くのもう一つの日本百名山、大峰山に挑戦してみるプランを試みてはどうだろうか。

下山後の楽しみ

たちより 大台ヶ原山周辺

大台ヶ原山は奈良県の最深部にある。秘湯探査がお好きな方には、国道169号や隣の国道168号を南下すると、**薬師の湯**、**十津川温泉**、**湯泉地温泉**等の秘湯に出会える。薬師の湯は大台ヶ原山からすぐ近くの上北山村にある村営の日帰り温泉施設で下山後の立ち寄り湯に手頃だ。山なら熊野とあわせて世界文化遺産となった吉野山、大峰山、高野山も近い。１日位はそんな名所巡りもしてみたい。歴史に興味がある方は、古代の古墳群などで知られる**明日香村**や、神武天皇陵のある**橿原神宮**も帰路の立ち寄りに便利な位置にある。

問合せ先

大台ヶ原ビジターセンター　☎07468-3-0312

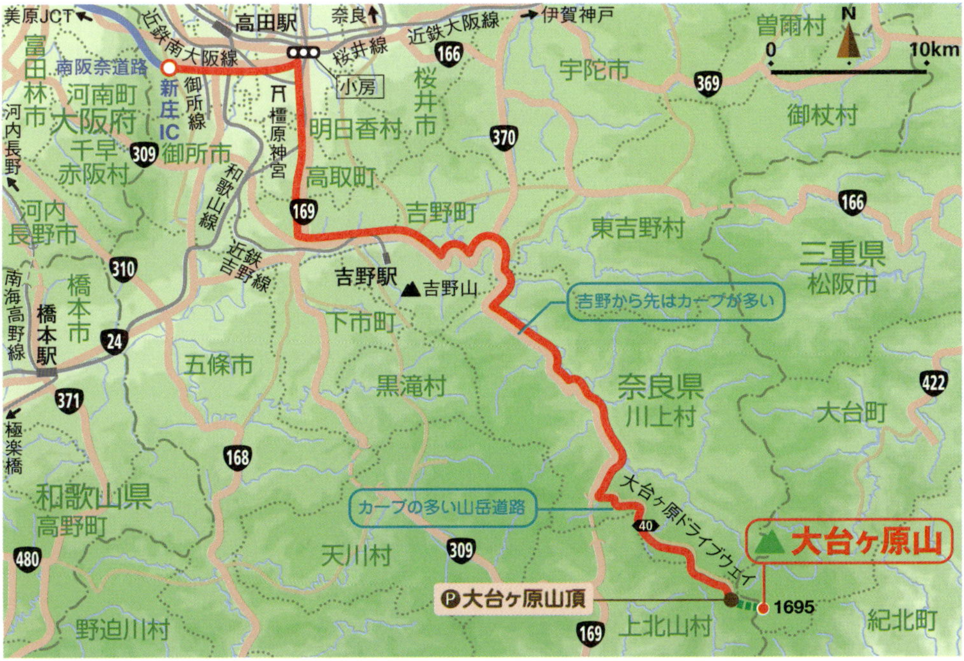

91 大峰山
おお みね さん

百名山	標高 **1915**m
91	奈良県

近畿の最高峰である修験の山へはアプローチも難しい

　大峰山は、この山脈の総称であり、最高峰は八経ヶ岳（標高1915m）で、関西一の高さを誇っている。この山群全体が修験者の信仰の峰々で、一部は未だに女人禁制の山でもある。修験者の山ゆえか登山口へのアプローチが極めて難しい。その上に、登山もかなりハードである。登山口の標高は1094mなので、頂上との標高差は820mだが、降雨日が多い地帯でもあるので、足元もぬかるみ、容易に頂上に立てる山ではない。世界文化遺産に指定された熊野の参詣道の一つ、「大峯奥駈道」が通っている山でもある。

↑トウヒの原生林から見る八経ヶ岳（津口）

エリア　関西・中国地方

大峰山までのアクセス

伊丹空港 ─2km─ 中国豊中IC ─中国自動車道・近畿自動車道・阪和自動車道・南阪奈道路 59km─ 新庄IC ─国道169・309号ほか 58km─ 行者還トンネル西口

新大阪駅 ─6km─ 中国豊中IC

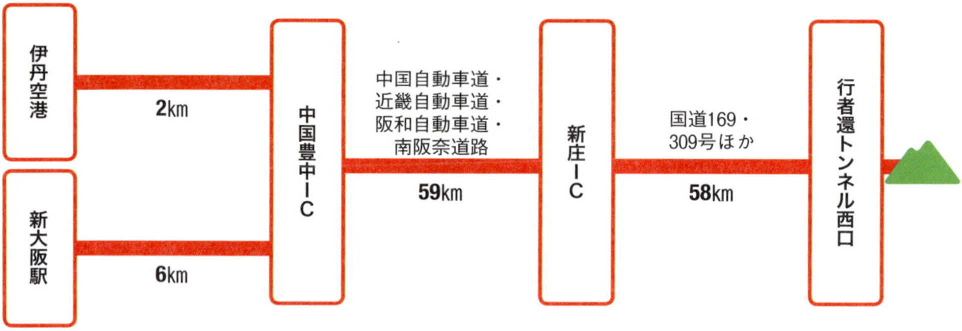

アクセスプラン

　大峰山の登山口は国道309号の行者還トンネル西口である。新庄ICからそのまま走り込む国道165号を3.5km直進すると橿原市の中心部。小房交差点の標識に従い右折して国道169号に入る。橿原市内の国道筋のコンビニで食料・飲料の調達を済ませよう。国道169号を走り、大淀町から国道309号に入る。大淀町を過ぎると山間部に入り、長大な新笠木トンネルを抜けると天川村に入る。天川から先の国道15kmは未整備の極端な悪路になる。細い山道を上っていくとトンネル入口が見えてくる。これが行者還トンネルである。

Parking Information

駐車場はない

駐車台数	
料金	
整備状況	
その他	

※登山口には駐車場はないので、国道の路肩のスペースを見つけて駐車する。せいぜい20台程度停められる空地しかない。

登山memo

登山口の行者還トンネル西口から、一気に尾根に取り付く急傾斜の登山路に入る。尾根筋の大峯奥駆道出合までの標高差400mの登山路は、短い距離ながら急峻の上、谷筋の登山路がぬかるんでいるので、往生する区間である。この登りに40分は見たい。この出合からは、行者還岳から大峰山に至る修験道を登る事になる。この尾根筋はブナ主体の鬱蒼とした樹林帯の中のアップダウンで、２時間半くらいで弥山直下の弥山小屋に達する。この弥山小屋に荷物を預けて八経ヶ岳を往復するが、１時間強で戻れる。下山には、同じルートを戻る。稜線上は楽な尾根歩きながら、雨にやられると辛い。大峯奥駈道出合からの下りは、谷筋なので気を付けたい。下山には、２時間半くらい必要だろう。

下山後の楽しみ

たちより 大峰山の下山後の見どころ

大峰山は奈良県の最深部にある。秘湯探査が好きな方には、天川村に下って点在する**天川温泉**、**洞川温泉**も良いが、国道168号を南下すると、**十津川温泉**、**湯泉地温泉**等の秘湯に出会える。天川村は関西の秘境と言われ、素朴な山村風景が良く残された村だ。山なら吉野山や高野山も近い。１日位はそんな名所巡りもしてみたい。歴史に興味がある方は**明日香村**や**橿原神宮**も帰路の立ち寄りに便利な位置にある。

↑大峯奥駈道からの大普賢岳

問合せ先

天川村総合案内所	☎0747-63-0999

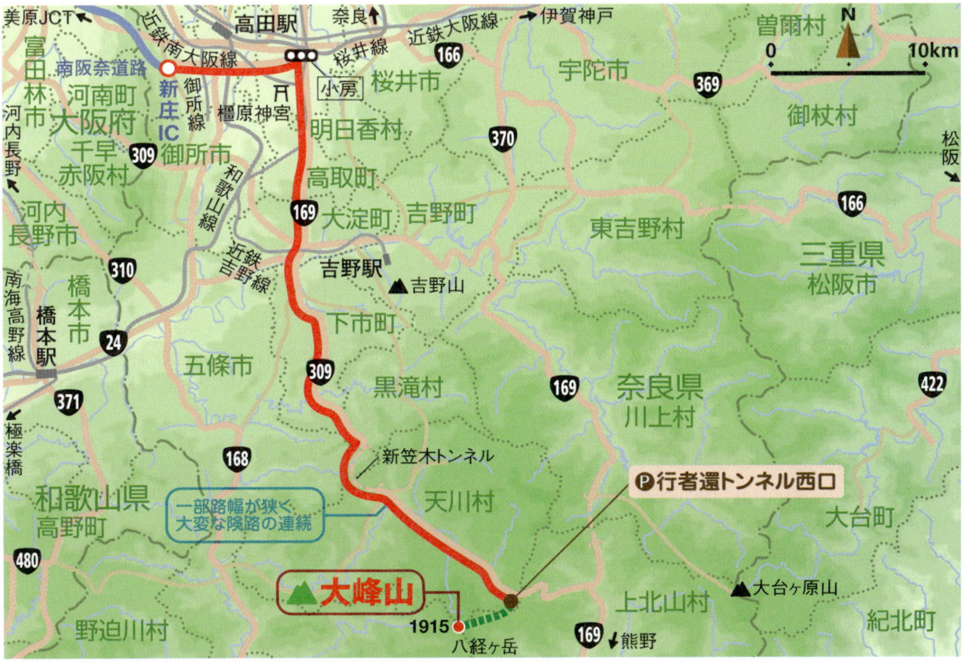

大山（だいせん）

百名山	標高 1729m
92	鳥取県

⬆険しい大山の北壁

中国地方唯一の百名山へは米子からアクセスが良い

大山は中国地方の最高峰で「伯耆富士」とも呼ばれ、優美な裾野が印象的な独立峰である。山全体が崩れやすい火山岩から成っているため、北壁、南壁は荒々しい崩落が見られる。最高峰は剣ヶ峰（標高1729m）であるが、頂上周辺は崩落が進んで危険なため、立ち入り禁止の措置が取られている。現在登頂できるのは弥山（標高1709m）まで。大山寺の登山口は標高780mなので、頂上までの標高差は930m。それ程難しい山ではない。頂上台地には、県の天然記念物であるダイセンキャラボクの純林があるなど、多くの植物に恵まれた山域でもある。

大山までのアクセス

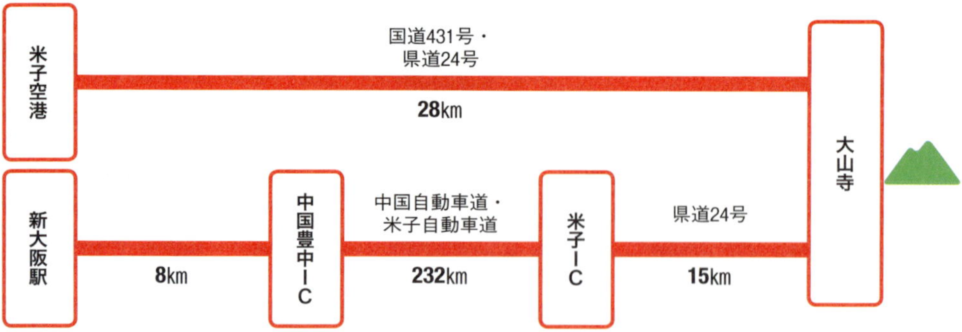

アクセスプラン

米子空港から大山へのアプローチは分かりやすい。米子空港を出るとすぐ国道431号を弓ヶ浜沿いに米子市内に向かう。米子市内のコンビニで食料・飲料の調達を済ませよう。この国道431号を15km走ると米子自動車道米子ICに接続しているが、IC入口で左折して県道24号（大山道路）に入る。この大山道路を終点まで13km上り詰めると登山口である大山寺バス停に着く。米子空港から大山寺バス停までの総走行距離はわずか28km。大山道路に入ってからは緩やかな傾斜の上り坂が続くが、整備が行き届いた道路で、快適に走れる。

Parking Information

大山寺駐車場

駐車台数	100台
料金	有料
整備状況	舗装
その他	トイレ、売店の設備あり

登山memo

駐車場のすぐ左側から登山道が始まる。広い階段状の登山路で、さすが人気抜群の山の事はある。登山者も多い。まもなく、左から大山寺からの登山路が合流する。これより深いブナ原生林の中の登行となるが、次第に斜度も増してくる。６合目避難小屋あたりで森林限界を超え、眺望が開けてくる。ここまで２時間くらいかかる。あとは火山砂礫の中の急登が続くが、頂上北壁の強烈なガレ場や、下界の日本海の眺めが広がり、足下にはお花畑があり、目を楽しませてくれる。傾斜が緩み始めると、もう弥山頂上（標高1709m）で、現在はここまでしか登れない。山頂付近は木道が敷かれ、立ち入り禁止区域も多いので注意したい。下山には、同じルートを使うが、最後に登山道を右に取り、大山寺にお参りして下山しよう。大山登頂は、登り３時間半、下り２時間ほどと日帰り登山に適当な所要時間である。

下山後の楽しみ

たちより 大山寺

下山路途中から右の連絡道を進むと大山寺境内は近い。**大山寺**をお参りしてから長い石段を下りて古い門前町の風情を楽しもう。

おんせん 皆生温泉

大山は東京から日帰りも可能であるが、ここまで来たらぜひ**皆生温泉**あたりで泊まって、日本海の美味しい魚でも賞味してから帰りたい。皆生温泉は大山道路を下った海岸に広がる大きな温泉で、大小の設備の整った旅館が軒を連ねている。ほとんどの旅館が海沿いに建てられているので、西側に広がる弓ヶ浜の景色も楽しめる。

たべる 境港

米子空港近くの**境港市**は漁業の町。国道沿いに安くて新鮮な魚介類を食べさせるお店が多いので、お昼ご飯には手頃である。

問合せ先

大山町商工観光課　☎0859-53-3110

筆者が選ぶ

総合的に難易度の高い百名山トップ 10

アプローチ、登山の難易度など、筆者の経験から
総合的に難易度の高い日本百名山を並べました。
登山ルート、アプローチ方法によっては印象が変わりますので、参考として見てください。

	山の名称(標高)	登山基地(標高)	アプローチ難易度	登山難易度	総合難易度
1	**聖岳** (3013m)	易老渡 (850m)	♛♛♛♛♛	♛♛♛♛♛	♛♛♛♛♛♛♛♛♛♛ 10点
2	**黒部五郎岳** (2840m)	折立 (1365m)	♛♛♛♛	♛♛♛♛♛	♛♛♛♛♛♛♛♛♛ 9点
3	**飯豊山** (2128m)	川入御沢 キャンプ場 (500m)	♛♛♛	♛♛♛♛♛	♛♛♛♛♛♛♛♛ 8点
4	**幌尻岳** (2053m)	奥幌尻橋 (750m)	♛♛♛♛	♛♛♛♛	♛♛♛♛♛♛♛♛ 8点
5	**北岳** (3193m)	広河原 (1530m)	♛♛	♛♛♛♛	♛♛♛♛♛♛ 6点
6	**赤石岳** (3120m)	畑薙 第1ダム堰堤 (椹島1123m)	♛♛♛♛	♛♛	♛♛♛♛♛♛ 6点
7	**穂高岳** (3190m)	上高地 (1504m)	♛♛	♛♛♛♛	♛♛♛♛♛♛ 6点
8	**塩見岳** (3052m)	鳥倉林道 ゲート (1600m)	♛♛♛♛	♛♛	♛♛♛♛♛♛ 6点
9	**槍ヶ岳** (3180m)	新穂高温泉 (1090m)	♛♛	♛♛♛♛	♛♛♛♛♛♛ 6点
10	**剱岳** (2999m)	室堂 (2450m)	♛♛	♛♛♛♛	♛♛♛♛♛♛ 6点

四国の山

徳島空港・松山空港

四国の百名山の2峰は、徳島空港または松山空港を利用して、一度の行程で踏破するのが便利だろう。徳島・松山両空港へはJALとANAの2社が運航しており、いずれの空港へも10便以上飛んでいるので、どちらも利用には便利な空港だ。剣山へは高松空港が至近距離だが、途中結構な山越えがあり、道路状況も良くないのでおすすめできない。

アドバイス

徳島空港へは羽田から早朝便もあるので、徳島空港からすぐに徳島高速道に入り剣山へは簡単に日帰り登山が可能である。剣山下山後は往路の徳島道に乗り入れ西に向かい、徳島道と直結している松山道を走るとその日のうちに、石鎚山のロープウェイ山麓駅周辺に楽に到着できる。ここで1泊し、翌朝早く石鎚山頂上を往復。下山後は高速道で松山市に出て、松山空港から夕刻の便に乗ることが可能である。この2峰連続登山案は実に効率的だが、この逆ルートは時間配分上不便であり、あまりおすすめできない。

93 剣山（つるぎさん）

百名山 93 | 標高 1955m | 徳島県

↑大剣神社の御塔石

四国山地の高峰ではあるが、リフトで楽に登頂できる

剣山は名前に反して、実に優しい山である。四国山地に奥深く分け入るので、厳しい山を想像しがちだが、登行はいとも簡単で、若干拍子抜けすることだろう。登山基地の見ノ越バス停がすでに標高1400mの高地にあり、ここから登山リフトで登る西島は標高1710mもあるので、山頂までの標高差は245mしかない。物足らない向きは見ノ越から登り始めたら良いだろう。山頂付近もなだらかな草原に無線アンテナが立ち並び、高山の趣きは無いが、この山は、石鎚山に続く西日本第２の高峰なのである。

剣山までのアクセス

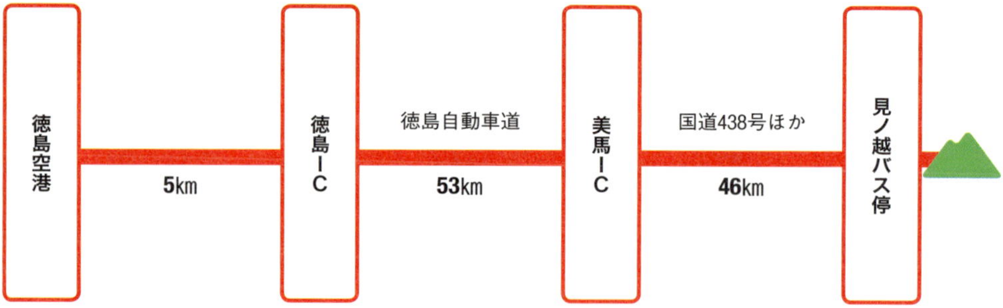

アクセスプラン

徳島空港から剣山へのアプローチは、レンタカーを利用すると、大変簡単に到達できる。徳島空港を出て徳島市内に向かう途中、吉野川を渡る手前で右折する。徳島道徳島ICに入る前に、市内のコンビニで食料・飲料の調達を済ませよう。徳島道はとても走りやすい。高速区間は美馬ICまで53km。美馬ICを出て国道438号に入る。この国道を46km上り詰めると登山口である見ノ越バス停に着く。徳島空港から見ノ越バス停までの総走行距離は104km。国道438号はほぼ全区間にわたって山間を走り、一部未整備でカーブも多い。

Parking Information

見ノ越バス停周辺

駐車台数	合計200台
料金	無料（一部有料あり）
整備状況	舗装
その他	トイレ、売店、食堂等も登山口近くに多い

登山memo

リフト終点の西島からは幾筋もの登山道が良く整備されて、山頂まで延びている。どれを選んでも傾斜は緩やかで、全く苦労せずに山頂に達する。正直、この山奥まで来て、なんだと思わずにはいられない。頂上には山小屋２軒と剣山測候所等の施設があり、何とも味気ない。山頂からの眺望は、四国山脈の名も知らぬ峰々が連なるだけ。山頂往復には、山頂の休憩を入れても２時間を見ておけば十分だろう。

剣山の登山があまりにも楽なので、先を急ぎ石鎚山登頂を計画する場合は、美馬ICへ戻り、徳島道を西へ向かう。

下山後の楽しみ

みどころ 旧東祖谷山村

剣山のある**旧東祖谷山村**は平家の落人部落の伝説で名高い四国の最深部に位置している。有名な「かずら橋」はこの村の西側にある。山間の国道439号はなかなか険阻な山岳道路だが、時間の余裕があれば、寄り道してみたい。

おんせん 祖谷温泉

かずら橋の先には秘湯ファンには欠かせない**祖谷温泉**がある。１軒宿で源泉掛け流しの名湯が溢れている。川底の露天風呂には専用ケーブルカーで降りていく。

↑リフト終点からの展望

問合せ先

三好市産業観光課　☎0883-72-7620

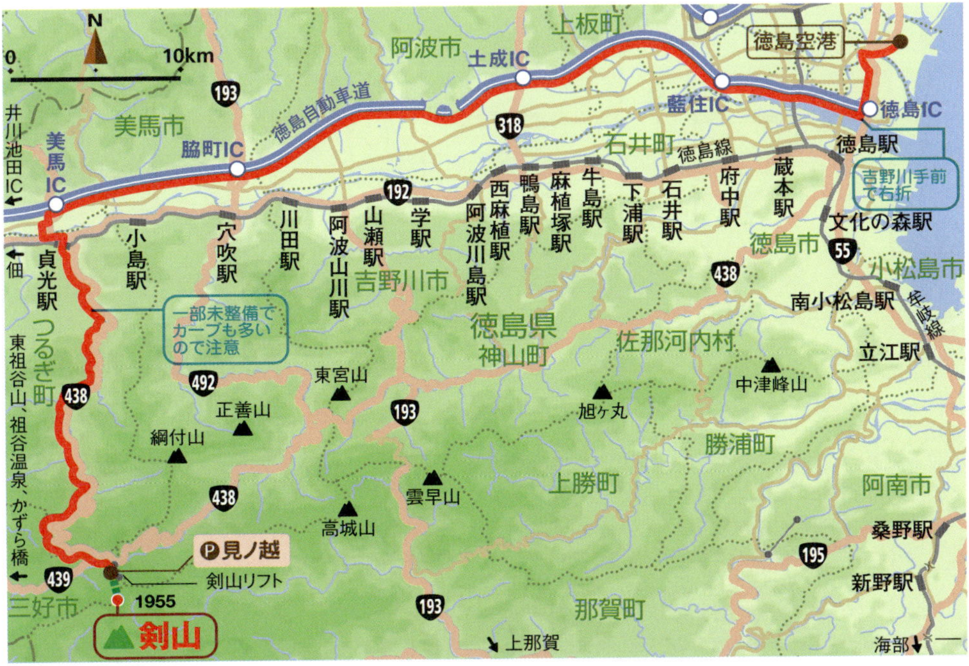

94 石鎚山（いしづちさん）

百名山 94 | 標高 1982m | 愛媛県

⬆夜明峠からの石鎚山

西日本一の高峰で修験の山でもある 石鎚山へはロープウェイ利用で登る

石鎚山は、西日本第1の高峰で、山岳宗教のメッカである。古くから修験者による登山路が幾本も開かれてきた。その中で、主要な登山路は①西条市から石鎚登山ロープウェイを利用する表参道ルート、②松山市方面からクルマでのアプローチが楽な石鎚スカイライン経由の裏参道ルートの2本である。今回紹介する表参道ルートは、ロープウェイで登った山頂成就駅からの登行がかなりの難路である。4箇所のクサリ場があり、急傾斜で度肝を抜かれる。弥山山頂まで急登が続き、最後の最高峰、天狗岳へは岩稜をよじ登る。

エリア 四国

石鎚山までのアクセス

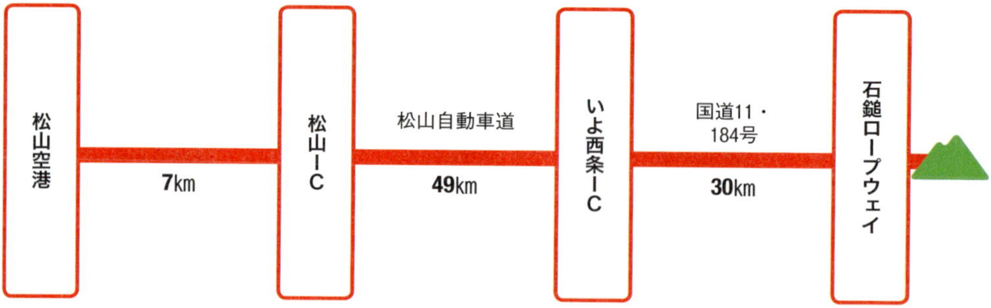

アクセスプラン

松山空港から石鎚山へのアプローチは、レンタカーを利用すると短時間で到達できるようになった。松山空港を出て松山市内には向かわず、松山ICに向かう。7㎞でICに着く。いよ西条ICを出て国道11号で西条市内を通過する。西条市内のコンビニで食料・飲料の調達を済ませよう。ICから6㎞で国道194号に入り、すぐ右手に西条ゴルフ場を見て、標識に従い右折し県道を石鎚ロープウェイ山麓下谷駅に向かう。西条市内から24㎞で登山基地の石鎚ロープウェイ山麓下谷駅に着く。松山空港から石鎚ロープウェイ山麓下谷駅までの総走行距離は86㎞。

Parking Information

石鎚ロープウェイ山麓下谷駅周辺

駐車台数	計700台
料金	いずれも有料
整備状況	ほぼ全箇所が舗装されている
その他	トイレ、売店、食堂等も山麓下谷駅周辺に多い

登山memo

筆者の印象としては、西日本の百名山登頂の困難さでは、1、2を争う山と思われる。始めから最後まで息の抜けない本格的な山である。同じ四国の名山でも、剣山の登頂があまりにも、あっけないので、ここは気を引き締めて登頂したほうが良いだろう。山頂成就駅は標高1280mで、頂上までの標高差は700m。参道には、旅館やみやげもの屋が軒を連ね、石鎚神社成就社を経て、登山道に入る。標高1600mあたりから、最初のクサリ場があり、さらに弥山直下までに３本のクサリ場が続く。いずれも本格的なクサリで相当に緊張させられる。無理と思えば迂回路もあるが、ここは踏ん張り、全クサリ場をクリアしたい。ここで自信をつけておかないと、本州中部の高峰のクサリ場には挑戦できないのだ。最後の三の鎖をクリアすると、石鎚神社頂上山荘がある弥山に到達できる。ここから最高峰の天狗岳はすぐだ。山頂成就駅から天狗岳山頂まで３時間、下りに２時間強を見ておきたい。無理なく日帰り登行が可能である。

下山後の楽しみ

おんせん 道後温泉

松山といえば**道後温泉**と坊ちゃん。折角四国まで遠征したからには、ぜひとも道後温泉に浸かって帰りたい。温泉場の中心に今なお「坊ちゃん時代」から変わらぬ建物の共同浴場が営業している。温泉ファンならずともこの雰囲気は捨てがたい魅力だ。道後温泉は建て込んだ街並みに大きな旅館が軒を連ねている。時間に余裕を持たせて１泊してはいかがだろうか。

みどころ 松山市

松山市も魅力的な町だ。市内電車が走り、市の中心に松山城が聳え、正岡子規関連の旧跡もあり、見どころいっぱいの観光都市である。

問合せ先

西条市観光振興課 ☎0897-56-5151

筆者が選ぶ

もう一度登りたい、優しく魅力的な百名山 10（北から順に）

筆者の経験から、もう一度登りたい魅力的な山をピックアップしました。

	山の名称（標高）	登山基地（標高）	魅力度	コメント
1	**羅臼岳**（1660m）	岩尾別温泉（210m）	♛♛♛♛	女満別空港からのアプローチは楽である。標高差はあるが、登山そのものは難しくない。世界自然遺産の中心的存在。周辺の温泉や味覚も魅力的。国後島の眺めが印象的。
2	**八甲田山**（1584m）	酸ヶ湯温泉（900m）	♛♛♛♛	東京からの距離は長いが山容は優しく、登山もそこそこに楽しめる魅力の多い山。周辺は鄙びた温泉の宝庫。酸ヶ湯、蔦、谷地、猿倉とどこも魅力的な秘湯ばかり。
3	**燧ヶ岳**（2356m）	鳩待峠（1590m） 大清水（1200m）	♛♛♛♛♛	尾瀬ヶ原を前面に抱いた燧ヶ岳は何度訪れても飽きが来ない魅力的な山。季節毎にそのたたずまいを替える姿は印象深い。東京からのアプローチにも優れている。尾瀬沼も素敵だ。
4	**魚沼駒ヶ岳**（2003m）	駒ノ湯（380m）	♛♛♛	アプローチが楽な割には、深山の雰囲気が漂う魅力的な山。夏も雪渓が多く、緊張して登らなくてはならない所が堪らない。下山後の楽しみも、温泉や蕎麦等、豊富である。
5	**天城山**（1405m）	天城高原（1040m）	♛♛♛	登山口までの行き帰りのドライブが楽しみな山の一つ。登山は四季を通じて楽しめるのも魅力。登山そのものは容易である。下山後のいで湯巡りも楽しみ。
6	**火打山**（2462m）	笹ヶ峰（1310m）	♛♛♛	地味な山であまり人気が無いが、大変魅力的な山。登山路は良く整備され、途中の風景の変化も楽しめる。池塘も多く、全般的に優しい印象が残る。登山は楽ではない。
7	**薬師岳**（2926m）	折立（1365m）	♛♛♛♛♛	登山としてはかなり難易度は高い。なぜかもう一度トライしてみたくなる魅力の多い山。天候さえ安定した時期には危険度はあまり無い。悠々たるその山容が素晴らしい。
8	**白馬岳**（2932m）	猿倉（1230m）	♛♛♛♛	人気が高い。山登りにとっても極めて魅力的な山。大雪渓の登りや山頂の設備の整った山小屋も魅力的。白馬3山縦走後の白馬鑓温泉入浴も楽しみの一つ。
9	**仙丈ヶ岳**（3033m）	北沢峠（2030m）	♛♛♛	登山口の北沢峠までのアプローチが容易なので、健康が許す限り、何度か再訪したい山。ドッシリとしたその山容は実に魅力的。3000mを超えるが危険度は少ない。
10	**九重山**（1791m）	牧ノ戸峠（1330m）	♛♛♛♛♛	登山そのものは容易な初級の山だが、この連山の持つ優しい雰囲気は誠に捨てがたい。坊ガツルの高原逍遙やランプの灯が揺れる法華院温泉の一夜は忘れ難い想い出。

九州の山

熊本空港

熊本空港にはJALとANAに加えスカイネットアジア航空が飛んでいる。羽田からは日に合計20便以上飛んでいるので選択肢が大きい。中九州の3名山は熊本空港が至便である。祖母山はやや難しい山だが、阿蘇山、九重山とも比較的容易な山なので、出来れば2泊3日位の日程で3峰を一度の山行でまとめて登ってしまう事も可能。大分空港は使い勝手が悪いので敬遠したい。

鹿児島空港

鹿児島空港へはJALとANAに加えローカル2社も就航し4社体制で、羽田からは日に20便以上飛んでいて、とても便利な空港である。霧島山、開聞岳ともに、登山としては初級の山であり、簡単に登頂できる。せっかくなので可能な限り2峰まとめて一緒の山行にしてしまいたい。鹿児島空港から両山の山麓近くまで有料道路が通じており、無理すれば1泊2日の行程でも可能だが、良い温泉も多い地方なので温泉2泊の3日行程のプランがおすすめ。

屋久島空港

宮ノ浦岳は屋久島にある山なので、クルマの利用は難しい。飛行機とタクシーなどの組合せになる。羽田、伊丹などから直行便はないので、鹿児島空港で乗り継ぐ。鹿児島空港で、日に6便程度就航の日本エアコミューターの小型機に乗り換えて入島するのが一般的。この路線は生活路線なので予約が取りにくい。早めの予約が必要だ。午後便で屋久島に到着し、海岸にある宿で1泊して、翌早朝登山開始。さらに山中で1泊しなければならないので、時間的に十分余裕を持った計画が必要。開聞岳も一緒にという場合には、屋久島安房港から薩摩半島南端の指宿港までのジェットフォイルを利用すると便利。指宿温泉等で1泊して翌朝に開聞岳登頂。下山後はレンタカーまたは空港連絡バスで鹿児島空港に出られる。

95 九重山（くじゅうさん）

百名山 95 | 標高 1791m | 大分県

↑ミヤマキリシマの咲く中岳

個性豊かな山並みの続く九重山にはやまなみハイウェイでアクセス

九重連山は名前の如く峰々が幾重にも連なり、九州本土の屋根を形成している。最高峰は中岳（標高1791m）である。登山口はたくさんあるが、アプローチに便利なやまなみハイウェイの牧ノ戸峠からは、比較的楽な登山ができる。牧ノ戸峠の標高は1330mあり、中岳との標高差も460mしかないので、牧ノ戸峠からの往復は日帰りで十分だ。連山には活火山もあり噴煙も見られるが、危険箇所は少ない登山路である。時間に余裕を持った計画を立て、下山路は法華院温泉に向かうようにおすすめする。

エリア 九州

九重山までのアクセス

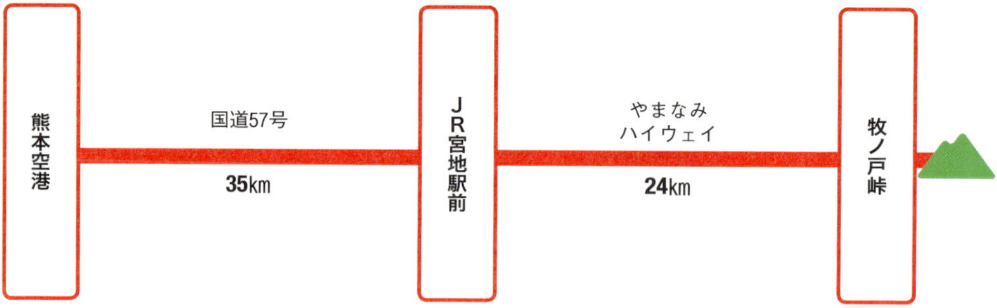

アクセスプラン

熊本空港から九重山へのアプローチは、阿蘇外輪山や広大な阿蘇カルデラを走る快適な山岳ドライブが楽しめる。熊本空港を出て大津町に出る標識に従い下っていく。約5kmで国道57号に出たら右折して阿蘇山方面に走る。阿蘇外輪山からカルデラに下りて、右に雄大な阿蘇の山並みを見ながらJR宮地駅前まで国道を走る。このあたりの阿蘇市内のコンビニで食料・飲料の調達を済ませよう。これより、やまなみハイウェイを牧ノ戸峠まで上っていく。熊本空港から牧ノ戸峠までの総走行距離は約59km。1時間30分くらいである。

Parking Information

牧ノ戸峠駐車場

駐車台数	200台
料金	無料
整備状況	舗装。良く整備されている
その他	トイレ、売店の設備あり

登山memo

牧ノ戸峠の駐車場からすぐ後ろの尾根筋に取り付き、この尾根をひたすら登りきると、広い台地状の分岐点に出る。これより九重の山上漫歩とも言うべき西千里ヶ浜の快適な高原登行が始まる。久住分れ避難小屋からひと登りで久住山(標高1787m)、さらに尾根を辿っていくと最高峰の中岳はすぐだ。牧ノ戸峠から２時間半の登りは手頃な行程だろう。中岳からは、法華院温泉に直接下降する白口谷ルートもあるが、高原漫歩を楽しむには、ぐるりと山頂群を周遊して、先程の久住分れに戻るコースを取ろう。久住分れからの下り道を行くと、法華院温泉まで、中岳山頂から２時間前後。法華院温泉に１泊して、翌朝は旧制広島高師の山歌「坊ガツル賛歌」で有名な坊ガツルの一帯をのんびり逍遥してから、雨ヶ池越えで長者原ビジターセンターに下りる。この法華院温泉から長者原に下るルートは、九州自然歩道に指定されている。この間、ゆっくり歩いても２時間あれば、十分だろう。

下山後の楽しみ

おんせん 法華院温泉

下山は牧ノ戸峠に直接下りず、**法華院温泉**に下って、素朴な山のいで湯で１泊したい。法華院温泉はランプの灯る一軒宿。九重連山に囲まれた静寂な環境での一夜は、本州の山では味わい難い貴重な経験ができる。５月から６月にかけては、九重山麓を覆うように、一面に濃いピンク色のミヤマキリシマの群落が咲き誇り、それはそれは見事な光景だ。長者原から牧ノ戸峠までは定期バスで簡単に戻れる。

おんせん 九重山麓の温泉

この一帯には鄙びた湯が豊富に散在しており、温泉巡りも楽しい。最近有名になった**黒川**を始め、**万願寺**、**筋湯**と山峡にひそやかな湯煙りを上げている温泉が多い。

問合せ先

九重町商工観光課 ☎0973-76-2111

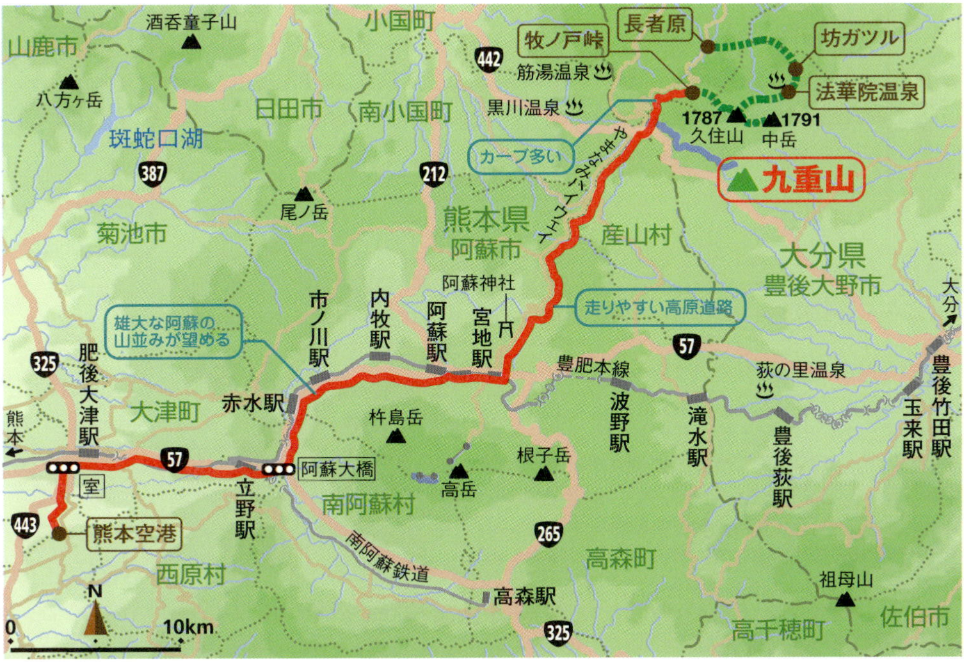

96 祖母山（そぼさん）

百名山 96

標高 1756m

大分県・宮崎県

↑山麓からの祖母山

天孫降臨の伝説で知られる山 アプローチが分かりにくいのが難点

祖母山は日本百名山の中でも最も地味で目立たない山の一つと言えよう。正直言ってしまえば、登ってもそれほど楽しい山ではない。とはいえ、高千穂の山々と同じように、天孫降臨の伝説が伝えられる神の山でもある。登山基地までのアプローチ道路が分かりにくく、奥深いので、なおの事つらい登山である。登山基地である一の滝の標高は620mほどなので、標高差は1136mある。1000m以上の標高差のある山は、やはり登頂するにはそれ相応に頑張らなくてはならないのだ。

エリア 九州

祖母山までのアクセス

熊本空港 —(国道57号 65km)— 竹田市玉来 —(市道 17km)— 一の滝駐車場

アクセスプラン

熊本空港から祖母山へのアプローチはかなりきびしい。熊本空港を出て大津町に出る標識に従い下っていく。国道57号に出たら右折して阿蘇山方面へ。外輪山からカルデラに下りて、大分県側へ越える。竹田市玉来に入り玉来郵便局で信号を右折する。この玉来あたりの国道筋のコンビニで食料・飲料の調達を済ませよう。JR線の踏切を渡り、神原への標識を確認しながら山村の狭い道路を進む。くねくね道の上、何度も同じような道路と分岐するので迷いやすい。標識も未整備で分かり難い。かなり苦労を強いられるつらいルートだ。

Parking Information

一の滝駐車場

駐車台数	20台
料金	無料
整備状況	舗装。良く整備されている
その他	トイレあり

登山memo

登山基地となる一の滝の駐車場を出発して、しばらくは林道を歩く。さらに沢沿いの登山道を行くと5合目小屋に着く。この小屋を過ぎると道は急傾斜となり、路面も木の根が邪魔したりして歩きにくくなる。この暗く深い原生林の急登を1時間ほど我慢すると国観峠(標高1486m)に出る。この間はまさに黙々と登るだけのつらい登山である。国観峠からは明るい灌木帯の尾根筋に変わり、1時間弱の急登をこなすと山頂に立てる。九州最奥の山群だけあって、頂上から見える光景は、静寂で分厚い原生林の広がりだ。その原生林の向うに、阿蘇山や九重連山が見渡せる。下山には、同じルートを取り、時間としては3時間も見れば良いだろう。九州の山の中でも、登山者が少ないので、とても静かな登行ができる。アケボノツツジの美しさも知られており、開花時季には人出も増える。

下山後の楽しみ

たちより 竹田市

下山したら、麓の**竹田市**(たけだし)内に寄り道するのが良いだろう。土井晩翠作詞・滝廉太郎作曲で有名な唱歌『荒城の月』の舞台となったとされる岡城跡があることでも知られている。明治維新で本丸をはじめすべての建物は取り壊され、石垣が残るのみである。しかしこの城跡は、ヨーロッパの中世の城郭に似ており、深い谷に囲まれた難攻不落の城の雰囲気を良く残している。まさしく今も「荒城」である。なお、竹田市内にも古い町並みが残り、古き良き時代の城下町の風情を楽しむことができる。残念ながら、祖母山周辺には、手頃に立ち寄れる温泉はない。熊本空港への帰路に阿蘇山周辺の温泉に立ち寄ってみるのも良いだろう。

問合せ先

竹田市商工観光課 ☎0974-63-1111

97 阿蘇山（あそさん）

百名山 97	標高 1592m
	熊本県

↑展望台から中岳火口を望む

世界最大級を誇る阿蘇カルデラ その最高峰へロープウェイ利用で登る

阿蘇山は、世界一の規模を誇るカルデラ火山であり、そのカルデラ内にはいくつもの山が聳えている。その最高峰は高岳である。阿蘇山は観光の山としても定着しており、登山の対象としてこの山を見る日本人は少ないのではないだろうか。筆者も日本百名山を目指す事になって、初めて阿蘇山を登る山として認識した。それまで幾度と無くこの阿蘇山の大カルデラを来訪しても、火口を覗いたり、草千里ヶ浜の広々とした景色を楽しんだりしただけの観光客でしかなかった。中岳は、今も大規模な噴煙を上げて立ち入り禁止の区域も多い活火山だ。

エリア 九州

阿蘇山までのアクセス

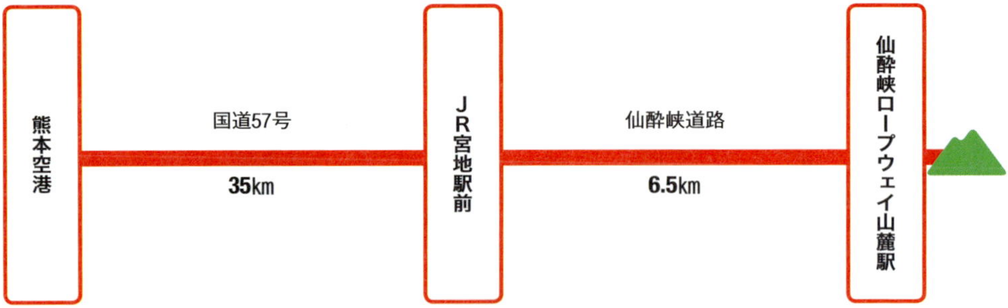

アクセスプラン

熊本空港から阿蘇山へのアプローチは、阿蘇外輪山や広大なカルデラを走る快適な山岳ドライブが楽しめる。熊本空港を出て大津町に出る標識に従い下っていく。約５kmで国道57号に出たら右折して阿蘇山方面に走る。阿蘇外輪山からカルデラに下りて、右に雄大な阿蘇の山並みを見ながら広大なカルデラをJR宮地駅前まで国道を走る。このあたりの阿蘇市内のコンビニで食料・飲料の調達を済ませよう。JR宮地駅前を右折して仙酔峡道路を仙酔峡ロープウェイ駅まで上っていく。熊本空港から１時間強の行程だ。

Parking Information

仙酔峡駐車場

駐車台数	200台
料金	無料
整備状況	舗装。良く整備されている
その他	トイレ、売店あり

登山memo

多くの観光客が草千里ヶ浜から登る阿蘇山観光道路の火口西駅周辺から見ると、巨大な噴火口を隔てた先にある山が中岳と高岳で、ここから中岳火口周辺の一帯はすべて、火山活動のため立ち入り禁止の措置が取られている。したがって高岳登山には、東側から大きく回り込んで入る仙酔峡口がメインの登山口となる。

仙酔峡ロープウェイを火口東駅で下りると、そこはすでに標高1285mの高地である。火山活動や火山ガス等の火山情報に気をつけながら、中岳経由で高岳に登り、山頂からは仙酔尾根を下って仙酔峡に下るコースが一般的で手頃だろうと思われる。火口東駅から高岳までの標高差はわずか312mしかない。初級クラスの山だ。火山礫の登山道が、中岳から高岳山頂まで続く。この間、１時間の登りで登頂することができる。高岳から仙酔峡ロープウェイ山麓駅までの下山路は火山岩がゴロゴロしているなかの急降下であるが、足元に注意すれば容易に下山できる。山頂からは１時間30分は見たい。この山も、九重山に劣らずミヤマキリシマの群落が素晴らしい。

下山後の楽しみ

おんせん 阿蘇山麓の温泉

阿蘇山周辺は多くの温泉に恵まれている。それぞれの趣向で選択すれば良いのだが、山の帰りには少し足を伸ばして団体観光客があまり訪れない静かな温泉を探したいところであろう。南阿蘇方面には**地獄温泉**（じごくおんせん）や**垂玉温泉**（たるたまおんせん）という鄙びた一軒宿の温泉がある。ともに200年以上の歴史を持つ由緒ある温泉だが、今風な観光擦れはしていない素朴さが魅力である。阿蘇地方では珍しい事象だが、なぜかこの二つの温泉には混浴風呂がある。

問合せ先

阿蘇市まちづくり商工観光課　☎0967-22-3111

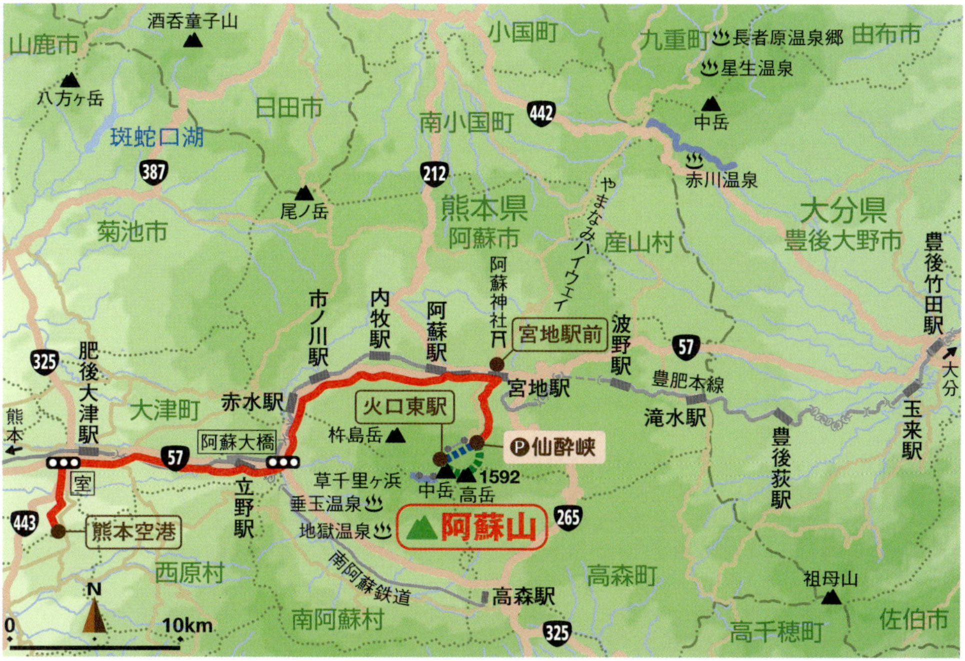

98 霧島山（きりしまやま）

百名山 98
標高 1700m
鹿児島県・宮崎県

↑霧島の火山群

いくつもの火山体からなる霧島連山の最高峰 韓国岳へはえびのスカイラインでアクセス

霧島山は大きな山塊を形成しており、その最高峰は韓国岳（からくにだけ）である。えびの高原はその裾野に広がる高原観光地で、多くの周遊客が訪れて賑やかだ。特に春の霧島つつじ（ミヤマキリシマ）の群落は、全山をピンク色に染めるほど見事な美しさである。この時期が最も観光客が多い。このえびの高原の標高は1180mもあるので、韓国岳頂上との標高差は520mしかない。新燃岳を越えて、神々の伝説の残る高千穂峰までの縦走もおもしろいが、クルマまで戻る手段を確保しなければならない。高千穂峰は火山規制がされている場合もあるので注意しよう。

エリア 九州

霧島山までのアクセス

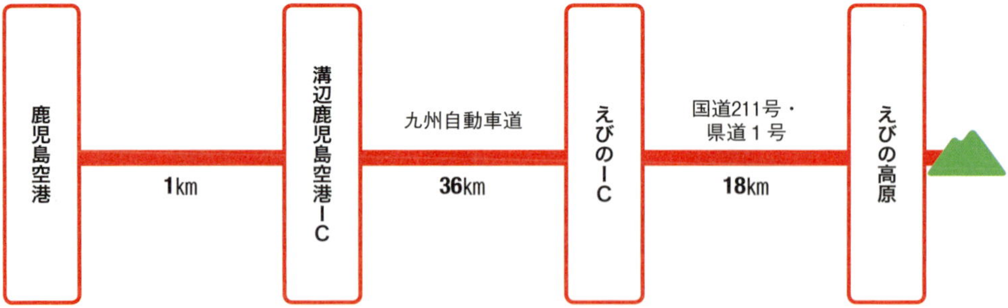

アクセスプラン

鹿児島空港から霧島山へのアプローチは、霧島連山を眺めながら快適な山岳ドライブが楽しめる。鹿児島空港を出てすぐの溝辺鹿児島空港ICから九州道に入り、えびのICまで36km、さらに国道211号・県道１号経由で登山口のえびの高原へ18kmの上りで到着する。えびのICを下りたら、コンビニで食料・飲料の調達を済ませよう。鹿児島空港からえびの高原までの総走行距離は55km。１時間強で行ける。なお、往復のどちらかに鹿児島空港から霧島温泉郷を走り抜け、霧島連山の中腹を走る山岳ドライブウェイを利用する事をおすすめする。

Parking Information

えびの高原駐車場

駐車台数	200台
料金	無料
整備状況	舗装。良く整備されている
その他	トイレ、売店あり

登山memo

えびの高原の駐車場を出て、しばらくはえびのスカイラインの車道に沿っていく。駐車場から登山口までは幾本かのルートが取れる。標識に従って登山道に入ると、硫黄山周辺で噴気を上げているあたりを巻いて、本格的な急登コースに入る。この先を頂上目指して一気に登ると、苦もなく韓国岳の火口壁の縁に出て、頂上はすぐだ。登山口から1時間半の登行時間である。登山としては初級者コースで楽な登山である。物足りない方はさらに南下して霧島山、新燃岳、高千穂峰への縦走路に挑戦するのも良い。また頂上直下に見える神秘的な雰囲気の大浪池に下り、この池を一周してえびの高原に下るルートも人気がある。このルートの登山路も良く整備されている。韓国岳から直接えびの高原に戻るには、登りと同じルートを下っていく。1時間強で下山できる。

下山後の楽しみ

おんせん♨ えびの高原の温泉

霧島山周辺は多くの温泉に恵まれている。登山口の**えびの高原**には、登山口駐車場のすぐ先に国民宿舎えびの高原荘があり、立ち寄り湯として手頃である。少し離れたえびの高原キャンプ村にも日帰り温泉施設えびの市営露天風呂があり、野趣溢れる露天風呂が楽しめる。

おんせん♨ 栗野岳温泉

栗野岳温泉も秘湯として見逃せないが、少し遠回りになる。

おんせん♨ 霧島温泉郷

鹿児島県側の**霧島温泉郷**には林田温泉ホテル等の大規模なホテルや旅館も多いが、究極の癒しの湯は**妙見温泉**ではなかろうか。ここは少々値段が張るが、天降川沿いに施設が広がり、離れに立つ浴棟や露天風呂等、すべてに納得のいく満足感が得られよう。

問合せ先

えびの市観光協会 ☎0984-35-1111

99 開聞岳（かいもんだけ）

百名山 99	標高 922m
	鹿児島県

↑美しい山容の開聞岳

九州最南端に聳える秀麗な山 らせん状に延びる登山道を登る

　開聞岳は、「薩摩富士」の名で親しまれる秀麗な山容が印象的な名山である。薩摩半島南端の大洋に突き出た独立峰で、周辺に高山も無く、山頂からは茫洋たる東シナ海の眺めが素晴らしい。２合目登山口は標高154mで山頂までの標高差は770mである。単純にらせん状にほぼ一定の傾斜で登り続ける事になるので、ペース配分に気をつけて登るようにしよう。登山路は最初から暖帯系の喬木が生い茂る中を進む。本州では経験できない環境の中を登るのがこの山の醍醐味だろう。

エリア 九州

開聞岳までのアクセス

鹿児島空港 — 1km — 溝辺鹿児島空港IC — 九州自動車道 37km — 鹿児島IC — 指宿スカイラインほか 38km — 頴娃IC — 県道17・28号ほか 29km — 開聞岳２合目登山口

アクセスプラン

　九州最南端の開聞岳へのアプローチは、鹿児島空港から九州道で鹿児島ICまで走り、さらに九州道に直接接続している指宿スカイラインを通り、鹿児島湾を眺めながら走る快適なドライブが楽しめる。指宿スカイライン終点の頴娃ICから県道17・28号経由で開聞岳２合目登山口駐車場まで約29kmで到着する。鹿児島空港から開聞岳２合目登山口までの総走行距離は約105km。１時間30分強で行ける。鹿児島空港から全区間、道路状況は大変良好に整備されていて快適。

Parking Information

開聞岳２合目登山口

駐車台数	100台
料金	無料
整備状況	整備されている
その他	

登山memo

この山の登山路は、秀麗な山裾をらせん状にぐるりと山腹を巻いて登っていくが、喬木に遮られて中腹からの眺望はあまり期待できない。それでも、時おり樹木の間から見える風景は、目まぐるしく変化する。これは山腹をらせん状に登るための結果で、360度の風景が見える訳である。もう一つ、この登山では、暑さに気をつけなければならない。季節にもよるが、標高が低い上に、南国特有の高湿度を伴った高い気温には、大いに悩まされる。頂上は岩盤状になっており、眺望は良くきく。3方向を青々とした大海に取り巻かれた山頂からの眺望は、珍しい経験である。南の遥か沖に竹島が浮かぶ。開聞岳登山は、半日で楽しむことができ、日本百名山の中では容易な山と言える。

下山後の楽しみ

おんせん♨ 川尻温泉

開聞岳のすぐ近くの海岸に**川尻温泉**(かわじりおんせん)がある。ここの国民宿舎かいもん荘で、山の汗を流すと良い。露天風呂で潮騒を聞いていると、先程登ってきた開聞岳が間近に迫ってくる。

おんせん♨ 指宿温泉

鹿児島湾方面に行くと、砂風呂で有名な**指宿温泉**(いぶすきおんせん)がある。南国調の開放的な温泉で、高級ホテルを含めた大規模な施設が多い。

たちより 鹿児島市

帰路は**鹿児島市**(かごしまし)に立ち寄るのも楽しい。九州でも有数の大都会で、賑やかな町だが、噴煙を噴き上げる桜島を眺める城山や磯公園等の見所も多い。フェリーで桜島に簡単に渡れるので、活火山の桜島の溶岩流見物をするのも良いだろう。鹿児島ラーメンや本場の薩摩焼酎、薩摩揚げを賞味するのも、南九州遠征の楽しみである。

問合せ先

かいもん山麓ふれあい公園 ☎0993-32-5566

100 宮ノ浦岳（みやのうらだけ）

百名山 100
標高 1936m
鹿児島県

↑独特な雰囲気の山頂部

洋上アルプスの名にふさわしい 世界自然遺産の島、屋久島

屋久島の宮ノ浦岳は、九州第１の高峰である。この山は想像以上に巨大な山群を形成していて、登頂はかなり困難だ。山小屋も本州の山のようには整備されていない。すべて無人小屋なので、寝袋・炊事道具持参は欠かせない。高温多雨地帯なので、雨対策も重要で、完全防水の雨具は必携だ。下界が快晴でも、南洋並みに日中一度は大きなスコールに出遭うことも覚悟したい。登山路は整備されているが、足元はいつも濡れていて滑りやすい。最低、山中の山小屋１泊の大変に長い行程なので、それなりの準備と体調管理をして挑戦しなければならない。

エリア 九州

宮ノ浦岳までのアクセス

アクセスプラン

世界自然遺産の島、屋久島へは飛行機か船でのアクセスになる。マイカーを積んでフェリーで行くこともできるが、島内はタクシーで移動することにして、クルマはあきらめた方が得策だろう。島でレンタカーを借りることもできる。また、ハードなコースでもあるので、現地エコツアーを利用し、ガイドと一緒に登るのもおすすめだ。その場合は、島内の移動の心配をしなくて済む。宿によっては送迎をしてくれるところもあるので、事前に相談してみよう。

Parking Information

タクシー等を利用

駐車台数	
料金	
整備状況	
その他	

登山memo

決して侮ってはいけないきびしい山である。筆者の経験でも、仲間の一人が、山中の雨に衣服を濡らし、疲労困憊で一時動けなくなるアクシデントに遭遇した。何とか勇気づけて下山したが、誠につらい思いをした。一般的な登山口は、淀川登山口(標高1360m)と荒川登山口(標高600m)の２箇所あるが、標高差を考慮すると、登りに淀川口、下りに荒川口を利用すると良いだろう。淀川登山口と宮ノ浦岳との標高差は575mしかないが、登頂までにいくつもの峰を越えることになる。大きなアップダウンの連続は、体力的にもかなり消耗する。早朝にタクシーで淀川登山口まで乗り入れ、この日は宮ノ浦岳の登頂を済ませ、新高塚小屋か高塚小屋まで下っておくと、翌日の行程が楽になる。全行程の登行時間は最低12時間は見ておきたい。へとへとになっての下山は、北アルプスや南アルプスの3000m級縦走以来の経験だった。

下山後の楽しみ

とまる　屋久島

屋久島(やくしま)には多くの旅館や民宿があり、予算に合わせて選択できる。ホテル、ペンションも増えてきたので、利用勝手は良くなってきたが、世界自然遺産登録後、観光客の数がぐっと増えている。早めの予約が肝要である。

おんせん　平内海中温泉

海岸線にはいくつかの温泉が湧き出ているが、何といっても海岸の波打ち際の露天風呂**平内海中温泉**(ひらうちかいちゅうおんせん)が白眉。干潮時の短い時間しか入浴できない。完全な自然の中の温泉で、訪れても入浴できないことが多い。潮の干満の時間を確認してから出かけたい。

みどころ　縄文杉

荒川口への下山路の途中には、世界自然遺産で有名になった**縄文杉**(じょうもんすぎ)も見物できる。いずれにせよこの島は非常に魅力的な島だ。

問合せ先

屋久島観光協会	☎0997-49-4010
安房案内所	☎0997-46-2333

ロープウェイ・ゴンドラ・ケーブルカーのある百名山

山名	ロープウェイ名	区間	標高	乗車時間
大雪山	旭岳ロープウェイ	山麓駅〜姿見駅	標高：1600m	乗車時間:10分
八甲田山	八甲田ロープウェイ	山麓駅〜八甲田山頂公園駅	標高：1300m	乗車時間:9分
安達太良山	あだたらエクスプレス	奥岳山麓駅〜薬師岳山頂駅	標高：1350m	乗車時間:6分
磐梯山	猪苗代リゾート スキー場ゴンドラ	山麓駅〜山頂駅	標高：1200m	乗車時間:10分
那須岳	那須ロープウェイ	山麓駅〜那須岳山頂駅	標高：1687m	乗車時間:5分
谷川岳	谷川岳ロープウェイ	谷川土合口駅〜天神平駅	標高：1300m	乗車時間:10分
奥白根山	丸沼高原ゴンドラ	山麓駅〜山頂駅	標高：2000m	乗車時間:15分
筑波山	筑波山ケーブルカー	宮脇駅〜筑波山頂駅	標高：800m	乗車時間:8分
	筑波山ロープウェイ	つつじヶ丘駅〜女体山駅	標高：800m	乗車時間:6分
五竜岳	白馬五竜テレキャビン	とおみ駅〜アルプス平駅	標高：1532m	乗車時間:8分
石鎚山	石鎚ロープウェイ	山麓下谷駅〜山頂成就駅	標高：1280m	乗車時間:8分
阿蘇山	仙酔峡ロープウェイ	仙酔峡山麓駅〜火口東駅	標高：1285m	乗車時間:9分

※上記の他、蔵王山、苗場山、草津白根山、穂高岳、御嶽、蓼科山などでロープウェイかゴンドラの利用が可能。

送迎バス・特定タクシーのみ通行可能な区間のある百名山

山名	規制状況	区間	標高	乗車時間
早池峰	一般車通行規制	［岳］〜河原坊〜小田越 （週末中心の一般車乗り入れ時間規制）	標高:1240m	早池峰シャトルバス 乗車時間:14分
		午前5時から午後1時までは岳〜河原坊〜小田越の間は一般車両乗り入れ禁止。		
燧岳・至仏山	一般車通行規制	尾瀬方面（シーズン中一般車の乗入れ禁止）	標高:1240m	
		期間と時間が細かく指定されている。シャトルバスかタクシー送迎に限る。		
		戸倉〜鳩待峠（11km） 戸倉〜大清水（8.3km）	標高:1591m 標高:1200m	いずれも 乗車時間:30分
草津白根山	一般車通行規制	ロープウェイ駅方面（一般車の乗入れ禁止） 白根火山駐車場〜ロープウェイ山頂駅（2km）	標高:2000m	乗車時間:5分
		シャトルバス運行。無料。		
穂高岳	通年一般車通行規制	県道上高地線（一般車の乗入れ全面禁止） 国道158号の中の湯〜（釜トンネル）〜上高地	標高:1504m	沢渡〜上高地 乗車時間:30分
		シャトルバスかタクシーに限る。		
乗鞍岳	通年一般車通行規制	乗鞍エコーライン（乗鞍高原〜畳平） 乗鞍スカイライン（平湯温泉〜畳平）	標高:2700m	乗車時間:50分 乗車時間:1時間
		【一般車の乗入れ全面禁止】シャトルバスに限る。		
黒岳・鷲羽岳	一般車通行禁止	七倉山荘ゲート〜高瀬ダム堰堤	標高:1240m	乗車時間:15分
		【一般車の乗入れ全面禁止】大町市特定タクシーに限る。		
甲斐駒ヶ岳・仙丈ヶ岳	通年一般車通行規制	南アルプス林道（戸台口〜北沢峠）	標高:2030m	乗車時間:50分
		【一般車の乗入れ全面禁止】市営定期バスに限る。		

山名	規制状況	区間	標高	乗車時間
北岳・間ノ岳	通年一般車通行規制	南アルプス林道（芦安温泉～広河原）	標高：1530m	乗車時間：50分
		【一般車の乗入れ全面禁止】定期バスかタクシー利用に限る。		
悪沢岳・赤石岳	一般車通行全面禁止	畑薙第1ダム堰堤～椹島	標高：1123m	乗車時間：1時間
		【東海フォレスト社専用】東海フォレスト専用マイクロバスに宿泊予約者のみ乗車可能。		
白山	シーズン通期 一般車通行規制	林道別当出合線 白山温泉～別当出合（6km）	標高：1260m	乗車時間：25分
		シャトルバスに限る。		

複数の交通機関を利用できる百名山

山名	交通機関名	区間	乗車時間
吾妻山	**天元台ロープウェイ**	白布湯元駅～天元台高原駅	乗車時間：5分
	天元台リフト	天元台～（リフト3本乗継ぎ）～北望台（標高：1820m）	乗車時間：30分
剣岳・立山 立山黒部アルペンルート（扇沢から登山基地の立山室堂まで4回乗り継ぎ）	**関電トロリーバス**	扇沢駅～黒部ダム駅	乗車時間：16分
	徒歩（ダム堰堤の上）	黒部ダム駅～黒部湖駅	徒歩：15分
	黒部ケーブルカー	黒部湖駅～黒部平駅	乗車時間：5分
	立山ロープウェイ	黒部平駅～大観峰駅	乗車時間：7分
	立山トロリーバス	大観峰駅～室堂駅（標高：2450m）	乗車時間：10分
木曽駒ヶ岳・空木岳	**ロープウェイ連絡バス**	菅の台バスセンター～ロープウェイしらび平駅（8km）	乗車時間：40分
	駒ヶ岳ロープウェイ	しらび平駅～千畳敷駅（標高：2645m）	乗車時間：8分

有料道路が登山基地まで整備されている百名山

山名	道路名	区間	標高	延長距離
岩木山	津軽岩木スカイライン	山麓ゲート～8合目駐車場	標高：1280m	延長10km
蔵王山	蔵王ハイライン	刈田峠～ 蔵王刈田岳頂上駐車場	標高：1750m	延長2.5km
那須岳	那須高原有料道路	那須湯本ゲート～ ロープウェイ山麓駅下	標高：1384m	延長6km
薬師岳・黒部五郎岳	有峰林道小見線	亀谷ゲート～折立駐車場	標高：1365m	延長20km
		夜間通行禁止（通行可能時間／6：00～20：00）		
乗鞍岳	乗鞍スカイライン	平湯ゲート～畳平駐車場	標高：2700m	延長14.4km
		通年一般車乗り入れ禁止になる		
蓼科山	林道夢の平スカイライン	白樺高原スキー場～7合目	標高：1903m	延長7km
富士山（河口湖口）	富士スバルライン	河口湖ゲート～五合目駐車場	標高：2304m	延長29.5km
天城山	伊豆スカイライン	冷川～天城高原ゴルフ場	標高：1040m	延長9.4km
伊吹山	伊吹山ドライブウェイ	伊吹山口～山頂駐車場	標高：1300m	延長17km

著者の 日本百名山 初登頂記録

初登頂順	山名	登頂年／月（初回）	登山口までのアプローチ手段	備考
1	**斜里岳**	52/08	トラック	青年団の引率／初めての本格登山
2	**羅臼岳**	54/07	漁船＋バス＋列車	初めての冒険的登山／ヒグマ遭遇
3	**丹沢山**	55/06	電車	下宿のオニイサンの猛特訓／多数回
4	**燧ヶ岳**	55/07	電車＋バス	友人／尾瀬への初登山
5	**至仏山**	55/07	電車＋バス	友人／尾瀬ヶ原の帰途
6	**大菩薩岳**	55/08	電車＋バス	友人
7	**穂高岳**	58/07	電車＋バス	大学1年体育正科「山岳」に参加
8	**磐梯山**	58/08	電車＋バス	大学クラブの集団登山
9	**妙高山**	59/08	電車＋バス	大学クラブの集団登山
10	**金峰山**	59/10	電車＋バス	単独行
11	**蓼科山**	60/08	電車＋バス	大学クラブの集団登山
12	**蔵王山**	61/08	電車＋バス	単独行
13	**御嶽**	67/07	電車＋バス	会社仲間
14	**月山**	82/08	電車＋バス	会社仲間
15	**天城山**	93/03	愛車（愛車での登山開始）	登山同人結成（4人）※以下「同人」と記す
16	**八ヶ岳**	93/06	愛車	同人／縦走
17	**立山**	93/10	愛車＋バス・ロープウェイ・バス	同人／室堂より
18	**那須岳**	94/06	愛車＋ロープウェイ	同人／三斗小屋温泉
19	**北岳**	94/08	愛車	同人／大河原口
20	**間ノ岳**	94/08	愛車	同人／北岳から縦走
21	**谷川岳**	94/11	愛車＋ロープウェイ	同人／谷川温泉
22	**赤城山**	94/11	愛車	同人／谷川岳の帰途
23	**両神山**	95/04	愛車	同人
24	**飯豊山**	95/07	愛車	同人／雪渓滑落事故
25	**男体山**	95/08	愛車	会社若手
26	**鹿島槍ヶ岳**	95/09	愛車	同人
27	**巻機山**	95/10	愛車	同人
28	**筑波山**	96/03	愛車	同人
29	**後方羊蹄山**	96/07	フライ＆ドライブ	同人
30	**奥白根山**	96/07	愛車	会社若手／日光湯元温泉
31	**木曽駒ヶ岳**	96/08	愛車＋連絡バス・ロープウェイ	同人
32	**空木岳**	96/08	愛車＋連絡バス・ロープウェイ	同人／木曽駒ヶ岳より縦走
33	**霧ヶ峰**	97/05	愛車	同人
34	**美ヶ原**	97/05	愛車	同人／霧ヶ峰の帰途
35	**十勝岳**	97/07	フライ＆ドライブ	単独行
36	**会津駒ヶ岳**	97/07	愛車	会社若手
37	**宮ノ浦岳**	97/08	フライ＆タクシー	同人
38	**開聞岳**	97/08	フライ＆ドライブ	同人／宮ノ浦岳の帰途
39	**瑞牆山**	97/10	愛車	同人／金峰山の帰途
40	**大台ヶ原山**	98/05	フライ＆ドライブ	同人
41	**大峰山**	98/05	フライ＆ドライブ	同人／大台ヶ原山の帰途
42	**大雪山**	98/07	フライ＆ドライブ＋ロープウェイ	単独行
43	**剱岳**	98/07	愛車＋バス・ロープウェイ・バス	同人／室堂
44	**苗場山**	98/08	愛車	会社若手／秋山郷
45	**鳳凰山**	98/10	愛車	同人／夜叉神峠
46	**恵那山**	98/11	愛車	同人
47	**魚沼駒ヶ岳**	99/05	愛車	同人
48	**赤石岳**	99/07	愛車＋送迎マイクロバス	同人／サポーター多数／静岡側より
49	**悪沢岳**	99/07	愛車＋送迎マイクロバス	同人／サポーター多数／赤石岳から縦走
50	**四阿山**	99/07	愛車	友人

初登頂順	山名	登頂年／月(初回)	登山口までのアプローチ手段	備考
51	**皇海山**	99/08	愛車	サポーター1人
52	**鳥海山**	99/08	愛車	同人
53	**安達太良山**	99/08	愛車＋ゴンドラ	同人／鳥海山の帰途
54	**八幡平**	99/09	新幹線＋タクシー	単独行
55	**雲取山**	99/11	愛車	同人／後山林道
56	**九重山**	00/05	フライ&ドライブ	単独行／法華院温泉
57	**甲武信岳**	00/05	愛車	同人
58	**聖岳**	00/07	愛車	同人／サポーター多数／信州側より
59	**光岳**	00/07	愛車	同人／サポーター多数／聖岳より縦走
60	**トムラウシ**	00/07	フライ&ドライブ＋送迎バス	サポーター3人／東大雪温泉
61	**富士山**	00/07	愛車	単独行／静岡側新5合目
62	**草津白根山**	00/08	愛車	友人
63	**武尊山**	00/08	愛車	サポーター1人
64	**阿寒岳**	00/08	フライ&ドライブ	単独行
65	**剣山**	00/09	フライ&ドライブ＋リフト	同人
66	**石鎚山**	00/09	フライ&ドライブ＋ロープウェイ	同人／剣山の帰途
67	**白山**	00/10	フライ&ドライブ＋シャトルバス	同人
68	**荒島岳**	00/10	フライ&ドライブ	同人／白山の帰途
69	**祖母山**	01/05	フライ&ドライブ	同人
70	**阿蘇山**	01/05	フライ&ドライブ＋ロープウェイ	同人／祖母山の帰途
71	**霧島山**	01/05	フライ&ドライブ	同人／阿蘇山の帰途
72	**利尻岳**	01/06	フライ&フェリー＋送迎マイクロ	サポーター3人
73	**伊吹山**	01/07	新幹線&ドライブ	単独行
74	**塩見岳**	01/07	愛車	同人／信州側より
75	**浅間山**	01/07	愛車	単独行
76	**岩木山**	01/08	愛車	妻と初めての登山
77	**八甲田山**	01/08	愛車＋ロープウェイ	妻／岩木山の帰途
78	**火打山**	01/08	愛車	妻とサポーター1人／笹ヶ峰
79	**高妻山**	01/08	愛車	妻とサポーター1人／火打山の帰途
80	**乗鞍岳**	01/08	愛車	妻
81	**五竜岳**	01/09	愛車＋ゴンドラ	同人／遠見尾根
82	**吾妻山**	01/10	愛車＋ロープウェイ＋リフト	妻と同人／天元台
83	**朝日岳**	01/10	愛車	妻と同人／朝日鉱泉
84	**大山**	02/05	フライ&ドライブ	同人
85	**甲斐駒ヶ岳**	02/06	愛車＋旧村営マイクロバス	妻と同人／旧長谷村
86	**仙丈ヶ岳**	02/06	愛車＋旧村営マイクロバス	妻と同人／甲斐駒ヶ岳の翌日
87	**鷲羽岳**	02/07	愛車＋特定タクシー	同人/サポーター／烏帽子岳から縦走
88	**黒岳**	02/07	愛車＋特定タクシー	同人／鷲羽岳から縦走／湯俣口下山
89	**早池峰**	02/08	愛車＋シャトルバス	妻／小田越
90	**雨飾山**	02/08	愛車	妻と同人／サポーター1人/小谷温泉
91	**常念岳**	02/08	愛車	妻／一の沢
92	**焼岳**	02/08	愛車	妻と同人／中の湯
93	**薬師岳**	02/09	愛車	妻／折立
94	**平ヶ岳**	02/09	愛車＋送迎マイクロバス	妻と同人／銀山平よりバス往復
95	**槍ヶ岳**	02/10	愛車	サポーター1人／新穂高温泉より槍沢
96	**笠ヶ岳**	02/10	愛車	サポーター1人／槍ヶ岳から縦走
97	**幌尻岳**	03/07	フライ&ドライブ	同人／サポーター3人／幌尻山荘
98	**岩手山**	03/08	愛車	妻
99	**黒部五郎岳**	03/08	愛車	妻と同人／暴風雨・遭難寸前／折立
100	**白馬岳**	03/09	愛車	妻と同人／サポーター多数

山名索引

（五十音別）

あ

山名	読み	コース	ページ
会津駒ヶ岳	あいづこまがたけ	8	26
間ノ岳	あいのだけ	69	145
赤石岳	あかいしだけ	77	160
赤城山	あかぎやま	26	66
阿寒岳	あかんだけ	81	170
朝日岳	あさひだけ	14	38
浅間山	あさまやま	30	74
四阿山	あずまやさん	31	76
阿蘇山	あそさん	97	210
安達太良山	あだたらやま	7	24
吾妻山	あづまやま	16	42
雨飾山	あまかざりやま	46	104
天城山	あまぎさん	75	158
荒島岳	あらしまだけ	88	186
飯豊山	いいでさん	15	40
石鎚山	いしづちさん	94	202
伊吹山	いぶきやま	89	190
岩木山	いわきさん	1	12
岩手山	いわてさん	4	18
魚沼駒ヶ岳	うおぬまこまがたけ	19	52
空木岳	うつぎだけ	63	135
美ヶ原	うつくしがはら	53	118
恵那山	えなさん	64	138
大台ヶ原山	おおだいがはらやま	90	192
大峰山	おおみねさん	91	194
奥白根山	おくしらねさん	24	62
御嶽	おんたけ	52	116

か

山名	読み	コース	ページ
甲斐駒ヶ岳	かいこまがたけ	71	150
開聞岳	かいもんだけ	99	214
笠ヶ岳	かさがたけ	48	106
鹿島槍ヶ岳	かしまやりがたけ	40	94
月山	がっさん	13	36
木曽駒ヶ岳	きそこまがたけ	62	135
北岳	きただけ	68	145
霧ヶ峰	きりがみね	54	120
霧島山	きりしまやま	98	212
金峰山	きんぷさん	60	132
草津白根山	くさつしらねさん	32	78
九重山	くじゅうさん	95	206
雲取山	くもとりやま	59	130
黒岳	くろだけ	43	99
黒部五郎岳	くろべごろうだけ	37	86
甲武信岳	こぶしがたけ	57	126
五竜岳	ごりゅうだけ	39	92

さ

山名	読み	コース	ページ
蔵王山	ざおうさん	6	22
塩見岳	しおみだけ	65	140
至仏山	しぶつさん	29	70
斜里岳	しゃりだけ	80	168
常念岳	じょうねんだけ	45	102
後方羊蹄山	しりべしやま	86	180
白馬岳	しろうまだけ	38	90
皇海山	すかいさん	11	32
仙丈ヶ岳	せんじょうがたけ	72	150
祖母山	そぼさん	96	208

た

山名	読み	コース	ページ
大雪山	たいせつざん	82	172
大山	だいせん	92	196
大菩薩岳	だいぼさつだけ	58	128
高妻山	たかつまやま	33	80
蓼科山	たてしなやま	55	122
立山	たてやま	42	96
谷川岳	たにがわだけ	23	60
丹沢山	たんざわさん	73	154
鳥海山	ちょうかいざん	12	34
筑波山	つくばさん	18	48
剣山	つるぎさん	93	200
劔岳	つるぎだけ	41	96
光岳	てかりだけ	67	142
十勝岳	とかちだけ	83	174
トムラウシ	とむらうし	84	176

な

山名	読み	コース	ページ
苗場山	なえばさん	22	58
那須岳	なすだけ	9	28
男体山	なんたいさん	10	30
乗鞍岳	のりくらだけ	51	114

は

山名	読み	コース	ページ
白山	はくさん	87	184
八幡平	はちまんたい	3	16
八甲田山	はっこうださん	2	14
早池峰	はやちね	5	20
磐梯山	ばんだいさん	17	44
燧ヶ岳	ひうちがたけ	28	70
火打山	ひうちやま	35	82
聖岳	ひじりだけ	66	142
平ヶ岳	ひらがたけ	20	54
富士山	ふじさん	74	156
鳳凰山	ほうおうさん	70	148
穂高岳	ほたかだけ	49	110
武尊山	ほたかやま	25	64
幌尻岳	ぽろしりだけ	85	178

ま

山名	読み	コース	ページ
巻機山	まきはたやま	21	56
瑞牆山	みずがきやま	61	132
宮ノ浦岳	みやのうらだけ	100	216
妙高山	みょうこうさん	34	82

や

山名	読み	コース	ページ
薬師岳	やくしだけ	36	86
焼岳	やけだけ	50	112
八ヶ岳	やつがたけ	56	124
槍ヶ岳	やりがたけ	47	106

ら

山名	読み	コース	ページ
羅臼岳	らうすだけ	79	166
利尻岳	りしりだけ	78	164
両神山	りょうかみさん	27	68

わ

山名	読み	コース	ページ
鷲羽岳	わしばだけ	44	99
悪沢岳	わるさわだけ	76	160

大人の遠足BOOK

日本百名山
クルマで行く　ベストプラン

著者プロフィール

國澤潤三（くにさわじゅんぞう）

紀行家 1938年北海道北見市生まれ。株式会社日本交通公社（現（株）JTB）代表取締役専務などを歴任し、現在は北海道網走市在住。会社員時代に山岳同人を結成し、1994年より目指した日本百名山踏破を2005年に達成。リタイア後、主として海外ロングステイと全国各地の国内秘湯巡りを実践している。主な著書に「ロングステイ実践講座」（教育評論社）

133315　421521
ISBN 978-4-533-06702-0　C2026

本書の内容のお問合せは
✆03-6888-7880
〒162-8446 東京都新宿区払方町25-5

図書のご注文は
✆03-6888-7893
〒162-8446 東京都新宿区払方町25-5

■本書は「クルマで行く日本百名山ベストプラン」を改訂、改題したものです。

改訂四版2010年7月1日

編集人　高橋久恵
発行人　竹浪　譲
発行所　JTBパブリッシング

著者
國澤潤三

協力
大橋薫　海藤正弘　小林滋男

編集
企画出版部

編集協力
桑子　登　野尻和美

写真協力
村田正博　飯出敏夫　桑子　登
敷島悦朗　森田秀巳　寺田正晴
中西俊明　仁井田研一　平川敦子
津口哲也　湘南倶楽部　大関義明

表紙写真
JTBフォト

表紙・フォーマットデザイン
TOPPAN TANC（花沢希久子）

地図製作
ジェイ・マップ

組版
ローヤル企画

印刷
凸版印刷

■本書の取材・執筆にあたり、ご協力いただきました関係各位に、厚くお礼申し上げます。
■本書のデータは2010年5月現在のものです。おでかけの際は事前にご確認ください。

JTBパブリッシング
http://www.jtbpublishing.com/